Ciriaco Izquierdo Moreno

Educar
em valores

Dados Internacionais de Catalogação na Publicação (CIP)
(Câmara Brasileira do Livro, SP, Brasil)

Izquierdo Moreno, Ciriaco
  Educar em valores / Ciriaco Izquierdo Moreno ; tradução Maria Luisa Garcia Prada. 4. ed. – São Paulo : Paulinas, 2010. – (Coleção ética e valores)

  Título original: Educar en valores.
  Bibliografia.
  ISBN 978-85-356-0717-8

  1. Comportamento de ajuda 2. Educação – Finalidades e objetivos 3. Educação moral 4. Valores (Ética) I. Título. II. Série.

10-00242   CDD-370.114

Índices para catálogo sistemático:
1. Educação em valores   370.114
2. Valores éticos : Educação 370.114
3. Valores na educação   370.114

Título original da obra: *Educar en valores*
© Ciriaco Izquierdo Moreno

Tradução: *Maria Luisa Garcia Prada*
Adaptação: *Marília Muraro*
Capa: *Adriana Chiquetto*

4ª edição – 2010
1ª reimpressão – 2015

Nenhuma parte desta obra poderá ser reproduzida ou transmitida por qualquer forma e/ou quaisquer meios (eletrônico ou mecânico, incluindo fotocópia e gravação) ou arquivada em qualquer sistema ou banco de dados sem permissão escrita da Editora. Direitos reservados.

Paulinas
Rua Dona Inácia Uchoa, 62
04110-020 – São Paulo – SP (Brasil)
Tel.: (11) 2125-3500
http://www.paulinas.org.br – editora@paulinas.com.br
Telemarketing e SAC: 0800-7010081
© Pia Sociedade Filhas de São Paulo – São Paulo, 2001

Sumário

Prefácio 5
Introdução 9

I. A EDUCAÇÃO DOS JOVENS
   1. Como educar hoje? 17
   2. Educação para a vida 41
   3. A educação para o amor 61
   4. A educação para a paz 76
   5. A importância da educação para o tempo livre 97
   6. Sobre a educação em valores 111

II. OS VALORES NA EDUCAÇÃO
   1. Convivência 131
   2. Solidariedade 149
   3. Tolerância 164
   4. Diálogo 177
   5. Consciência moral 194
   6. Boas maneiras 206
   7. Bondade 219
   8. Vontade 232

III. AMBIENTES EDUCACIONAIS
   1. Educação em valores na família 251
   2. Educação em valores na escola 260
   3. Educação em valores nos meios de comunicação de massa .. 273

Bibliografia 284

Prefácio

A educação em valores tem sido uma das constantes essenciais na história humana. Cada época destaca-se por uma série de características, impostas pela dinâmica social do momento que lhe cabe viver. Hoje, em que tanto se fala da ausência de valores que indiquem o norte do ser humano, em que falta à família impulso e coragem para aplicá-los, em que a sociedade é regida de maneira escandalosamente incongruente pelo "vale-tudo", encontramo-nos diante de uma obra profundamente trabalhada como testemunho de uma grande preocupação e inquietude quanto ao futuro do ser humano, tanto no aspecto familiar quanto no social. Para o autor, os valores são os *eixos fundamentais que orientam a vida humana e constituem a chave do comportamento das pessoas.*

O professor Ciriaco Izquierdo Moreno, na qualidade de especialista no tema, por sua condição de psicólogo, educador, pedagogo e orientador familiar, sem falar de suas vivências e de sua vasta experiência no antigo Centro Penitenciário de Jovens, em Liria, aborda os valores a partir de diferentes ângulos, que se complementam, a saber:

A) Como psicólogo, parte da idéia do ser humano e do conhecimento que este deve ter de si mesmo, com base na imagem pessoal, na auto-estima e na liberdade responsável. A formação da consciência, a convivência, o estilo e as boas maneiras. O autor insiste na harmonia e no equilíbrio na formação de um ser humano que possa ser sinal de sua dignidade pessoal como indivíduo e como membro de uma sociedade. No fundo, ele pretende que cada pessoa consiga dar sentido à própria vida dentro do seu contexto social. Quando um ser humano não é capaz de reconhecer a si próprio como pessoa, o projeto de formação no âmbito dos valores fica completamente mutilado. Em primeiro lugar, e antes de qualquer outra condição da dignidade pessoal, o ser humano deve reconhecer-se como um ser capaz de desenvolver valores que sustentarão em definitivo sua própria condição de ser. Essa abordagem do tema demonstra o profundo conhecimento do autor dos condicionamentos que movem o comportamento humano.

B) Como educador e pedagogo, o professor Ciriaco preocupa-se fundamentalmente em dar uma grande consistência às relações do ser humano com o seu meio, por intermédio da convivência, da comunicação e do diálogo. O autor considera que esses aspectos são necessários para a homeostase de qualquer sociedade que se preze. Não esqueceu a solidariedade e a tolerância neste mundo tão conturbado em que nos coube viver. Seu objetivo é educar em valores dentro das diferentes áreas nas quais o ser humano se desenvolve: a família, a escola, o tempo livre e os meios de comunicação social. Um grande desafio de nível pessoal e social. O saber estar com o outro favorece as relações interpessoais e evita os conflitos que os valores humanos conseguem desativar. A autenticidade nesses casos permite à pessoa saber possuir-se e ser fiel a si mesma, saber superar de forma inquebrantável as dificuldades que a vida apresenta diariamente, tudo isso ativado por uma boa consciência moral e uma vontade firme e segura.

C) Como orientador familiar, não posso deixar de mencionar, que ele oferece a todos os pais de família uma obra de consulta e de aplicação, contribuindo assim com seu grãozinho de areia para a formação dos progenitores para um melhor exercício de sua responsabilidade no ambiente familiar. A maioria dos pais não é profissional da educação; alguns encontram sérias dificuldades em começar com firmeza a educação em valores. Muitas dessas dificuldades poderão ser entendidas através de um minucioso estudo desta obra.

D) Como profissional do ensino, ele oferece uma contribuição valiosíssima a todos os professores e educadores das novas gerações. É uma verdadeira fonte que nutre as aspirações do saber viver com estilo e dignidade.

Felizmente, este trabalho é resultado de uma síntese da vasta experiência do amigo e mestre que vem dedicando a maior parte do seu tempo à formação de grandes mulheres e homens, com espírito forte e atualizado. Com critérios firmes e seguros. O autor é um grande observador, paciente e perspicaz, dos aspectos mais profundos da vida. Como ele mesmo diz, aprendeu a ler no livro da vida, nas atitudes dos jovens e dos alunos. Procura, em todos os momentos, estender a mão amiga e comprometida para ser companheiro de viagem de todos que dele se aproximam em busca de orientação. Em suas três dezenas de livros, colocou sua alma para iluminar o caminho de muitos jovens. Professores, educadores e pais de família com toda certeza encontrarão nesta obra inúmeras respostas para suas inquietações no que se refere aos valores humanos. Encontrarão, sem dúvida, respostas para a formação integral do ser humano no contexto do humanismo cristão.

Embora seja obra de fácil leitura, pelo próprio interesse que o assunto desperta, nem por isso lhe falta o merecido rigor científico. O tratamento que o professor Ciriaco Izquierdo Moreno dedicou a determinados valores, que são estáveis por causa da sua permanente atualidade, torna a obra ainda mais recomendável, se é que isso é possível.

Os valores não são tratados como simples abstrações que, por não terem nada a ver conosco, permanecem num campo etéreo e disperso. Ao contrário, o autor traz os valores para perto do ser humano, analisando-os profundamente e oferecendo ao leitor(a) meios de constatar e aplicar cada um deles. A obra permite que cada pessoa seja seu próprio termômetro para avaliar com precisão seu estado atual em matéria de valores, não só no conhecimento *do que é*, mas também *do para quê*.

O leitor(a), porém, não pode esquecer que a obra é também um trabalho de reflexão filosófica sobre um tema que envolve e compromete inevitavelmente o ser humano com sua realidade pessoal. De acordo com a visão do autor, os valores refletem a personalidade dos indivíduos dentro de sua época; por isso, a permanente atualização deste livro contribui para a sua constante vigência. Não é uma obra conjuntural, aplicável a uma sociedade concreta única e específica ou a uma situação social determinada. Quando o assunto refere-se às qualidades objetivas, os valores só podem ser abordados com base na inespacialidade e na intemporalidade, aspectos que o professor Ciriaco Izquierdo Moreno também quis esclarecer.

Para concluir, gostaria de enfatizar, ao leitor e ao estudioso(a) dos problemas do ser humano, que estão diante de uma obra feita com generosidade, que coloca em evidência valores irrenunciáveis que cada um deverá classificar de acordo com suas intenções e com as necessidades que cada época da história humana exigir: aqui vale sua decisão pessoal!

José Maria Valcarcel Kupa
Psicopedagogo e diretor técnico
do Colégio del Prat de Liria, Valência (Espanha).

Introdução

PRESSUPOSTOS

Hoje em dia, vivemos atordoados pelo caos do barulho e da superficialidade, numa sociedade que prioriza o periférico e o superficial, o pouco profundo. Há um permanente vazio de valores nas relações sociais. O individualismo e o anonimato devoram o ser humano, destroem seus melhores desejos e ao mesmo tempo marginalizam os valores mais nobres da convivência. Numa situação como essa, torna-se urgente a reflexão, a sensatez; é preciso pensar, analisar, compreender a vida dentro do horizonte que nos coube viver, para orientá-la, com passos firmes e seguros, rumo à plena vivência de valores no plano pessoal, social e transcendental.

A reflexão garante a cada um de nós percorrer o próprio caminho, construindo uma vida com sentido. Para isso, é preciso perder o medo do confronto consigo mesmo e amar o silêncio no qual grandes seres humanos, como Gandhi, Oscar Romero, Luther King, João Paulo II e Teresa de Calcutá encontraram a mais firme sustentação para suas atividades.

Por outro lado, quem não sabe o que é a vida caminha às cegas. Quem não tem idéias claras caminha à deriva, sem rumo, pois o objetivo da vida deve ser um caminhar rumo ao amadurecimento, ao aperfeiçoamento, ao pleno desenvolvimento dos seus poderes, à vivência de seus valores de acordo com as leis de sua natureza.

A virtude é a responsabilidade para com a própria existência e o ser humano só pode ser totalmente humano na completa superação de si mesmo, em plena comunhão com Deus. Por isso, a conquista pessoal e o exercício da liberdade devem ser uma meta insubstituível em nossa vida.

O ser humano adulto é aquele que aprendeu a viver com autonomia e não na incomunicabilidade com os demais; é aquele que aprendeu a decidir com base em si mesmo, na verdade e nos valores que o apaixonam. A mensagem de Jesus, em um crescer rumo ao amadurecimento, à liberdade, à autonomia, segue nessa mesma linha; é um grito de libertação integral para todas as pessoas. Não se pode viver no externo, no superficial; a viagem mais longa e mais apaixonante que o ser humano pode realizar é aquela que conduz à sua verdade interior.

A pessoa humana conquista a plena auto-realização por meio do relacionamento com Deus, com os demais e consigo mesmo. Luther King, a partir de um texto de são João, afirmou que a humanidade e cada indivíduo devem completar-se em suas três dimensões:

❖ longitude: preocupação com o desenvolvimento das qualidades pessoais;

❖ latitude: preocupação com o bem dos demais;

❖ altura: orientação para Deus.

Assim, representamos a vida como um triângulo eqüilátero: em um dos ângulos está o eu, no outro estão os demais e no terceiro está o nós, olhando para o vértice, na direção de Deus. Sem o desenvolvimento harmonioso dessas três partes, a vida não pode ser completa. Então, uma pessoa estará educada e realizada de modo integral quando harmonizar vitalmente essas três dimensões. Do contrário, ficará empobrecida.

Quem se preocupa com a educação apenas no sentido da longitude cai num completo egoísmo. E, caso se isole, não amadurecerá. Quanto mais o educador amar os demais, maior será seu amadurecimento. E, se por meio do amor aos demais, ele aprender a viver em comunidade com honra, justiça e fraternidade, chegará então a Deus e sua obra estará completa.

A grandeza do ser humano é medida por sua capacidade de comunicação com os demais. E a relação ou comunicação mais essencial no ser humano é o amor. Sem amor não somos nada e sem Deus, que é AMOR, com maiúsculas, o homem é um ser mutilado, perdido em si mesmo.

Não podemos prescindir do valor espiritual hoje contestado por muitos movimentos ideológicos. Para nós, educadores que acreditam, a fé dá à vida um valor transcendente supremo e pleno, pois o ser humano necessita acreditar em algo para não sucumbir e, se não alcançar a verdade revelada, acabará contentando-se com uma forma mítica. A fé dá a nós a segurança espiritual para suportar seu caráter itinerante. E o mundo está sedento de valores espirituais e transcendentes.

Assim, com esses pressupostos, pretendemos dar forma à missão educativa mais sublime e audaciosa do ser humano: formar os jovens, a nova geração no mundo dos valores.

Para realizar essa tarefa, você, educador — pai, mãe, professor, pedagogo ou orientador —, precisa refletir muito sobre a essência de seu ser. Pois, como ser humano é um complexo de alma e corpo, carne e espírito. É uma alma acompanhada de um corpo; é um ser vivo com uma experiência espiritual. É uma pessoa com tríplice dimensão: pessoal, social e espiritual. E esses princípios estão agindo no universo, agora, no momento em que você lê este livro, e continuarão seu curso, mesmo sem contar com sua colaboração consciente.

Acreditar ou não nesses princípios não impedirá que eles continuem executando sua tarefa sem pedir a sua aprovação. Mas, se você se decidir a favor deles, irá se encontrar vivendo em uma dimensão completamente nova, que lhe permitirá desfrutar de um tipo de conhecimento superior, despertar para a vida, dar sentido à sua tarefa de cada dia, descobrir a riqueza de sua interioridade, planejar a sua atuação pessoal. Será uma entrega a si mesmo, uma transformação da sua pessoa.

Eu, por exemplo, nunca imaginei que um dia poderia precisar de uma mudança. Não havia traçado qualquer plano para modificar a minha maneira de agir, nem havia estabelecido ideais que pudessem melhorar minha vida. Estava certo de que eu tinha a vida que queria levar, com um considerável sucesso profissional e nada parecia faltar-me. Entretanto, vivi uma transformação, na qual não teria acreditado há alguns anos, que deu pleno sentido a cada um dos meus dias. E isso só aconteceu quando quebrei a monotonia da minha vida para aprofundar-me na dimensão transcendental do ser humano, quando passei a percorrer os caminhos da vida com um eterno sorriso nos lábios, quando superei o abatimento diante dos fracassos e soube vencer as dificuldades e os contratempos.

Pablo Picasso disse certa vez que, quando estava trabalhando, deixava o corpo do lado de fora da porta, da mesma forma que os muçulmanos fazem com os sapatos antes de entrar nas mesquitas. É o que tenho feito comigo em muitas ocasiões, como no encontro nas aulas ou nos momentos de recreação com meus alunos adolescentes, distraídos e confusos, ou nas minhas reuniões com os muitos pais que nesses tempos de transformações vivem angustiados com os problemas dos filhos, mas renunciam à sua missão educativa refugiando-se em uma omissão confortável. Ou, ainda, foi o que fiz em minha convivência pastoral com jovens privados de liberdade, no Instituto Penitenciário de Liria (Valência), um dos melhores do mundo e o melhor da Espanha, onde mais de três mil jovens, inadaptados ou marginalizados socialmente porque deixaram-se vencer pela delinqüência, pelas drogas, pela separação dos pais ou pelo fracasso escolar conseguiram erguer-se e se reintegrar na sociedade[1].

Assim, tenho deixado meu corpo do lado de fora da porta em todos os momentos difíceis da minha vida. Quero dizer com isso que o mundo das dores, dos sofrimentos e das angústias ficou do outro lado, e no meu campo de trabalho e estudo passou a entrar apenas o meu espírito. E, embora algumas experiências tenham sido difíceis, os resultados foram eficazes.

---

[1] Sobre essa experiência escrevi *Jóvenes en la cárcel: realidad y reinserción social* (Bilbao, Mensajero, D. L., 1991).

Descobri que não existem limites no universo do pensamento. Qual é o limite da sua imaginação, da sua disposição de servir, da sua generosidade, da sua solidariedade e da sua tolerância? Essa região constituída pelos pensamentos é energia pura que permite as idéias e as vivências se transformarem em palavras e, em seguida, em orientações luminosas, que engrandecem a vida e elevam o espírito. Por isso, não podem existir desculpas, cansaço ou angústias; existe apenas energia, que de alguma maneira flui do meu trabalho, do meu entusiasmo e da minha esperança para todos e para cada um dos meus leitores. À medida que vou criando, percebo que as palavras e as idéias não são só para mim, mas que eu sou o canal pelo qual elas fluem; percebo também que quando me abro sou livre e deixo meu corpo do lado de fora da porta, como Picasso, e então começo a fazer parte de um processo criativo que está relacionado com o despertar.

O mundo dos valores nos oferece esse caminho fascinante e sugestivo para descobrir o que poderíamos chamar de "transformação pessoal". E este livro pretende ajudar você, educador, a encontrar o caminho de sua transformação — se é que você deseja mesmo ser dono da sua vida — de modo que possa melhor orientar e formar os jovens que se encontram sob sua responsabilidade.

O primeiro passo pode ser difícil. Mas como é sublime lutar pela grandeza de um ideal! Este livro não o(a) transformará numa pessoa feliz; apenas o(a) ajudará a encontrar o caminho de si mesmo. Esta será a sua conquista, sua obra e sua glória fundamentalmente humanas. Aspire a seu próprio aperfeiçoamento moral, mesmo que para isso tenha de gastar muita energia. Imponha respeito e obtenha a apreciação dos demais pela obra admirável de seu aperfeiçoamento moral.

OBJETIVOS

Este livro pretende fornecer subsídios ao processo educativo de despertar para um mundo novo de valores que possa transformar a realidade pessoal do educador e o seu trabalho de cada dia. Sua estrutura está centrada na crença de que o importante não é conhecer os valores apenas, mas vivê-los.

---

[2] Cf. GORDILLO, M. V. *La orientación en el proceso educativo*. Pamplona, Eunsa, 1973.

Assim, acredito estar atendendo a um objetivo maior: a urgência de os educadores, especialmente aqueles que estão comprometidos com tarefas de orientação moral — pais, professores, pedagogos, sacerdotes, freiras, agentes de pastoral —, se conscientizarem da importância decisiva que tem o ato de ajudar, não só os alunos, mas também seus pares — familiares e companheiros de profissão e de missão — a assumir os valores na própria vida, de maneira que esta possa adquirir significado e sentido amplos.

Para ilustrar, faço minhas as palavras de Gordillo, que definiu a orientação pessoal ao estudante como um processo de ajuda, educativo e individualizado, na progressiva realização pessoal, conquistado pela livre escolha de valores, exercido de forma intencional pelos educadores em diferentes situações que exigem e possibilitam a comunicação[2].

Há mais: estou certo de que, comungando com valores que dão sentido e orientam a vida (especialmente a partir da puberdade e da adolescência, não esquecendo a vida adulta), escrevendo sobre eles e vivendo-os dia após dia, transformei-me, sem perceber, em um ser humano novo, um ser humano mais feliz, mais decidido, mais vivo — muito mais do que poderia um dia imaginar. Hoje, espero que meus esforços e minhas energias se tornem semente fecunda em sua alma.

Espero que você leia este livro com a mesma simplicidade com que eu o escrevi. Leia-o em suas horas de solidão e recolhimento, quando precisar de palavras de estímulo para seguir (ou retomar) seu caminho de desenvolvimento nos valores essenciais da vida; consulte-o sempre que precisar de ajuda na missão de orientar seus filhos no verdadeiro espírito cristão; colha subsídios em suas páginas quando precisar preparar temas para expor em aulas de religião ou em palestras, como professor(a), sacerdote, freira, agente de pastoral ou orientador de grupos de formação de jovens.

Espero, também, que os materiais pedagógicos colocados no final de cada capítulo lhe sejam úteis para desenvolver e aplicar dinâmicas que provoquem nos educandos ações concretas e eficazes, e que a bibliografia do final do livro resulte em estímulo para ampliar o horizonte de sua tarefa educativa de formação em valores.

Mas, sobretudo, espero que, antes de ensinar ou orientar, você assuma os valores em sua própria vida, porque só assim tornar-se-á realmente capaz de iluminar o caminho dos jovens e dos companheiros de profissão e de missão com alegria, esperança, virtude e amor.

Ciriaco Izquierdo Moreno

PARTE I

A educação dos jovens

1. COMO EDUCAR HOJE?
2. EDUCAÇÃO PARA A VIDA
3. EDUCAÇÃO PARA O AMOR
4. EDUCAÇÃO PARA A PAZ
5. A IMPORTÂNCIA DA EDUCAÇÃO PARA O TEMPO LIVRE
6. SOBRE A EDUCAÇÃO EM VALORES

1 COMO EDUCAR HOJE?

A missão fundamental da família e da escola é educar. Educar é ajudar a ser, nascendo aos poucos para a luz; é fazer passar do seio materno da natureza em dependência e ignorância para o reino da verdade e da liberdade, que é o reino do espírito. Educar é possibilitar o nascimento do ser. É tarefa maternal e libertadora que pressupõe fecundidade de entranhas e generosa liberdade de coração, só possível quando existe chama e amor. Dá-se à luz não para deter, mas para que o outro possa ser; isto é, para que possa percorrer seu próprio caminho e construir seu próprio lugar no mundo.

Ser uma verdadeira pessoa de fé, acreditar em Jesus Cristo com a verdadeira fé. Mas, como ser essa pessoa? Como ajudar os demais a sê-lo em verdade e em liberdade, com uma liberdade que jamais pode ser sinônimo de egoísmo e de distanciamento diante do próximo e que, pelo contrário, é condição para a solidariedade e o serviço? A vocação educadora surge hoje com mais beleza e ao mesmo tempo com mais incerteza do que nunca, sobretudo porque nossa sociedade prefere homens-coisas a homens-pessoas, indivíduos consumidores em mansa e pacífica degustação de produtos e ideais que lhes são servidos, do que cidadãos no comando de sua liberdade, decididos a escolher valores, a protagonizar seu destino, a criar experiências e esperanças novas que possam saciar, não os instintos primários de possuir, gostar e poder, mas aqueles outros, os verdadeiros: instinto de ser, de amar e de servir com sentido, neste mundo e na eternidade.

A crise da cultura ocidental, que reduziu o ser humano ao binômio produtor–consumidor, guerreiro vitorioso–guerreiro vencido, levou à destruição de quase todas as certezas sobre a verdade e a esperança do ser humano. E a desconfiança e dúvida radical corroeram as bases de todas as filosofias, de todas as políticas e de todas as religiões, e em seu seio foi gerado e cresceu esse ser ocidental, que, com seu poder técnico e militar, impôs-se no mundo inteiro.

Por isso é tão difícil educar hoje. Difícil, é claro, quando se sabe que educar é algo além de transmitir conhecimentos elaborados, convicções impostas, legitimações ideológicas, fórmulas científicas, explicações de processos naturais. Como educar nesse momento de crise das bases da cultura ocidental e da conseqüente desconfiança e rejeição do ser humano gerados por essa cultura? Que valores supremos deverão reger o nosso esforço e à luz de quais estrelas nos orientaremos? Será o ensino uma atividade na qual o ser humano discerne, ilumina e interpreta uma realidade que o precede e o fundamenta, que tem sentido e que ao ser descoberta transmite-lhe a sua verdade e lhe permite ser? (Saber enquanto sabedoria, *lógos*, ciência.) Ou será o ensino uma atividade volitiva e desiderativa, na qual a pessoa não pressupõe nenhuma realidade humana nem divina, com um sentido e uma verdade que uma vez descobertos o alimentam, ou, pelo contrário, será uma atividade que indica as cumplicidades e os interesses que levaram a humanidade à atual situação, e que a partir daí realiza uma programação dessa realidade, relacionando-a a um modelo de sociedade futura, cuja conquista legitima a transformação radical das coisas, das pessoas e das relações humanas, tais como hoje existem? (O saber como algo imperativo, introdução e possibilidade da prática transformadora, como poder em última instância.)

Convém acrescentar a essas indagações uma outra, mais simples: Quem vai ser, no futuro, o protagonista da educação — o ser humano, o livro ou a máquina? Para que serve o ser humano e a palavra viva numa cultura que já tem impressos todos os seus saberes, que muito em breve estarão codificados em números e imagens? Mas, principalmente, quem será o agente imediato da educação, o seu programador e realizador: a pessoa; os grupos humanos com uma consciência de sentido e de valores, chamados "minorias cognitivas"; a sociedade, como simples agrupamento de indivíduos somados em seu voto como números; a máquina do Estado; os poderes econômicos e ideológicos mundiais?

E, à luz dessas perguntas, mais estas: como se é, como se chega a ser pessoa e a permanecer pessoa? Na relação da palavra e do olhar, do tato e do contato, do apoio consciente e da consciente distância entre pessoa e pessoa ou na relação muda entre ser humano e livro, entre pessoa e máquina? Teremos a força biológica e moral para realizar a tarefa de ser humanamente humanos e, sendo humanos, de ajudar os demais a nascer, a crescer e a permanecer humanos, para não ficarmos nas mãos da técnica impiedosa ou da sociedade neutralizada?

Essas são as grandes indagações das profundezas da consciência contemporânea e daqueles que por sua vez estão tornando a vocação educativa problemática na teoria e difícil na prática. Se, enquanto seres humanos, não sabemos quem somos, como conseqüência não podemos oferecer identidade, sentido e esperança àqueles que recebem diariamente o nosso olhar e a nossa palavra, o nosso silêncio e a nossa distância; somos então totalmente incapazes de educar, mesmo que possamos, quem sabe, ajustar indivíduos humanos como máquinas perfeitas. Se não sabemos quem somos e não temos consciência dessa ignorância, só projetaremos sombra e medo à nossa volta. Se ao menos pudermos perceber esse nosso "não-saber", acolher essa dor da incerteza e sentir como carência aquilo que é mesmo carência e não a glorificarmos como uma nova riqueza, saberemos ao menos avaliar as ofertas que nos fizerem e teremos a capacidade crítica de distinguir o pão daquilo que não é pão e a água daquilo que não é água, deixando-nos guiar pelo instinto para a fonte da água e para o celeiro do pão.

Não é possível ser educador hoje sem descer a essas solidões da alma, sem ouvir o rumor dessas indagações, sem subir às alturas da consciência histórica, em que se percebem os grandes dramas da existência humana, que precisa escolher entre o sentido e a esperança ou o sem-sentido e a desesperança. E, como ser um educador cristão, diante dessas questões pessoais e situações históricas, que afetam o ser humano antes mesmo de suas opções religiosas, sociais ou políticas, dessas indagações percebidas com clareza e assumidas com coragem? O primeiro ponto é não ter teorias especiais, metodologias específicas ou instituições particulares, mas acima de tudo realizar uma redescoberta da identidade cristã por uma via dupla e paralela: a da imersão nas fontes geradoras e nutridoras da própria fé e a da comunicação com todas as instâncias geradoras de sentido, justiça e esperança que existem neste momento histórico. A busca de identidade e a vontade de presença, de eficácia e de comunicação histórica se entremeiam. O grande poeta Juan Ramón Jiménez já dizia que são necessárias raízes para voar e asas para se enraizar.

O cristão que hoje quiser ser, pensar, agir e educar enquanto tal, sem coibir as liberdades dos alunos e sem desvirtuar conhecimentos que têm sua própria autonomia e não podem servir para fins espúrios, deverá promover a reconstrução de sua própria existência pessoal, partindo do resgate dos fundamentos dessa fé e da apropriação crítica dos valores da cultura atual, norteado pelos preceitos a seguir.

- *A reconstrução da palavra viva e verdadeira*, humana e humanizadora, como água limpa que brota silenciosamente da rocha. Só depois que tivermos redescoberto algumas palavras limpas e virgens, nascidas de um coração tranqüilo que tende para a luz, para a verdade e para o amor, teremos a possibilidade da comunicação e, com ela, a do surgimento não só de um ser humano novo, mas também de uma sociedade nova. A linguagem é o sangue do espírito e esse sangue pode desvirtuar-se, sujar-se, envenenar-se, arrastando o ser humano para a morte. Quem nos der uma palavra nova nos fará seres humanos novos. E quem nos der a palavra (a Palavra, o *lógos*!) nos fará seres humanos, simplesmente. Por isso, em quem tivermos a Palavra, teremos a Vida, a única que é vida, no tempo e sem tempo, ou seja, a verdadeira e por isso mesmo eterna.

- *A reconstrução da experiência espiritual*, que leva o ser humano para além dos instintos e dos instantes, fazendo-o enraizar-se no eterno, existir, ser pessoa e sentir-se, em sua carne e em seu mundo, espírito. Experiência que unifica nossas ações e nossas faculdades dispersas na raiz única de nosso ser pessoal; experiência de nossa co-naturalidade com o Absoluto; experiência que funde o duro metal de nossa vida, permitindo que seja modelada pela escuta e pela obediência fiéis ao Espírito Santo.

- *A reconstrução da consciência de fé* pela qual o ser humano reconhece que existe a partir de Deus, sente que sua própria liberdade brota de seu âmago e percebe a própria verdade não no distanciamento e na absolutização, mas na aproximação e na resposta, pois o ser pessoal é verdadeiro justamente à medida que deixa de ser absoluto e se relaciona com o outro; essa é a consciência de fé do ser humano que conheceu Cristo e que percebe com a percepção de Cristo, sente com os sentimentos de Cristo, olha o mundo com os olhos de Cristo, faz e sofre em ação, paixão e empatia permanente com o destino de Cristo e com o evangelho de Cristo.

- *A reconstrução da responsabilidade cristã* vivida antes de tudo como gratidão e resposta àquele que nos chamou a uma nova vida; que nasce e renasce por sua vez na fiel escuta, na real solidariedade, na difícil permanência e no ativo protagonismo junto aos seres humanos de uma geração, de uma sociedade, de uma terra e de um tempo. Responsabilidade cristã que se entrelaça com as exigências do evangelho eterno, ou seja, a experiência espiritual que, na Igreja e sob a ação do Espírito Santo, é possível para quem tem fé, e com as exigências de uma história muito concreta, que traz consigo solidariedade e distanciamento, colaborações e críticas, riscos partilhados e isolamentos inevitáveis.

Em outras palavras: o cristão necessita primeiro existir e depois saber de sua existência, ou seja, da vocação com que foi agraciado; precisa reconhecer sua tarefa histórica e assumir corajosamente o seu fazer concreto. E é preciso lembrar que só quem ama conhece; que só permanece na ação quem é sustentado pelo amor; e que, por conseguinte, só sabe de sua identidade cristã e só permanece fiel nas conseqüências históricas do evangelho quem ama e acolhe o amor que lhe é ofertado por Deus, pelos irmãos de fé e por todos que partilham dessa vocação específica.

O professor e a missão de professar

Qual é a missão do professor hoje? Em algumas etapas da evolução humana, quando a cultura não estava democratizada, essa missão era óbvia. Qual será, porém, essa missão na cultura do livro, ou seja, na cultura em que o pensamento já virou letra impressa e a ciência já foi transcrita? Serão ainda necessários os seres humanos? A palavra viva já não terá sido substituída pela letra escrita e esta, por sua vez, pela imagem móvel? Estará a missão do professor limitada à determinação dos livros que o aluno é obrigado a ler? Ou, quem sabe, à determinação da ordem com que as leituras devem ser feitas, oferecendo as chaves de interpretação para a compreensão do texto lido individualmente? Tratar-se-á, por fim, de apresentar para o aluno esses conhecimentos nos horizontes mais amplos da perspectiva antropológica, de procurar a dimensão ética deles e, conseqüentemente, sua ordenação e serviço para a sociedade?

A última pergunta remete a um outro enfoque de reflexão: Qual é, em última instância, a missão do professor e para que são necessários os professores? Alguém que reúne alguns conhecimentos e transmite-os aos alunos, para que estes os recebam e os transmitam aos seus sucessores? Ou, ao contrário, alguém que através de alguns conhecimentos ajuda o ouvinte a ser pessoa à medida que o confronta com a realidade? Ou, talvez, alguém que coloca o real diante do olhar do outro, ajudando-o a decifrá-lo, a relacioná-lo ao seu próprio destino e a partir daí a decifrar e protagonizar o destino universal identificando dentro dele o próprio destino?

É inevitável que essas reflexões façam lembrar o grande mestre da humanidade ocidental, Sócrates. O que diria ele diante de nossas afirmações e dos modelos de ensino por meio do livro, ele que compreendia a si próprio como o gestor da palavra e da verdade para seu interlocutor; ele que conduzia o ouvinte pela mão, para mostrar-lhe o abismo da realidade, uma realidade que não era estranha para quem a contemplava, mas que revelava-se íntima, co-extensiva à sua própria vida e por isso emergindo do seu próprio estar no mundo? A verdade só nasce depois de longa gestação e de um difícil parto, no qual o ser humano sofre por ela, busca por ela, anseia por ela, persegue-a, alcança-a e no final prostra-se de joelhos diante dela para servi-la e assim tornar-se, também, verdadeiro em seu serviço.

Só a palavra viva do próximo pode fazer a verdade nascer para nós, só em seu rosto ela pode se refletir como chama viva. Só quando essa palavra chega por canais de humanidade viva e da pessoa com ela identificada, pode trazer verdadeira iluminação, capacidade de dar segurança ao mundo e força de esperança. Não é o livro que faz as pessoas, só a pessoa pode fazer outras pessoas. Só a palavra acesa no dinamismo da voz e da fala personalizantes tem a força e a capacidade para despertar humanidade naquele que ouve.

Ser pessoa e ajudar a ser pessoa

Isso é ser professor. Professor é aquele que ajuda o aluno a tornar-se ser humano, a destacar-se da massa natural indiferenciada, instintiva e escura, para adquirir objetividade clara do real, para estar no mundo como um ser sensato; ou seja, não só um ser com sentido e finalidade, mas também com facilidades e meios, com valores e produtos, com esperanças e incógnitas. Ajuda a estar no mundo e a situar esse mundo diante de nós e para nós, a reconhecer-nos como parte do cosmo, a assumi-lo de forma a exercer soberania sobre ele e a partir dele protagonizar a sociedade, fazendo da natureza o símbolo que remete ao mistério e no qual expressamos nosso destino de seres racionais e, sobretudo, de seres com amor e com esperança: isso é ser pessoas humanas.

Esse papel complica-se muito no complexo mundo da docência, porque a imagem do docente não é reconhecida, tradicionalmente, do ponto de vista humano, profissional, cultural; carregou-se nas tintas do aspecto bonito do tema da vocação docente como quem tem por missão mostrar seu conhecimento, seu exemplo vivo em suas normas de vida, ou seja, sua integridade. Neste aspecto, o professor foi sendo idealizado no decorrer de gerações; juntaram-se nele todas as qualidades que, *a posteriori*, ele gostaria de obter, ou seja, alguns valores que, sem dúvida, ninguém adquire pelo simples fato de graduar-se numa escola de magistério. Podemos prescindir das vocações, já que elas se manifestam hoje em dia em menor escala. Mas de nenhuma forma podemos nos esquecer da missão do professor, sublime e transcendental para a humanidade e sobretudo para os alunos que dele se aproximam para participar dessa missão humanizadora e dignificadora que é educar.

O docente carrega hoje o peso das atribuições que em outras épocas lhe eram conferidas; essa imensa responsabilidade causa nele um grande conflito, que o leva inconsciente e inexoravelmente a criar dentro de si uma imagem do seu próprio eu que, por sua vez, desperta nele a expectativa de ser perfeito na representação do seu papel e da sua missão.

A máxima filosófica de Sócrates, "conhece a ti mesmo", deveria ser o ponto de partida para se analisar o professor, ou seja, a forma como realmente se manifestam suas emoções, seus sentimentos, seus conflitos humanos etc. Os sentimentos são sinais de aviso daquilo que está acontecendo no organismo, mas sua aprendizagem é particularmente difícil para os docentes. Eles estão muito bem informados sobre a utilização de meios defensivos, tais como a negação, a repressão e a projeção, para conservar a todo custo a consideração do eu[1].

O professor deve começar pelo reconhecimento dos diferentes sentimentos que se agitam dentro de si, como o medo diante dos alunos, a ansiedade, a agressividade. Enfim, diferentes elementos incidem sobre o moral do indivíduo, inclusive as relações com os outros representantes do campo educativo, como pais, autoridade do local e alunos.

O equilíbrio, tanto físico quanto psicológico, pode contribuir de forma decisiva para transformar o eu real do professor numa personalidade mais próxima do ideal do docente educador. O equilíbrio psicológico pode trazer uma flexibilidade, uma adaptação eficaz ao ambiente, despertando nos alunos motivações e estímulos para forjar seu caráter e sua personalidade.

Acima desses problemas está a transmissão do conhecimento e, nas mãos do professor, o conhecimento tem um valor ou cumpre uma função absoluta e outra relativa. Tem um valor anterior à vontade humana e independente dela, porque a realidade precede nossa vontade e é globalizadora

---

[1] Cf. ABRAHAM, Ada. *El mundo interior del docente*. Barcelona, Promoción Cultural, 1974. p. 125.

com relação a ela. Por isso, o ser humano, em vez de chegar a ela com sede de transformação, com a voracidade do animal faminto que cai sobre a carne, tem de colocar-se diante dela com receptividade, de modo contemplativo, analítico, serviçal, como entrega e serviço. E, no entanto, a natureza também é função do ser humano, que, por ter uma dimensão pessoal superior a ela, pode atribuir-lhe um sentido que ela sozinha não se pode dar; ao mesmo tempo, nessa transformação, ele se humaniza.

A natureza, portanto, obedece ao ser humano, serve aos seus projetos e se transforma em fonte de humanização, desde que ele respeite suas leis internas e não a violente. A natureza é, por conseguinte, função e ordenação do ser humano; é analisada pela ciência e transformada pela técnica, tornando-se servidora do ser humano. O sentido e a qualificação ética, tanto da ciência quanto da técnica, são medidos por seu serviço ao ser humano e não podem transformar-se em alavancas absolutas diante dele, deixando de lado as questões éticas e as significações sociais e políticas de seus resultados. O cientista atua a partir da sua compreensão do que é o ser humano real e o ser humano possível. A ciência serve a uma realização social e política do humano e deve esforçar-se para que sua contribuição mantenha-se limpa e nítida.

Segundo nossa filosofia, a pessoa é o valor fundamental de todo e qualquer centro educativo. Por isso, uma escola de qualidade deve estimular a filosofia dos recursos humanos, peça chave de qualquer renovação, necessária para a superação do desafio que a educação representa para o nosso tempo. A escola deve caminhar para uma formação especializada do seu professorado e para uma missão humanizadora, em toda a sua plenitude; por isso, deve aproveitar todos os recursos humanos que possui. Deve dinamizar e otimizar o potencial humano que não estiver sendo aproveitado no sentido do bom rendimento escolar, do ensino de qualidade e de uma educação integral e plena do aluno. Os programas de pesquisas e formação dos professores devem ter em vista essa iniciativa, mediante planos de interesse comum, com a realização de todo tipo de atividades: estudos, jornadas, seminários, cursos, congressos, pesquisas etc... Seus objetivos prioritários devem ser, de um lado, estudar a fundo a influência da mudança de estratégias e alternativas num ensino de qualidade e, de outro, o controle da gestão do trabalho pela diretoria, analisando de que maneira influencia as pessoas, sejam professores, alunos ou familiares.

O mais importante não é saber, mas aprender, saber julgar, saber decidir etc... é fazer com que o educando esteja apto para enfrentar todas as situações, inclusive aquelas que não podem ser previstas. No ensino tradicional, o professor era o dono do saber e o aluno tinha de aprendê-lo. A atividade do professor correspondia à passividade do aluno. Este calava-se e escutava. Admirava o professor porque graças a ele saberia viver, não como um animal, mas com a dignidade de ser humano civilizado.

A essência e a meta desse tipo de ensino são o fluxo contínuo de informação do professor para o aluno. Na escola tradicional, a relação colocava-se sob o signo da rivalidade, da competitividade, da violência ou da chacota.

As relações de companheirismo estavam ausentes da sala de aula. Cada qual se preocupava com a sua lição e trabalhava isoladamente. Na escola, o aluno não podia libertar-se da tutela do professor. Hoje as coisas mudaram, mas não se soube canalizar a riqueza dessa mudança nem aproveitar o potencial dos recursos humanos dentro da escola.

Deve-se potencializar e instaurar uma relação mais pedagógica, que crie um clima positivo e motivador que possibilite o amadurecimento do professor e dos alunos. Os centros educativos que se preocupam com os recursos humanos colhem melhores e maiores êxitos e formam, a partir da base, os melhores universitários e técnicos etc...

Uma das realidades sociopedagógicas mais incontestáveis e mais evidentes de nossa época é a nova forma de relação que se procura estabelecer entre educadores e educandos. Esta constatação refere-se tanto às relações entre pais e filhos quanto às que se estabelecem entre professores e alunos, ou seja, entre os que educam e os que são educados. Hoje acreditamos em outro tipo de relações sociais, as baseadas na participação — as duas partes participam das decisões importantes através da colaboração e da co-gestão, situando-se, portanto, no nível do poder (*potestas*) e no da potência (*potentia*) — e na criatividade — qualquer membro do grupo tem a possibilidade de ser autor (autoridade), de emitir sugestões, de propor idéias (originalidade), de inovar, de colocar em dúvida (questionar), de dar aos outros aquilo que possui de singular, de original, de expressivo. Paralelamente a essa modificação nas relações entre dirigentes e dirigidos, elabora-se, em alguns setores, um outro conceito de vida escolar, familiar e social.

Muitos acreditam que o rendimento, a eficiência, o trabalho e a produção não têm mais o valor preponderante de antigamente e que o ser humano constitui o elemento essencial da sociedade e da cultura como um todo, na perspectiva de uma libertação cada dia mais legítima. Em outras palavras, o que acontece a cada pessoa ou entre os membros de um grupo durante a realização de uma atividade é mais importante do que a própria atividade.

Enquanto o mestre anima seu grupo, é evidente que se elaboram reações em cada aluno, entre os alunos, no próprio mestre e entre ele e os alunos. No que se refere ao grau de satisfação e de desenvolvimento de cada um dos membros do grupo, o resultado dessas reações ou interações pode ser positivo ou negativo. Em nosso contexto sociocultural, é primordial *saber ser* e *saber viver*, mais do que *saber* (conhecimentos, matérias, conteúdos), *saber fazer* (técnicas, procedimentos, métodos), *saber fazer com que façam* (com vistas a uma aprendizagem, a uma relação, a uma imitação). Está comprovado que o professor aceito e amado pela classe atinge melhor o objetivo do que um colega que, apesar de eminente cientista, não está integrado ao grupo.

Transmissão de saberes e nascimento de sentido

Da ordem de fazer tudo, de pensar tudo e de adaptar tudo à existência pessoal, individual ou coletiva e ao seu destino no mundo, deduz-se que não existe, de fato, uma ciência eticamente asséptica ou neutra, nem instituições docentes neutras e pessoal docente neutro. Sem um conhecimento do ser humano e sem uma compreensão do destino humano não é possível educar; isto é, iluminar a verdade, gerar sentido, transmitir capacidade de viver de maneira criativa, ancorada na realidade, sem medo e sem sobressaltos, olhando com esperança para o futuro, assumindo a própria missão com coragem e o destino do mundo com confiança. Por isso, gostaria de, neste momento, enfatizar que *para poder ser professor, ou seja, para poder educar é preciso ser e viver, viver-se e desviver-se como ser pessoal diante do próximo*. Resgatamos aqui o sentido mais puro e etimológico da palavra; assim, quem não expressa e confessa alguma coisa desde o mais profundo de seu ser diante dos que o ouvem, aquele que não diz a própria existência ao dizer a realidade ou aquele que não diz o real objetivo ao proferir a própria palavra não é um educador, muito menos um professor.

Existem profissionais que acreditam ser o conceito de mestre, aplicado ao ensino, mais acertado e mais rico que o de professor, uma vez que o mestre está destinado a cumprir sua "função ministerial" em relação ao aluno. Essa função consiste em colocar-se a serviço dele para potencializar seu espírito e orientar sua mente para uma meta de perfeição pessoal na totalidade de sua vida. Ser mestre significa enriquecer-se para enriquecer, aperfeiçoar-se para aperfeiçoar, tornar-se autônomo para conduzir à autonomia. Mestre e estudante (este mais discípulo que aluno) constituem uma comunidade espiritual unida pela aspiração recíproca aos valores supra-individuais e pelo objetivo comum de realizá-los.

O trabalho formativo da escola — como de resto todo nosso ser, humano, cultural e social — repousa em última instância na capacidade do ser humano de *ir se formando, completando e aperfeiçoando* sempre, em constante ação recíproca com o meio ambiente. Esse processo sempre foi objeto de reflexão filosófica, pedagógica e antropológica. Foi precisamente a admiração diante da perfectibilidade e da plasticidade da natureza humana que levou à reflexão sobre a essência do ser humano.

As diversas ciências humanas tentaram interpretar esse mistério. É verdade que jamais se conseguiu pleno acordo, mas, apesar disso, ficou claro que o animal é algo fixo, cuja essência está no ser de uma vez para sempre, ao passo que a essência do ser humano comporta um fazer a si mesmo sempre renovado pelo constante confronto com seu universo de possibilidades ilimitadas. Esse processo sem fim de fazer a si mesmo, próprio do ser humano, pode ser também considerado como um ir aprendendo, como um aprender no sentido amplo. Assim, um ser humano que vai se fazendo é, ao mesmo tempo, um ser humano que está aprendendo.

É aqui, nesta encruzilhada, que surge de maneira sublime a missão do mestre, e essa missão de orientador daqueles que caminham rumo a metas de amadurecimento e plenitude humana faz com que o mestre, mais que professor, seja um guia. E, nessa missão de guia, deve impulsionar a função dominadora e integradora. A conduta integradora do mestre origina nos alunos um comportamento integrador, ou seja, aberto, criador, cooperativo, objetivo, rico em iniciativas; ao passo que a conduta dominadora origina atitudes neuróticas, de receio, de afastamento entre os alunos, de desconfiança, isolamento, empenho por notoriedade e propensão à eficiência. O verdadeiro mestre estabelece uma boa relação com os alunos para criar um ambiente de trabalho e estudo agradável e eficiente.

Descreveremos a seguir as características de personalidade mais comuns em mestres que criam com os alunos uma ótima relação humana:

1ª) *Espírito aberto e interesse pelos alunos e pelo seu trabalho*: indaga sobre a situação pessoal dos alunos e dispõe do tempo necessário para escutá-los, mesmo que na maioria das vezes sobre problemas pessoais alheios ao ambiente escolar; aprecia sempre o aspecto positivo dos trabalhos e das respostas dos alunos e manifesta sua aprovação.

2ª) *Espírito de iniciativa, riqueza de idéias, decisão para enfrentar novas situações*: formula propostas apropriadas para as tarefas; supervisiona a realização do trabalho empreendido de comum acordo com os alunos, até a sua finalização; procura animar cada um dos alunos, estimulando-o a realizar o trabalho da melhor forma possível; sabe corrigir oportunamente e com prudência os problemas de falta de disciplina; confia nos alunos para resolver situações novas e imprevistas; tem fé e acredita no sucesso do seu trabalho.

3ª) *Influencia os alunos por meio do trabalho e da relação humana*: sabe imprimir um ritmo de seriedade e responsabilidade no trabalho com os alunos, graças à sua dedicação intelectual ao trabalho docente; consegue influir na personalidade do aluno proporcionalmente ao seu amadurecimento pessoal, humano e espiritual, pois é nesse nível que o discípulo deve ser conduzido.

Como se pode observar e precisar, a tarefa fundamental do mestre não se restringe a transmitir conhecimento ou criar habilidades no aluno, mas envolve orientar e estimular o trabalho pessoal, aquele que o conduzirá à conquista do saber, à formação das atitudes e à obtenção de um aprendizado autônomo.

A primeira dimensão da conduta diretiva do mestre, a abertura e o interesse pelo aluno, é, portanto, a *amizade*. Poderíamos chamá-la de tendência básica, pois é a atitude positiva diante do próximo, plena de confiança e sem reservas, que muito favorece as relações entre mestre e aluno. A segunda dimensão é a habilidade do mestre de orientar a classe para o trabalho graças a sua iniciativa e a sua capacidade de decisão.

Nesse sentido, o conceito de mestre também valoriza e enriquece o de aluno, considerado *discípulo*. De acordo com Zubiri, ser aluno pertence ao que passa, ao mutável; em compensação, ser discípulo pertence ao que não passa, ou seja, a uma dual e conjunta posse da verdade e de si mesmo. Ser aluno significa implicitamente um ensinamento, um exercício das capacidades intelectuais, objetivando uma utilidade, "serve ou não serve para estudar". Em contrapartida, ser discípulo implica em comunicação através da simpatia. Para Bergson, é a intuição de sentimentos profundos de outras pessoas, da formação do caráter como base da personalidade; enfim, um *self-control*.

Do ponto de vista do aluno, não importa se ele deve ser chamado de aluno ou de discípulo; o que de fato pode ser objeto de polêmica é se realmente educa-se ou ensina-se o aluno ou ambas as coisas ao mesmo tempo. Tradicionalmente, pretende-se fazer acreditar que o ensino envolve a educação e vice-versa. Isso é um equívoco, posto que essa dualidade só seria possível se prevista no método escolhido, uma vez que o ensino poderia provocar uma mudança de comportamento e não uma educação; o ensino, comparado com a educação, seria apenas um procedimento.

A educação envolve a criação de hábitos, ou seja, de atos que dificilmente mudam, e não só mudanças de comportamento. Representa autodomínio, fortalecimento físico, vontade, saúde mental; em suma, uma cultura psicofísica cuja aquisição só depende de disciplina e exercício[2].

Técnica impiedosa e escola humana

Hoje em dia, assistimos a uma divisão e subdivisão de funções, a uma especialização e subespecialização em disciplinas, à objetivação e precisão dos métodos, que transformam os saberes e os métodos em protagonistas do ensino e deixam de lado a pessoa para quem são e a partir da qual existem. E, sendo esse fato necessário e em parte irremediável, é preciso ter em mente que o ensino leva à crescente tecnicidade de uma vocação que, para permanecer verdadeira, tende a manter sempre algumas dimensões e paixões pessoais. A vocação docente exige algo mais que tempo e métodos porque só é possível formar um ser humano a partir da liberdade oferecida e a partir do amor que gera segurança e abre o futuro. Só é possível educar quando a pessoa que fala coloca-se de forma viva e generosa diante de quem a escuta; quando não se oculta,

---

[2] Cf. IZQUIERDO MORENO, C. *Escuela y familia en la tarea educativa*. [Liria, Valencia], [o autor], 1979.

mas se revela; quando não se esconde atrás de métodos, saberes e programas, mas, respeitando-os e levando em conta o interlocutor, expõe-se com recato e se entrega com benevolência. Estará já desumanizada a vocação educadora? Não restará apenas o sistema mudo, depois de ter integrado e reduzido a objetos as pessoas que educam e as pessoas que se educam, ao quebrar qualquer possibilidade de relação, convivência e formação pessoal? Onde resta ainda uma escola humana?

Pessoa, fé, ensino

O ser humano cristão torna presentes e operantes não só as realidades mas também as esperanças cristãs no ensino, pelo próprio fato de acreditar. Naturalmente, não pela utilização apologética dos conhecimentos, nem pela domesticação da ciência, obrigando-a a legitimar a história cristã ou os acontecimentos da Igreja; muito menos por forçar de modo precipitado e violento seus alunos a favor das soluções cristãs.

Quando um professor vive sua tarefa cotidiana não como um conhecimento que lhe dá poder, mas como uma capacidade que o obriga a um serviço, está então transmitindo, aos alunos, antes de tudo, sem propor-se diretamente a isso, um modo de ser pessoa no mundo, aquele jeito radical de se posicionar diante da vida pelo qual a própria existência, o próximo, os afazeres, posses e tudo o que existe adquirem um sentido e são lidos numa direção. O professor cristão deve viver mansamente sua fé. Ou seja, deve viver e respirar sua fé com a clareza de quem não faz dela um objeto expresso de reflexão ou de explicação, mas sim como quem vive impregnado dela, vive dela, dela se alimenta e a partir dela abre-se aos demais no acolhimento, no respeito e no serviço.

Isso requer um amadurecimento pessoal muito profundo, o desenvolvimento daquela coerência original entre o que a verdade de Deus oferece para nossa vida e o que nossa vida necessita, espera, gera e dá de si mesma; ou seja, exige que se tenha superado a tendência à cisão ou à esquizofrenia daqueles que vivem sua realidade de profissionais em planos sobrepostos que não se relacionam e não interagem entre si. E essa coerência não se estabelece hoje sem uma reflexão explícita, abrangendo a análise teórica, o confronto moral e o contexto religioso. É alcançada quando o ser humano vive no plano da consciência histórica, sendo um real contemporâneo das expressões mais vivas da humanidade, e quando quem acredita está em contato com as correntes e expressões mais fecundas de sua fé, confrontada com essa modernidade, relacionada às suas origens, fazendo constante releitura da própria história, sem fugir das indagações eternas, sempre acalmadas e sempre incômodas, a ponto de não permitirem que o ser humano durma sobre suas conquistas e suas soluções, mantendo-o em estado de perene alerta e de inquietação interior. Se é o ser humano que procura sempre e que de cada encontro faz uma pedra na qual se apóia para continuar procurando, o cristão é aquele que está diante do Deus sempre maior, diante do inesgotável abismo e da profundidade do mistério de Cristo, diante do mistério do próprio ser humano que revela o abismo de Deus.

O ser humano de fé sente correr para si a verdade como um dom, um dom que o consola e o obriga a novas buscas, que vem a ele como a água cujo manancial está muito além da sua própria inteligência e que se estende para além de si mesmo. Por isso, sempre exalta os ouvintes para que não se atenham só à palavra que ele profere, para que não o adorem nem absolutizem, para que procurem as nascentes e não se contentem só com os riachos. Assim, não se exalta diante deles, mas procura com eles a verdadeira fonte da verdade, que brota e corre sempre, ainda que seja noite e dela só conheçamos o murmúrio noturno. Por isso, acolhe sem reter, deixando correr para os demais essa água mansa, de forma que ela chegue fecunda, iluminadora e gratificante. A verdade é, para ele, eco de uma vida plena que se reflete em sua inteligência, vida que tem um nome e um rosto pessoal. Daí que tudo o que existe, o cosmo, a história e o próprio ser humano, seja sinal e eco dessa presença, que torna os seres consistentes e não vazios, luminosos e não opacos, inteligíveis e não absurdos.

A autonomia do real, a secularidade da cultura e a independência do saber com relação aos poderes pessoais e às dominações ideológicas não significam para a pessoa de fé que o mundo esteja fechado sobre si mesmo e não leve a nada além dele próprio. Um *além* que não é um supra-mundo artificial ou um além do tempo arbitrário, mas um real *intramundo* e uma real *intra-história*. Porque o saber leva à chave pessoal da realidade, ou seja, a perguntar se o cosmo existe para alguém, a partir de alguém ou se ele não existe a partir de ninguém na origem e para ninguém no término[3].

A atitude íntima de quem não é um estranho a si mesmo

Somos professores à medida que somos humanos e somos professores cristãos à medida que a identidade cristã é vivida a partir da sua raiz original e do dinamismo que se abre para a instauração de uma coerência total na existência humana, em sua relação com o cosmo e em sua abertura ou orientação para a sociedade. Por esse dinamismo, tudo que é real nos é dado como um dom e como uma tarefa; nos é ofertado e nos é ordenado. Por isso, a pessoa de fé percebe-se, antes de tudo, como um ser agraciado. Essa graça decorre do próprio fato de existir, da revelação de Deus, da experiência de Cristo, da proximidade das outras pessoas, em cujos rostos e em cuja

---

[3] González de Cardedal, O. *Carta a un profesor amigo.* Madrid, Narcea, 1981.

palavra nos descobrimos existindo e vamos aprendendo a ser pessoas. Quem se percebe e se acolhe como resultado de graça permanente não pode deixar de conceber toda sua vida e sua ação como criadoras de graça, ou seja, de benevolência, de gratuidade, de serviço, de amor, de esperança, de criatividade e de apoio para o próximo. Quem reconhece que existe a partir de um amor prévio e de uma liberdade que o liberta de suas próprias cadeias, para ser ele mesmo e para existir diante dos demais, só pode estar no mundo como gerador de liberdade para o próximo, ou seja, como ofertante de um amor e de um futuro dos quais a verdadeira liberdade pode nascer, crescer e consumar-se. Quem reconheceu sua finitude e não odiou a si mesmo por causa dela, mas teve a capacidade de se amar, amará seu próximo. Quem teve a experiência de ser acolhido por alguém em sua pobreza e de ser perdoado em seus pecados terá necessidade de acolher e de perdoar, de animar e de sustentar, para não cair em contradição consigo mesmo.

O descomedimento do poderoso e a falta de solidariedade do puro representam o oposto do verdadeiro cristão. Para este, a suprema glória é a misericórdia, que não é expressão de debilidade ou de ressentimento mas, pelo contrário, é expressão de uma liberdade redimida, ou seja, purificada do seu egoísmo inato, de forma que transborda de alegria e acolhimento, de reparação e solidariedade.

Coerência entre ser, pensar e esperar

Por conseguinte, a pessoa que compreende a si mesma nessa perspectiva e procura viver com base nela, criará à sua volta *situações, relações, comportamentos e esperanças coerentes com ela*. A relação pessoal professor–aluno não se esgota na aula ou na matéria que está sendo explicada. Por isso, o professor de matemática vai, na vida do aluno, muito além do que as tábuas de logaritmos ou as equações diferenciais. O seu testemunho e as suas atitudes globais ultrapassam a simples relação profissional, mesmo quando se trata das matérias mais distantes de uma relação possível com a fé. É evidente que essa relação difere em cada caso, pois algumas disciplinas, como é o caso da história, filosofia, biologia, ética e da própria literatura, permitem um confronto e uma releitura a partir das chaves cristãs de sentido, sem que isso signifique que sua essência seja desvirtuada, uma vez que no caso delas não é possível explicar os fatos sem chaves de sentido. E aí um professor cristão exporá fatos e chaves interpretativas com clareza e liberdade, situando nelas a interpretação cristã como uma das possibilidades e mostrando que, para ele, é a que oferece maior inteligibilidade e sentido e que ilumina todas as demais. Essa explicação em chave cristã deverá sempre ser proposta e nunca imposta. Sua verossimilhança e credibilidade derivam do valor objetivo, da qualificação profissional e do ambiente de valores morais que acompanham o professor e que para o bem ou para o mal qualificam sempre sua palavra.

Entretanto, gostaria de enfatizar que considero as atitudes do cristão diante da vida mais importantes do que as explicações cristãs, que são possíveis e algumas vezes necessárias em determinadas matérias. E ele não precisará falar quase nunca dessas atitudes primordiais porque o mais profundo da vivência de cada ser humano dificilmente é explicado, pois não é esclarecido pela explicação teórica, mas sim pela explicação diária e pelo esclarecimento real dados pelas nossas ações. Essas atitudes são transmitidas sem palavras, pela simples vivência de quem dá de si gratuitamente, sem expô-las nem impô-las, sem querer tirar fruto nem partido delas, sem forçar sua aceitação nem esperar pelo seu rendimento. A fecundidade dos valores é proporcional à gratuidade com que são ofertados. Talvez alguém, algum dia, nos peça conta delas, desejando saber como é essa fonte subterrânea e silenciosa da qual brota a água do viver cotidiano e por que é o fundamento do nosso viver e da nossa profissão. Teremos então de dar conta de nossa esperança (cf. 2Pd 3,15) e responder a essa pergunta. E o faremos referindo-nos àquilo que é o fundamento de nosso viver e morrer: a vida e morte de Jesus de Nazaré, convidando nosso interlocutor a ler também a própria existência com base na lógica pessoal da palavra de Jesus e a se encaminhar pela senda das bem-aventuranças.

Educação e liberdade

Educação e liberdade são duas palavras que com razão hoje são repetidas com muita freqüência. Porque o animal é o que é e como tal vive e se comporta: o leão sempre como leão e a cotovia sempre como cotovia. O ser humano, porém, não se limita a ser o que é; pois pode sê-lo de maneiras muito diferentes. O ser humano pode ser, em certo sentido, mais humano ou menos humano, segundo tenha mais educação e mais liberdade.

Liberdade e educação são duas palavras que hoje normalmente aparecem juntas. Também com razão. Porque expressam duas noções intimamente relacionadas, parcialmente coincidentes, radicalmente idênticas. O ser humano pode se educar porque é livre e pode ser livre porque se educa; só é possível educar o ser humano libertando-o; só é possível libertá-lo educando-o.

A inter-relação entre educação e liberdade é o tema deste trabalho e abrange uma projeção transcendente do que é ser pessoa humana, além de contemplar a dimensão religiosa. Por isso, educar é libertar-se de algo para atingir o que enriquece e aperfeiçoa. Libertar-se é possuir a si mesmo. Mas autopossuir-se não é um estado no qual o ser humano possa descansar. É um processo no qual se avança ou se retrocede. Autopossuir-se é dispor de si. Dispor de si não é algo absoluto. Dispõe-se mais ou dispõe-se menos. Dispor de si não é dominar um vazio, tomando posse completa dele, nem tampouco imperar sobre uma coisa que se dobra docilmente ao nosso comando. É dispor parcialmente de uma realidade inesgotável e cambiante, difícil de conquistar. Dispomos de nós mesmos quando progredimos na autoconquista, abrindo novos horizontes de autodomínio real e efetivo.

A liberdade do ser humano é sempre "liberdade de" e "liberdade para": liberdade de algo que limita, para alcançar algo que me aperfeiçoa e enriquece; libertar-se é eliminar entraves, constantemente, para atingir realidades mais plenas. Não há verdadeira libertação quando se desfaz os laços que impedem a posse de uma parcela de si mesmo, mas não se abrem caminhos para melhor dispor dela. Ao contrário, é perda de liberdade, eliminando entraves para fazer o ser humano afundar em maior submissão, alienação e entorpecimento. Só o que aperfeiçoa pode libertar. O que rebaixa é escravizador.

Educar os estudantes é libertá-los dos entraves e torná-los capazes de se libertar dos obstáculos e das barreiras que impedem ou dificultam seu desenvolvimento pessoal. A verdadeira educação é verdadeira libertação. E esta não termina aí. Não basta apenas remover barreiras; é preciso abrir caminhos; não basta eliminar a ignorância, o medo e a fraqueza; é preciso que o conhecimento, a coragem e a fortaleza levem a maior plenitude e autoposse. O conhecimento pode levar a uma ignorância maior, que é a daquele que se acredita sábio; a coragem, a uma temeridade sem sentido; a fortaleza, a uma soberba que cega

ou a um entorpecimento do ser humano na complacência do seu poder. Libertar-se é possuir mais profundamente uma personalidade melhor, que só pode ser alcançada quando se assume um ser mais pleno.

A liberdade envolve uma dialética de posse e entrega, de domínio e submissão, de rebeldia e serviço. O ser humano só começa a libertar-se quando quebra uma barreira e a domina, quando se rebela contra os limites que encontra em qualquer situação; não chega, porém, a completar essa libertação se além desses limites não houver algo valioso ao qual possa se entregar. Submete-se livremente àquilo que o aperfeiçoa e coloca sua disponibilidade a serviço de uma maior plenitude. É aqui que reside a importância dessa liberdade religiosa, dessa educação livre e consciente de uma vida de fé, de uma orientação livre da dimensão religiosa do ser humano.

A liberdade que liberta e a utilização que escraviza

Dessa forma, o ser humano só ensina ao ser inteiramente humano, projeta a impressão dos seus conhecimentos ao ser capaz de projetar impressões pessoais, e precisamente sem pretender subjugar ou reclamar imitadores. Também por isso o ensinamento nunca é neutro. O professor, por mais que tente, não pode ser, ou, melhor, nunca é, neutro. A glória e a tristeza do ser humano é que ele deve sua liberdade à ação dos demais, que a tornam possível ou impossível; essa ação pode determinar para o bem ou para o mal o destino de seus irmãos. E essa determinação não decorre tanto do bem ou do mal infligido diretamente, mas sim da maneira de ser pessoa diante do outro, da alegria, da esperança, da justiça e da liberdade que de fato gera em sua vida, ou da agressividade, da desesperança, da injustiça, da escravidão e da morte que deixa atrás de si como um rio de infecção.

Todos nós contribuímos para aumentar ou diminuir a justiça, para promover a liberdade ou para expulsá-la do mundo. Os seres humanos são como árvores, que dão sombra fecunda ou mortífera e abrigo sob seus ramos, oferecendo-os aos passarinhos para que neles venham pousar; ou como arbustos, que têm espinhos, não tecem ramagem nem oferecem segurança para que se possa apoiar-se neles.

Entretanto, devemos afirmar ainda que, apesar da inevitável determinação da liberdade do próximo pelo simples fato de se existir diante dele, o ensino e o aluno não podem jamais ser utilizados em função de sistemas, ideologias ou religiões impostas violentamente, porque então se estará prejudicando a realidade mais sagrada, ou seja, impondo, em vez de tornar possível a liberdade e os valores oferecidos. E com a imposição fecha-se a possibilidade de que os valores venham a ser acrescentados ao indivíduo e de que sejam percebidos como enriquecedores de sua liberdade.

Educação e pessoa

Voltamos a repetir dois pressupostos: que o ensino só é possível quando concebido como uma contribuição parcial a um projeto global, que é a educação da pessoa; e que a ação educadora só é possível enquanto entrar em jogo a própria personalidade do educador, que não se oculta atrás das notícias, das fórmulas e dos programas, mas situa uns e outros num horizonte de sentido para a existência humana, que confronta o aluno com sua própria realidade e com a que cada ser humano tem de enfrentar. Representa apenas uma ajuda para essa ação toda a bagagem de conhecimentos recebidos, vividos como se fossem a narrativa da viagem que a humanidade fez à procura de si mesma, como roteiro de uma travessia pelo vasto mar do mistério no qual já foram demarcadas algumas rotas mais seguras para a navegação e de cujo fundo pouca notícia temos.

Educar é ajudar os demais a ser. E isso só é possível à medida que se transmite a eles forças para ser, sabedoria para descobrir o que são e o que podem ser, esperanças e visões para continuar. Quando esse horizonte de sentido total para o ser pessoal não aparece na educação, a formação do sujeito da educação será semelhante a de um animal adestrado para conseguir alguns efeitos mediante a utilização de algumas técnicas, e de acordo com alguns métodos; o sujeito da educação não chegará a ser pessoa, ou seja, um ser de espírito universal livre, que consente e rejeita não com base em instintos mas sim em critérios, iniciativa e serviço ao próximo.

O conceito mais profundo de educação talvez seja aquele que a apresenta como um processo de ajuda ao ser humano, para torná-lo capaz de formular e realizar seu projeto pessoal. Se a educação é, em sua forma mais perfeita, a realização de si mesmo, então só é possível onde a consciência moral é ativa. O fundamento real da educação está justamente no ser pessoal do ser humano, nessa situação de dignidade em relação aos simples objetos que faz com que seja um ser singular, solidário e livre. Se nos fixamos apenas na condição humana, corremos o risco de entendê-lo mal, de cair no erro tão freqüente de muitas ideologias que insistem em absolutizar o ser humano, partindo da evidente superioridade desse indivíduo em relação ao que o cerca. No entanto, o ser humano não é um ser absoluto, que pode existir e viver desligado de qualquer relação com a realidade externa. Começa por receber dos outros o seu próprio ser. É uma criatura, o que explica suas limitações. Mas também é filho de Deus e nessa condição baseia-se toda a sua grandeza.

A idéia diretriz que dá sentido à pessoa, à sua vida, será adquirida ou escolhida pela própria pessoa, dentre todas as coisas que constituem um valor importante e firme para ela. Mas o supremo valor transcendente, que verdadeiramente dá sentido à vida, que ordena e integra toda a sua existência, é o valor religioso, a fé.

O ser humano, como diz López Ibor, precisa acreditar em algo com a mesma necessidade radical e insubornável com que um corpo necessita de água para não morrer de sede. Se não alcançar a verdade revelada, contenta-se com uma forma mítica. Qualquer que seja o nome que se dê à crença, ela oferece à pessoa uma segurança espiritual que a ajuda a suportar seu caráter itinerante. O mundo está sedento de verdade religiosa.

Não há dúvida de que a religião ocupa um lugar central na vida do ser humano e conta com muito mais força, vitalidade e flexibilidade do que atualmente acreditam os críticos. O verdadeiro centro da vida humana, aquilo que pode dar uma hierarquia, uma ordem, um sentido para tudo, é o trato com Deus.

Gratuidade, liberdade, serviço

Educação a partir da liberdade e em liberdade, a partir da gratuidade e para o serviço. Isso significa que a educação não pode ser função de nada nem de ninguém, nem da religião nem da política, nem do velho nacional catolicismo nem do novo nacional-socialismo. A educação pode e deve encontrar, tanto na religião quanto na política, elementos de formação e de julgamento para ajudar o aluno a se descobrir, a perceber as múltiplas dimensões do seu próprio ser, a assumir-se nessa pluridimensionalidade e, por conseguinte, a ser humano não com base no esquecimento de algumas necessidades, possibilidades e responsabilidades, mas sim na análise delas, na resposta a elas e no exercício delas.

Por isso, a educação não pode ser função de nada e contudo é impossível educar sem vinculação a valores, projetos e atitudes fundamentais diante da existência. Só podemos educar quando conhecemos o ser humano verdadeiro; só quando sabemos ou imaginamos qual é a sociedade que o torna verdadeiro e fraterno temos a possibilidade de iniciar uma revolução que pode transformar a sociedade atual à luz da sociedade futura. Por outro lado, não se pode alcançar a liberdade pela oferta de marcos vazios, bastando apenas convidar a pessoa a preenchê-los, mas sim com a apresentação próxima de valores vividos, de projetos com sentido real, de atitudes de serviço concretizadas em ações serviçais. Aquele que, ao oferecer tudo isso, consegue adesões e seguidores, deve realizar a máxima renúncia e exercer até o limite essa atitude de oferta gratuita. Estará dando a partir da sua verdade e desejando referir-se apenas à verdade. Dá sua água mas remete à fonte. Por isso, deve refrear, verificar e amadurecer essas adesões do próximo para que sejam, ao mesmo tempo, expressão de emoções e de boa vontade, de reflexão e de boa inteligência, de forma que sejam expressão de uma liberdade responsável.

A escola geradora de liberdade como responsabilidade

A escola é, portanto, um lugar de longa gestação de liberdade, que amadurece naquela paz que tudo pondera e naquela abertura que a tudo confronta no amor. Não é um lugar para fáceis adesões do aluno nem para ambíguos proselitismos dos professores. Quem faz da escola um mero trampolim para introduzir um sistema político ou uma visão religiosa faz com que seja desvirtuada. Quem por sua vez defende uma neutralidade absoluta ou assepsia de valores e projetos torna impossível a educação, ou pelo menos faz com que seja reduzida a mera informação técnica, deixando o aluno sem capacidade para discernir e criticar e, como conseqüência, à mercê de quem queira utilizá-lo ideologicamente, ou seja, dos totalitarismos, não só da sociedade de consumo mas também das utopias revolucionárias.

Em decorrência, a educação oscila sempre entre dois abismos: de um lado, a utilização ideológica (por parte daqueles que pretendem a catequização imediata para conseguir adeptos para os seus sistemas); de outro, a banalização, o tecnicismo ou o esvaziamento de valores e de sentido (daqueles que almejam silenciar a pessoa e com isso manter a neutralidade). Tanto uma quanto a outra desvirtuam-na. Só a honestidade ética dos professores pode, hoje em dia, com o reconhecimento dessa difícil aporia, e com a aceitação da diversidade, impedir que a educação caia nas mãos dos ladrões: ou seja, na manipulação ideológico-política de um lado e na banalização técnica de outro. Por isso, este é o supremo posto da verdade e o supremo desafio à veracidade dos docentes. Posto e desafio supremos também para os docentes cristãos, que devem ser tão leais aos imperativos que lhes são sagrados quanto perspicazes com relação às possíveis violações da verdade e da veracidade, venham de onde vierem. A dificuldade da educação não está hoje nos métodos, mas na capacidade ou incapacidade de se oferecer valores vividos a partir da própria existência. E a grande ameaça que paira sobre a educação é a de assalto à pessoa por parte dos poderes estabelecidos, ávidos em converter os seres humanos novos em suportes para sua perpetuação ou para sua nova instauração, negadores, portanto, daquela generosa gratuidade que é condição indispensável para que a liberdade humana nasça e se desenvolva.

No entanto, como a educação não pode ficar suspensa no ar e acreditar que não vai apoiar estes ou aqueles poderes, é preciso que se estabeleçam, de um lado, alguns pactos de liberdade, ou seja, de reconhecimento público da função autônoma e crítica que a ciência possui; e, de outro, a aceitação mútua dos modelos de ser humano que a sociedade democraticamente vive e a partir dos quais quer educar seus filhos.

Educa-se para a liberdade à medida que se é livre e educa-se para a existência pessoal em proporção à própria densidade pessoal. Cria-se real presença das possibilidades e valores contidos no evangelho conforme eles se encarnam na nossa própria vida com a mesma intensidade com que nossa atividade revela-se coerente com eles. Uma pessoa de fé só irradia fé se estiver enraizada nela, com aquele enraizamento que determina e influencia desde as decisões transcendentais até os movimentos instintivos; se essa fé é criadora da liberdade que o evangelho anuncia como um dom de Deus e libertação para o serviço aos irmãos; se é geradora de uma disponibilidade como a que Cristo viveu e acolhedora de todos os valores e de todos os projetos que outros seres humanos apresentam a partir de suas próprias fontes de orientação sem negar aquele valor radical e a verdade que o ser humano de fé encontra no evangelho.

Vocação educativa e identidade cristã

Acredito que, quando se trata de esclarecer a presença e a missão do cristão no ensino, não podemos fazer nada além de convidá-lo a esclarecer a própria identidade enquanto cristão; a assumir com realismo e coragem a novidade da história; a estabelecer e demonstrar coerência entre os critérios e exigências do evangelho e o próprio trabalho; a analisar criticamente o ideal de saber e de ciência que está transmitindo aos seus alunos, se é o poder para libertar-se de um serviço e de uma forçada solidariedade com relação ao próximo no trabalho ou como qualificação para um trabalho maior e mais eficiente com esses próximos; a perguntar-se se sua relação com os destinatários da sua palavra é gratuita, pessoal, acolhedora e disponível; a discernir sua capacidade de colaboração e convivência com a instituição educativa, sua disponibilidade para o diálogo e seu desejo de participar, participação que ele oferece e desperta; a repensar os fundamentos últimos da cultura; a descobrir tanto possibilidades humanizadoras da ciência quanto sua tendência à totalização, a qual fecha ao ser humano outros horizontes, tornando-lhe impossível perceber qualquer outro chamado que não chegar em forma de ciência; a sugerir-lhe que só se pode educar à medida que se é ser humano, com lucidez e sem entorpecimento, com profundidade interior e sem fixações na superfície, atendo-se à realidade e sem evadir-se para o mundo do desejo ou da imaginação.

Somos, portanto, cristãos, ao ensinar quando temos consciência da nossa própria identidade cristã e acreditamos na capacidade humanizadora radical do evangelho; quando conhecemos seus valores teóricos e suas exigências éticas; quando somos sensíveis às exigências pedagógicas de cada nova situação e de cada novo destinatário da palavra; quando tentamos estabelecer uma coerência entre a profunda intencionalidade da identidade cristã e a intencionalidade de toda ação educativa. Essa coerência nunca é completamente alcançada, pois um ser humano nunca termina de ser cristão, isto é, de conhecer a Deus, de identificar-se com o destino de Cristo, de obedecer ao Espírito e de entregar-se ao próximo, e nunca termina de descobrir as exigências diárias projetadas sobre a ação educativa pelos destinatários e pela sociedade da qual elas surgem e para a qual retornam.

Ao educador, tenho a sensação de não haver dito nada além de remetê-lo à própria consciência, confrontá-lo com as fontes em que essa identidade se esclarece e se alimenta, ou seja, com a palavra do Evangelho, com as realidades sacramentais e com a ação perene do Espírito; remetê-lo também ao confronto com seus colegas e companheiros na ação educativa e com todos os movimentos que impulsionam, criticam, analisam e orientam a consciência histórica. É o educador que vai ter de encontrar as respostas, pois é a luz da ação educadora, vivida a partir de uma sensibilização histórica e de uma atualização das realidades cristãs, que irá mostrando a ele novos caminhos e novas exigências.

Gerando a presença de Deus no mundo e no mundo, a presença de Deus

Para finalizar este capítulo, quero garantir que da presença do educador dependerá que seja ou não gerada para milhares de pessoas a possibilidade de crer, ou seja, a possibilidade de responderem em suas vidas ao mistério que lhe é revelado, de intuírem o sentido do evangelho e com isso o sentido do destino de Cristo para cada um de nós; e a partir disso terem a possibilidade de uma existência humana na fé, na justiça e na esperança. E é para isso e só para isso que a Igreja está no mundo e também no ensino; não há outras vias de acesso para essa presença a não ser aquelas que o educador gerar com a sua existência fiel. Gerar a presença de Deus entre os seres humanos e, ao mesmo tempo, gerar nos seres humanos a possibilidade de se abrirem a Deus e a partir dele se conhecerem, acolherem-se e realizarem a si mesmos como seres livres no mundo, com uma liberdade que é capacidade de amar e de servir e, portanto, de criar uma humanidade livre, justa, solidária e esperançosa: essa é a missão da Igreja enquanto tal e, dentro dela, a missão de cada cristão individualmente.

Material pedagógico

Questões para reflexão pessoal

1. Quando limitam a sua liberdade em casa ou na escola, explicam-lhe por que o fazem? Nesses momentos você acredita que o objetivo final da educação é proporcionar ao jovem autonomia e liberdade? Por quê?

2. Você reclama com seus pais quando não consegue aquilo que deseja? Perde a calma diante da negativa deles? Ou se esforça para compreender suas razões?

3. Você considera que seus pais têm sobre você uma autoridade muito rígida? Ou seus pais dão tudo o que você pede, deixam você fazer tudo o que quer?

4. Você se aproveita do amor dos seus pais e tenta dominá-los?

5. Seus pais costumam falar com você sobre sua formação, suas amizades, seu futuro?

6. Você conversa de vez em quando com seus professores sobre sua educação? Gostaria de fazer isso mais vezes?

7. Você considera importante a formação religiosa que recebe na escola, na Igreja e em casa?

8. Procura fazer parte de um grupo cristão da sua escola ou da sua igreja?

9. Está se esforçando para dedicar ao estudo todo o tempo necessário?

10. Os seus professores estão sempre disponíveis para esclarecer as dúvidas que você tem com relação ao estudo?

2 EDUCAÇÃO PARA A VIDA

O que se entende por educar? Em primeira instância, educar significa formar a personalidade do filho num contexto de abertura, para que essa personalidade nascente passe a ser propriamente dele e abra-se a um maior enriquecimento e posse de si mesmo. Isso requer a diferenciação do *eu* num mundo primordialmente acolhedor e, por distinção, relacionado a um *você* que permite o desenvolvimento de sentimentos básicos de segurança, simpatia e autonomia. O *eu* surge numa inevitável relação de inferioridade e dependência. O amor e a consolidação de normas facilitam o fortalecimento do *eu* e sua abertura a novos enriquecimentos. Mas o *eu* só começa o processo de autoposse quando passa a sentir-se como seu e não de outro, não parte, eco ou duplicata do *você*. E este é, sem dúvida, o momento mais árduo.

Os pais devem esforçar-se para ajudar o filho de forma que ele apoiado nessa proteção afetiva, no amor de aceitação e compreensão e nas normas estabelecidas possa emancipar-se psicologicamente, desfrutar e sofrer através da própria experiência e iniciativa, descobrir e ampliar um ambiente de autonomia e responsabilidade.

Desde o início, os pais devem ensinar o filho a ser livre, a ter coragem de sê-lo; a desejá-lo; para isso, têm de libertá-lo dos entraves, oferecendo-lhe tarefas com as quais possa ir ampliando os limites de sua atividade independente, dando-lhe oportunidade para que aprenda a responder melhor às situações, de acordo com suas possibilidades, e a se responsabilizar pelas próprias ações na medida de suas forças. Só assim, sobre o fundamento prévio da segurança e da simpatia, poderá desenvolver um sentido de autonomia.

Ao restringir a iniciativa do filho devido ao excesso de proteção ou de rigidez autoritária, os pais estarão incentivando o sentimento de dependência e a relação ambivalente de submissão e revolta, de gratidão e ressentimento.

São duas tentações que os pais, ao cair nelas, costumam justificar de maneira demasiadamente fácil. Proteger a criança é necessário. Protegem-na justamente aqueles que a amam. Mas o amor humano pode se exceder. Não porque o amor seja excessivo, mas por deficiência de quem ama. Os pais podem amar e proteger tanto o filho que não o deixam enfrentar nenhum perigo, o que provavelmente equivale, já que quase todas as situações são perigosas, a não deixá-lo enfrentar nenhuma situação.

A educação, como vemos, é a base e a preparação para a vida, para se alcançar a autonomia com base numa formação sólida. Por isso, a educação traz consigo a formação integral da pessoa. Se a vida evolui, necessariamente deve-se rever a educação, uma vez que existe uma estreita e mútua relação entre educação e vida, em suas dimensões pessoal, familiar e social. Diante dessa situação impõe-se uma orientação do ensino que fomente a saudável busca de hábitos intelectuais, a iniciativa pessoal e o amadurecimento intelectual e pessoal; enfim, que o estudo converta-se em verdadeira formação pessoal.

Dizia Carlyle que o ser humano é um guerreiro nato, que nasceu para lutar e cuja vida, do começo ao fim, nada mais é que uma batalha. Muitos jovens, porém, ao serem afetados por uma dificuldade ou perceberem que o futuro se apresenta nebuloso, sentem vontade de parar, de abandonar a luta e de se deixar levar pela corrente do conformismo. É um prenúncio de esterilidade, uma morte prematura.

Viver é um privilégio. Um dom de Deus. Uma oportunidade única de realização pessoal. Uma ocasião propícia para construir um mundo melhor. Uma maneira muito concreta de ajudar os demais.

Viver é construir um caminho novo, percorrer uma estrada que ninguém poderá percorrer por mim, oferecer ao mundo a minha própria criatividade, o meu projeto de futuro.

Viver, enfim, é amar. Amar os seres humanos, amar a natureza, amar os animais, amar o milagre, o sonho, a ilusão.

Tudo depende de nós, da confiança que tivermos em nós mesmos, do esforço que quisermos fazer, do empenho que colocarmos em nossas realizações. Não se pode viver de modo superficial, com medo do que vão dizer ou escravizado pelo medo do fracasso. Nunca fracassa quem se empenha naquilo que faz e mantém a constância acima dos pequenos dissabores. No final, o sucesso sempre lhe sorri.

- Avançar é superar obstáculos, continuar mesmo em meio ao cansaço, confiar quando tudo parece perdido, acender uma luz quando a escuridão domina.

- Avançar é semear esperanças nos corações, aliviar pesares, curar feridas, acalentar solidões, animar projetos, alimentar ilusões.

- Avançar é imaginar tempos melhores, lutar para realizá-los, superar obstáculos e tropeços.

- Avançar é olhar para cima e não deter os passos, deixar-se encher de luz e permitir que Deus atue através de nós e purifique nossos ambientes sociais.

- Avançar é orientar, animar, estar pronto, servir, cumprir nossa obrigação, estudar, descobrir, acarinhar, colaborar, amar...

Um jovem que não progride é uma semente estéril que foi adubada pelos cultivadores do fracasso. É como um sonho fútil que, na escuridão, caminha irremediavelmente para o nada. E com o nada se constrói o veículo do desespero.

Ensinar a ser pessoa

O fim essencial da educação e do ensino é o desenvolvimento da personalidade, uma educação integral em conhecimentos, em capacidades e valores morais em todos os campos da vida. Mas educar é sobretudo ensinar a crescer enquanto pessoa, ensinar a viver com dignidade. A criança precisa de força de vontade para apoderar-se aos poucos das rédeas de sua atuação pessoal. É preciso educar a criança ou o adolescente para desenvolver uma série de hábitos, de maneira que sua vontade também intervenha no processo afetivo. Deve-se exigir que se esforcem para ser pontuais, para prestar atenção ao que falam, para trabalhar, para refrear caprichos. É preciso uma certa disciplina para construir a vontade do aluno. Uma sala de aula sem regras gera insegurança.

Muitas (demasiadas?) considerações já foram feitas sobre a educação. Todas as pessoas, grupos ou sociedades estabeleceram, de uma maneira ou de outra, o que querem ser e onde querem chegar. Estabeleceram como conseguir e como transmitir isso aos demais. Esta tem sido, sem dúvida, uma constante ao longo da história da humanidade. Pessoas, grupos e sociedade sempre quiseram ensinar a viver e, ao se depararem com esta questão, viram-se submersos no problema dos valores: viver é escolher, é optar entre um valor e outro. Negar os valores seria, em resumo, negar a condição humana; e aniquilar o valor significaria suprimir a possibilidade da própria educação. "A educação é, inevitavelmente, valorativa. Parte daquilo que o indivíduo é para modificá-lo perfectivamente até alcançar o que deve ser, os fins propostos"[1].

Também não representa nenhuma novidade falar sobre a crise de valores. É um assunto amplamente discutido e tratado em inúmeros estudos durante os últimos anos. Esse assunto, porém, ainda não pode ser considerado resolvido e todos estamos, de uma maneira ou de outra, nele envolvidos. Os governos, por sua vez, fazem eco da situação social, atribuindo a crise às transformações próprias do momento histórico e cultural.

> Um fenômeno palpável na sociedade ocidental contemporânea é o desconcerto produzido pela falta de vigência de valores (solidamente estabelecidos no passado), talvez pela convivência de valores considerados antagônicos ou contraditórios entre si, talvez porque está em curso um processo de mudança de valores ou de redefinição dos antigos sem que ainda se perceba com nitidez o horizonte axiológico que vai servir de orientação para a ação humana e para os seus interesses vitais.[2]

Vivemos em uma sociedade pluralista na qual nos é oferecida uma infinidade de possibilidades e na qual se opta por dar primazia ao indivíduo; também é verdade que isso nos levou a uma porção de paradoxos e ambivalências que, segundo Camps, refletem as duas faces do individualismo: a afirmação de um indivíduo autônomo e independente, que quer ser expressão da humanidade mais autêntica, e a afirmação de um indivíduo que se deixa moldar por forças, interesses e pelos grupos dominantes[3].

---

[1] Marín Ibañez, R. Los valores, un desafio permanente. Madrid, Cincel, 1993. p. 18.

[2] Cf. Pascual, A. Valores tradicionales, nuevos valores y educación en España. In: Seminario Comisión Española de la Unesco. Educación y valores en España. Madrid, MEC — Centro de Investigación, Documentación y Evaluación, 1992. p. 12.

[3] Camps, V. Paradojas del individualismo. Barcelona, Crítica, 1993. p. 20.

Estamos mergulhados no paradoxo que Erich Fromm já denunciava, em sua época, de que queremos ser nós mesmos e ansiamos por isso, mas não sabemos ou não queremos encarar essa situação. Essa suposta conquista de autonomia e liberdade não nos levou à meta idealizada: a conquista de uma sociedade mais plena, humana e livre. A própria sociedade atomizou-se, a manipulação dos cidadãos foi duplicada, a violência é um símbolo generalizado do nosso tempo... Pois bem, não acredito que este seja um problema de autonomia ou de liberdade. Antes de começar a analisar a liberdade, deveríamos investigar o que a sustenta. E aqui está o verdadeiro xis da questão.

Os temas transversais são uma opção maravilhosa que os educadores devem utilizar para enfrentar os problemas da sociedade contemporânea. Não serão, obviamente a varinha mágica que tudo resolve, embora representem uma contribuição, um subsídio a mais para a educação em valores. Não podemos contentar-nos só com isso; é certo que são um meio, mas devemos esforçar-nos para oferecer uma educação em valores sólida e coerente, em cada disciplina do currículo, em cada área de convivência da escola.

No momento compete a nós, educadores, estudar e definir quais são os valores que queremos transmitir, quais estamos difundindo atualmente, quais estão previstos e quais estamos originando com nossa metodologia e em nossas relações com as demais pessoas. Precisamos verificar quais são os traços que definem cada um dos valores como tema transversal e incluir esse resultado na dinâmica cotidiana da escola e de cada uma das disciplinas de nosso currículo. Não para converter os valores em algo extraordinário, mas para saber vivenciá-los com clareza, no dia-a-dia. Esta é a única maneira de inculcar valor em nossos alunos: pelo exemplo. Afinal, o educar, enquanto ação, tem um caráter intrinsecamente ético, não só por ser um meio essencial e necessário para o ser humano alcançar a plenitude, mas também por ser um tipo peculiar de atuação — uma prática a interpretar e um compromisso — essencialmente vinculado à idéia da liberdade e às decisões da pessoa que a realiza.

Nossa sociedade é, hoje, diversificada, aberta e participativa. Por isso, a educação precisa ser projetada para o futuro; seus métodos devem ser revistos e adaptados às atuais dimensões sociais. No entanto, os avanços tecnológicos, as mudanças nos costumes e na maneira de educar as pessoas beneficiarão realmente a humanidade se os princípios, fins e meios da verdadeira educação forem conservados como base.

O estudo molda a personalidade dos alunos e cada um estuda de acordo com sua personalidade. É nessa dinâmica de estudo que se articulam *poder*, *querer* e *saber*, dependendo dos dotes e das capacidades de cada indivíduo, do que ele deseja estudar e do que sabe a respeito das próprias capacidades e dos métodos. O importante é que o hábito de estudar se torne permanente e duradouro. Para isso, é conveniente que o aluno se oriente de maneira prática com o professor.

Devemos apostar, sobretudo, em um estilo pedagógico novo, mais aberto às exigências dos tempos que correm e dos que se avizinham. Sem dúvida, encontramo-nos hoje em um período que poderíamos chamar de "Era do descobrimento e da inovação", uma época de mudança na metodologia do ensino que pretende quebrar a monotonia e a rotina das aulas e abrir novos horizontes de estudo para os alunos. O mesmo está acontecendo no campo educativo. A educação é indispensável para o desenvolvimento sadio de qualquer pessoa. Ensino de qualidade e formação integral são as metas e exigências dessa mudança. O verdadeiro progresso das pessoas, por conseguinte, das comunidades e das nações está na educação correta e saudável. A falta de educação obriga as pessoas a uma triste e fatal acomodação. Uma educação errada e doentia causa trágicos distúrbios na vida das pessoas e terríveis desvios na sociedade.

Diante da rápida evolução social, somos obrigados a explicitar a identidade e o binômio escola–pais, de forma a alcançar alguns objetivos intimamente estabelecidos na vida do aluno–filho, ilustrando os conhecimentos científicos com os familiares.

O aluno–filho (binômio escola–família) é um projeto de vida, jamais um simples receptor; é um processo de realização pessoal, na liberdade e no amadurecimento. O aluno é um ser ativo e não passivo. A metodologia educativa deve, portanto, atender cuidadosamente a atividade pessoal do aluno, deixando-o descobrir até onde pode chegar ou dando-lhe os elementos necessários para que relacione e deduza novos conhecimentos. É preciso permitir que ele, devidamente informado, escolha entre diversas atividades. Partir da experiência para chegar à teoria faz com que as leis e os comportamentos fixem-se mais profundamente em sua vida. É preciso dirigir o trabalho acadêmico para o trabalho pessoal, para que, a partir de sua experiência, de suas vivências, de seus problemas internos ou do seu ambiente, o aluno chegue a um encontro pessoal de plena solução, formulando então o compromisso de uma vida melhor, organizada de forma que ele possa alcançar, de acordo com sua capacidade, total interpretação humana do mundo e do ser humano de hoje. Assim, ele poderá situar-se numa sociedade plural e em transformação com princípios e comportamentos firmes e flexíveis, sem esquecer a tendência atual a uma vida mais comunitária, com menos diferenças sociais e pessoais, animada pelo esforço comum de todos.

A criança é a pessoa em germinação. Os educadores e os pais, a escola e a família, devem agir em conjunto para ajudá-la a descobrir o seu papel, individualizando suas idéias e seus comportamentos. A educação constitui uma grande tarefa, tanto para o educador quanto para o educando; de ambos exige paciência, sacrifício, confiança, respeito e perseverança. Por ser uma tarefa comum aos dois, envolve administrar um grande desafio: *querer impor tudo*, por parte do educador, e *querer rejeitar tudo*, por parte do educando.

A tarefa educativa é um processo contínuo no decorrer da vida. A pessoa sempre é capaz de melhorar e, de fato, chega um tempo em que terá de continuar a se educar sozinha, a seguir por si só em um "bem-crescer" e isso é aprendido na infância, na juventude, com os pais e com os professores.

Muitos fatores influem na obra educadora, como a própria natureza, o meio ambiente, as amizades, as comunidades, os diferentes meios de comunicação. Os protagonistas, porém, são basicamente os *educadores* e os *educandos*. A tarefa e o dever dos primeiros é educar. A tarefa e o dever dos segundos é educar-se. Os responsáveis pela formação devem ter algumas diretrizes, baseadas em coerência.

Coerência professor-aluno

A figura do professor tem uma importância e uma responsabilidade incalculáveis. É de responsabilidade do professor descobrir e desenvolver os traços da personalidade do aluno. Isso equivale a dizer que em todos os momentos deve tratar o aluno como pessoa. Um professor precisa ter algumas características essenciais, como rigor científico, transparência didática e proximidade emocional. Sou de opinião de que a mais importante é a proximidade emocional, uma vez que se trata de criar um clima de comunicação entre professor e aluno. Para que uma sociedade possa amadurecer, devemos educar de forma coerente, no diálogo e na liberdade. O professor precisa sempre lembrar que educa não para a sociedade que existe, mas para a sociedade que deve existir. Daí ser tão necessário desenvolver valores essenciais, como o critério próprio, a criatividade, os hábitos de trabalho, a sinceridade, a confiança, o companheirismo, a justiça e a generosidade.

Coerência diretoria-professorado

Se é importante criar na educação um clima de comunicação, este deve começar pela comunidade educativa. Tanto a diretoria quanto o professorado devem trabalhar em comum acordo para que a obra conjunta dê frutos. A comunicação pessoal entre os docentes é duplamente necessária. Isso requer uma grande coordenação entre todas as estruturas e todos os educadores do centro educativo. É preciso evitar a independência do professor para que o aluno não fique perdido. Uma atitude coerente do professorado simplifica a tarefa do aluno, aumentando notadamente o seu rendimento acadêmico.

Coerência família-escola

A escola deve passar de transmissora do saber para educadora e formadora, ao passo que cabe à família ser o centro insubstituível de formação. O aluno não pode ter sua vida familiar separada ou dissociada da escolar.

Não são dois mundos diferentes. A família é a primeira e principal educadora dos filhos. Sua tarefa de formação será complementada e ajudada pelo centro de educação, mas este nunca poderá substituí-la. Tanto a família quanto a escola devem eliminar tensão e angústia e transmitir e incentivar tranqüilidade e confiança.

Alguns elementos e situações tendem a causar desequilíbrios. E o grupo familiar não é exceção. É evidente que o meio ambiente vai se transformando, o que provoca também uma mudança no desenvolvimento das pessoas e dos grupos: as transformações técnicas junto às mudanças econômicas, ideológicas e políticas exigem um ajuste da maneira de ser e de viver do ser humano, não só em termos individuais, mas também sociais (grupo familiar, social e profissional).

ELEMENTOS NECESSÁRIOS A UM AMBIENTE FAMILIAR SAUDÁVEL

> Compreensão e amor entre os pais e deles para com os filhos, sendo de capital importância o diálogo.

> Banimento do autoritarismo, que destrói a compreensão, inibe a personalidade e gera rebeldia e ruptura.

> Participação de todos os membros da família na economia da casa.

> Reflexão comum sobre os problemas familiares.

> Coerência entre as autoridades paterna e materna — não existe efeito mais pernicioso para os filhos do que a desautorização mútua dos pais.

> Ordem flexível, porém concreta, em relação ao horário familiar de: sair, voltar, estudar, descansar, refeições, reuniões em família.

> Participação de todos nas tarefas domésticas.

> Cuidado pessoal com os filhos, não os deixando nas mãos dos empregados da casa.

> Ausência de rotinas rígidas — possibilita aos filhos desenvolverem sua capacidade de adaptação e construírem sua personalidade por meio de um laborioso "descobrir e redescobrir vivências".

Os pilares da vida social

Parece-me terrível dizer isso, mas acredito que não estou exagerando nem um pouco quando afirmo que noventa e cinco, em cada cem habitantes deste planeta, não se perguntaram jamais (repito: jamais), com toda a seriedade (repito: com seriedade), quais são os pilares que sustentam sua vida, qual é o eixo da sua existência, qual seu verdadeiro objetivo. E os cinco restantes? Dois deles fizeram essa pergunta uma única vez muitos anos atrás e já esqueceram o assunto; outros dois deram a si mesmos respostas tranqüilizadoras que, claro, não coincidem em nada com a realidade que vivem. E o último? Esse, bem... ia dizer que é santo, mas direi com mais exatidão que é o único ser humano que existe verdadeiramente, em cada cem que pisam neste mundo.

Temo que o leitor esteja pensando que começo estas linhas de maneira severa demais, que estou sendo pessimista, que exagero. Mas, pergunto: não será melhor colocar o dedo na ferida e encarar nossa verdadeira imagem no espelho? Somos realmente seres vivos? Penso que esta deve ser a primeira e capital pergunta que todos os seres humanos têm a obrigação de responder. Porque, não ganharíamos nada enganando a nós mesmos se, no final de tudo, tivéssemos nossa parcela de responsabilidade por essa tão falada mediocridade coletiva do mundo. Ousemos, por alguns minutos, encarar nossa vida.

Começaremos por perguntar quais são, na verdade, os pilares que sustentam o mundo em que vivemos. Façam esta pergunta pelas ruas e todos responderão — sem qualquer pudor ou vergonha — que são sexo, dinheiro e poder. Três ídolos, três eixos, três pilares que sustentam o caminho da humanidade. E, não estará o mundo tão enlouquecido justamente por se apoiar quase que exclusivamente nesses pilares? Costuma-se afirmar que o ser humano do nosso tempo vence quando tem essas três coisas. E está disposto a lutar como um cão por esses três ossos quando estão longe dele.

Não vou por certo dizer nada contra a sexualidade, que foi muito bem inventada por Deus como um dos grandes caminhos através dos quais o amor pode se expressar. Mas falo aqui do sexo sem amor, que parece ser a grande descoberta dos tempos modernos, talvez de todos os tempos, embora em nenhum deles tivesse os tons obsessivos que a erotização alcançou no nosso, a ponto de nos perguntarmos se já não estaremos vivendo numa civilização de adolescentes imaturos. Não se pode dizer que o ser humano de hoje desfruta do sexo, mas parece viver para ele. Isso, pelo menos, é o que quer nos fazer acreditar o ambiente de nossas ruas, a telinha das nossas tevês, o pensamento que circula entre os defensores da liberdade sexual. Léon Bloy poderia dizer hoje, mais do que em seu século, que a maior das bem-aventuranças para o ser humano real é chegar a morrer na pele de um porco. Pois, existirá alguma coisa menos livre do que aquilo que chamam de liberdade sexual? Não escrevo isto como um moralista, mas como ser humano preocupado. Porque acredito que Unamuno tinha toda a razão do mundo quando afirmava que os seres humanos que têm como preocupação gozar a vida (como se não existissem outras formas), raramente são espíritos independentes. Está certo: não existe ser humano menos humano que o libertino. E esse tipo de conquistador é visto hoje como o "verdadeiro vencedor" nesse mundo.

O pilar número dois é o dinheiro — e seus congêneres ou conseqüências: o prazer, o conforto, o luxo. Se existe um dogma que vivemos e praticamos, é o de que o dinheiro abre todas as portas; de que o dinheiro não traz felicidade, *é a própria felicidade*. As pessoas investem a maior parte dos seus sonhos em possuí-lo. Ao dinheiro subordinam todos os valores, até mesmo os valores daqueles que se atrevem a pregar as terríveis mal-aventuranças de Jesus contra os ricos. Mas os próprios cristãos deram um jeito para que aquela frase do evangelho: "É mais fácil um camelo entrar pelo buraco de uma agulha, do que um rico entrar no Reino de Deus" (Mt 19,24) servisse até hoje de motivo de preocupação muito mais para os camelos do que para os ricos. Conseguiram substituir essa frase por outra que, sem dúvida, é o evangelho dos dias atuais: "Negócios são negócios". E foi assim que todos concordaram que a finalidade da vida é ganhar muito dinheiro e com ele comprar a morte eterna. E de nada serve, para mudar o nosso dogma, provar que o dinheiro dá tudo menos o mais importante: saúde, amor, fé, virtude, alegria, paz. No final, acabamos preferindo o dinheiro a todos esses valores. Até acreditamos que o dinheiro pode trazer liberdade, embora saibamos ter de renunciar a infinitas cotas de liberdade para consegui-lo.

No entanto, mais difícil ainda é entender a obsessão pelo poder. Jefferson afirmava que nunca compreenderia como um ser racional podia considerar-se feliz pelo simples fato de mandar em outros seres humanos. No entanto, é um fato que o grande sonho do ser humano é mandar, mesmo que seja num rebanho de gado, como dizia Cervantes. Sabemos que não existe nada mais estéril que o poder. São as idéias, e não o poder, que transformam o mundo; sabemos que o poder corrompe e o poder absoluto corrompe absolutamente, mas apostamos nessa corrupção. Sabemos que o poder dá força, mas tira liberdade; no entanto, os cargos e as honras continuam a nos encantar, mesmo quando temos certeza de que a força e o medo são dois deuses poderosos que levantam seus altares sobre crânios esbranquiçados, como afirmou Mika Waltari. Mandar, mandar. Seremos felizes, acreditamos, no dia em que aqueles que estão sob nosso domínio forem mais poderosos do que aqueles que hoje mandam em nós. E nem observamos a terrível força transformadora do poder. De acordo com Larra, acreditamos ser liberais e compreensivos, mas, no dia em que tivermos o chicote nas mãos, açoitaremos da mesma maneira que fomos açoitados. E o poder é sempre incompreendido (daí a solidão radical do poderoso) e torna incompreensivo: um poderoso não *pode* compreender, não *pode* amar, apesar de enganar-se com falsos paternalismos. Maurois teve a coragem de confessar que quando começou a viver no terreno dos que comandam, foi-lhe impossível, durante muito tempo, compreender o sofrimento dos que são comandados. Porque o poder carrega em sua natureza a cegueira de quem o possui. Olhando de baixo para cima não se vê bem. De cima para baixo não se vê nada: a névoa do orgulho cobre o vale dos subjugados.

E, entretanto, a humanidade inteira vive lutando, como uma matilha, para conseguir esses três ossos; os seres humanos estão dispostos a ser infelizes para consegui-los, certos de que a felicidade chegará quando os possuírem. Assim, os seres humanos destroem até a saúde para conseguir dinheiro e poder e depois vão gastá-lo inutilmente tentando recuperá-la.

Na conquista desses três dogmas apóia-se o grande sonho que denominamos *viver a vida*. Vive a vida quem os possui. Os outros, assim pensamos, são seres humanos incompletos. E, como esses três dogmas se resumem em egoísmo, a procura deles é, em rigor, uma luta contra os outros seres humanos. Porque são coisas que não podem ser partilhadas: ou eu as tenho ou são os outros que as têm. Será preciso arrebatá-las. E aí já transformamos o mundo em selva.

Se fôssemos absolutamente sinceros, confessaríamos que viver a vida consiste em apoderar-se da vida alheia. Os vampiros também pensam assim. Vivemos a vida quando conseguimos fixar-nos no obstinado propósito de ignorar que existem seres humanos que sofrem, mulheres desesperadas, crianças que morrem. Vivemos a vida quando fazemos exclusivamente o que é agradável aos sentidos, sem tomar conhecimento de que no vasto mundo existem almas e que nós também temos uma mísera alma exposta a estranhas e terríveis surpresas. Mas, existirá alma verdadeiramente? Teremos mesmo uma alma? Quem pensa nela? Quem é que dedica à sua alma e aos pilares que a sustentam pelo menos uma décima parte do tempo que passa sobre a terra? Esta é, parece-me, uma pergunta decisiva: há sobre a terra outros valores pelos quais, sem dúvida, valeria a pena viver? Existem outros valores que poderiam nos fazer felizes? Outros pilares sobre os quais a nossa condição humana seria diferente?

O valor da vida

A vida humana é "autoprevisível" e "autoprojetável", o que a distingue de qualquer outra forma inferior de vida. A vida humana está continuamente em alerta, por ser previsível e nunca prevista, ser sempre projetável e nunca projetada completamente; a vida do jovem é um lançar-se constantemente para o futuro sem, é claro, encontrá-lo jamais. A vida do jovem é uma *opção* e um *projeto*. Saber viver é com certeza o compromisso de uma porcentagem elevada de seres humanos e ter uma boa higiene mental, pensar de modo positivo, servir a vida com otimismo e ter transparência são condições prévias e imprescindíveis para uma vida espiritual verdadeira e para uma autorealização pessoal completa e integral. Mas, a saúde psíquica, bem como a física e a espiritual, requer um treinamento permanente. Estamos constantemente nos construindo na tarefa inacabável de viver de modo pleno cada instante de nossa vida.

Outro aspecto fundamental para uma boa higiene mental é viver em permanente ESPERANÇA (em maiúsculas), precisamente porque aprendemos a viver sem demasiadas dependências e escravidões, sem amarras ou possíveis e efêmeras esperanças (em minúsculas).

Se eu depender, de maneira ansiosa e preocupada, de que me amem e elogiem, se o que disserem de mim for determinante em minha vida, no momento em que ninguém me elogiar ou em que eu for criticado, e quando as coisas não saírem como eu esperava, virei abaixo, ficarei deprimido e me sentirei infeliz. Mas, se eu não esperar nada especial de ninguém, se não viver na dependência das melhores opiniões dos outros, se quase nada ou ninguém me condicionar nem puder decepcionar-me ou incomodar-me, então serei livre interiormente e, em conseqüência, feliz.

Quando já alcançamos uma grande maturidade psíquica, nós nos convertemos em "pessoas-esperança", portadoras de novas notícias e em paz e bem conosco mesmos. Estou certo de que uma excelente formação humana e uma boa higiene mental constituem o melhor caldo de cultura para a nobreza de coração e de espírito e para uma fecunda vida espiritual. A saúde psíquica é reflexo de que a pessoa mantém um autodiálogo positivo e de esperança, que contagia as demais.

O jovem possui a chave do sucesso. O incessante *transcender-se* em que consiste o existir humano leva-nos a considerar com muita atenção o grupo de adolescentes e jovens desse *existir*, pois é ele e não outro grupo o motor e a pré-formação da próxima geração de seres humanos. Se a vida humana tivesse de ser um dia um projeto consumado, talvez o jovem não merecesse tanta consideração; porém, como o nosso ser é nômade, a juventude constitui o clã vital de nossa contínua perseguição atrás do ser.

A abordagem bíblica sobre o ser humano organiza-se em torno de uma idéia básica e irrenunciável: o ser humano é um ser constitutivamente aberto a Deus. A partir da vida que Deus sopra no ser humano, dando-lhe o Espírito, passando pela vida da qual Jesus fala que se salva à medida que se entrega (cf. Mc 8,35), a idéia básica que percorre a visão bíblica do ser humano é que ele foi feito de tal modo que só pode realizar-se como pessoa humana na dependência de Deus; o ser humano, imagem de Deus em Deus, ganha consistência e tem sua razão de ser.

Os adultos, com certo ar de suficiência, classificam os jovens como imaturos; diz-se que não têm experiência, como uma forma de diminuí-los e condená-los ao silêncio, ou, pelo menos, ao ostracismo social. E nada mais incorreto que pensar que a imaturidade da juventude seja um vício ou uma incapacidade; pelo contrário, trata-se de uma virtude, de uma força indispensável para que os seres humanos amadureçam como corpo total. A falta de maturidade dos jovens possibilita o progresso da história, que de outra maneira teria se limitado à pré-história e ali estaria ainda o ser humano com ar de maduro e repleto de experiência, e com isso a história também não existiria.

A juventude é a renovação do saber e do viver e destruição iconoclasta da acomodação mítica, por mais arraigada que se encontre entre os adultos.

O dom da vida, confiado ao ser humano, requer que ele se conscientize do seu inestimável valor e o acolha de maneira responsável. Esse princípio básico exige uma valorização correta do respeito, da defesa, da promoção do ser humano, do seu direito primário e fundamental à vida e da sua dignidade de pessoa, dotada de alma espiritual, de responsabilidade moral e destinada à comunhão com Deus.

A vida física, através da qual inicia-se a trajetória humana no mundo, não se esgota em si mesma; certamente, todo o valor da pessoa não representa o bem supremo do ser humano, que está destinado à eternidade. Entretanto, em certo sentido constitui um valor fundamental justamente porque todos os demais valores da pessoa humana apóiam-se e se desenvolvem sobre a vida física.

A vida humana é um valor que deve ser defendido, protegido e potencializado, independentemente da relação que tenhamos com ela, não só quando afeta nossa sensibilidade, mas também quando nos sentimos menos envolvidos. A importância e a igualdade do ser humano estão acima das considerações raciais, religiosas etc..., e sempre serão valor em si mesmos, sem que sua existência afete ou não nossa sensibilidade e nossa afetividade. O ser humano necessita das outras pessoas para sua realização pessoal; mas sua dignidade e seus direitos não dependem do que os outros digam, pensem ou sintam com relação a ele...

Embora os nossos sentimentos sejam diferentes, é preciso afirmar que todos possuímos a mesma dignidade intrínseca. Todos temos de saber reconhecer a dignidade do ser humano acima da sua cor, dos sentimentos de simpatia, de indiferença ou de ódio que possa nos provocar. Isso exige levar a vida a sério e adotar uma posição de luta, de superação pessoal. Quando hoje vê-se por todos os lados a acomodação, o fácil, o medíocre e o vulgar, devemos viver com plenitude, com elegância, o que significa sempre sobriedade, simplicidade, moderação nos meios e plenitude e conquista máxima na essência. Quando com um mínimo de modelos alcançamos o máximo, então chegamos à elegância.

A ânsia de viver da juventude atual

Para os jovens de hoje, viver não significa manter uma realidade essencial através do tempo e do espaço em relação às normas e voltada para o futuro. Hoje, mais do que viver, para eles é "superviver", de olho no futuro, viver intensamente, desfrutar. Viver acima de tantas pressões, de normas estabelecidas e de regimes políticos de todos os tipos, que excluem tantas possibilidades de vida e marginalizam o ser humano, reduzindo-o a dimensões unilaterais e enquadrando-o em esquemas sociais já fossilizados.

Hoje, o jovem quer viver seu presente com plenitude, uma plenitude relacionada com o que sente e ama. Tem uma grande sede de viver. A vida que o jovem quer viver está ligada ao movimento, à evolução, à velocidade, à novidade de experiências.

A aventura de viver está em nossas mãos. Só somos donos do agora e do aqui; não podemos modificar o passado; desconhecemos o futuro e nada podemos fazer a respeito dele. Só o presente é nosso; é o instante mais fascinante, o instante que podemos administrar como quisermos, com liberdade. Não podemos escolher quando ou como vamos morrer; podemos apenas decidir como vamos viver agora. Somos responsáveis diretos pelo agora e pelo aqui de nosso viver. Somos livres para dar à nossa existência a direção que preferirmos.

O estilo das novas gerações é do tipo *existencial*; em seus ambientes, é palpável uma verdadeira ânsia de viver intensamente a vida presente; sua vontade é profundamente vivencial; o interesse está mais em viver do que em ser. Uma vida que não é um monótono conjunto de fenômenos organizados e procedentes do exterior da pessoa. Uma vida que não é um ato fisiológico comum a todos; nem tampouco uma vida como realidade que se constrói visando ao futuro. Não uma vida como *ser*, nem uma vida como *estar*, nem uma vida como *fazer*. Mas uma vida que é presente, que é urgente satisfação de tendências vivas da carne e do espírito.

Viver é existir de modo original, pessoal e progressivo. Uma psicologia semelhante coloca o jovem no jogo humano de uma variada gama de comunicações e intervenções. A experiência acumula-se nos jovens de maneira muito complexa, porque eles se vêem bombardeados por fenômenos num ritmo ininterrupto... Os meios de comunicação social, as relações nacionais e internacionais, os movimentos de imigração, a globalização da cultura etc. criam nos jovens a imagem cada vez mais ambiciosa de uma nova ordem, na qual o ser humano não é um ser controlado e mecanizado, mas sim livre e vivo.

"Superviver" é soltar as rédeas de todas as tendências vitais, pessoais e sociais que hoje ocorrem, colocando em ação todos os mecanismos internos, desenvolvendo-os em todas as direções a serviço da liberdade, da felicidade, da sinceridade e do amor. "Superviver"! Experiências diferentes e contrárias, manifestações extremadas: exaltação e depressão; inquietação e repouso; responsabilidade e violência anárquica; espírito gregário e de massa e individualismo; histeria e sinceridade; drogas e esportes... Quando essa sede de viver não se traduz em objetivos dignos, a juventude desadaptada foge da realidade. O jovem tem necessidade de um sopro vital, de um ideal concreto e presente ao qual valha a pena dedicar a vida.

Aproveitemos o presente para dar ao futuro a direção que desejamos. Vivamos o presente aproveitando a sabedoria do passado e o estímulo do porvir, de um porvir que queremos mais humano e mais fecundo. Só somos donos do presente; estejamos conscientes disso e vivamos com intensa responsabilidade e plenitude. Existem vidas longas, porém estéreis e vazias, e vidas muito curtas fecundas e plenas. Tudo depende de como vivemos e não do quanto vivemos; o que interessa é a qualidade da vida, a intenção que se coloca no viver, não a quantidade. O importante não é a extensão, mas a intensidade. O que realmente importa é a força, o vigor, a coragem com que vivemos, não os anos que possa durar a nossa existência.

Em que consiste o sentido da vida?

Ter sentido eqüivale a ter finalidade, saber o *porquê* e o *para quê* da nossa existência. Numa palavra, é a direção da nossa vida. Para uma pessoa apaixonada, a vida tem sentido porque está orientada para encontrar o amor; para um pai, o trabalho tem sentido porque é o meio de sustentar a família; quem tem um ideal religioso, profissional ou político vê sua vida encher-se de sentido, entrega-se e vibra diante do trabalho que precisa realizar para alcançar a meta sonhada.

E aqui está uma das grandezas do ser humano, ou seja, a capacidade de agir livremente para conseguir um fim também livremente aceito. O jovem que estuda para saber, aquele que trabalha para ter uma posição profissional, aquele que luta para conseguir o amor de uma pessoa ou se esforça para superar uma deficiência física fazem com que suas ações cotidianas encham-se de sentido e finalidade.

Cada ser humano tem a imensa dignidade da sua liberdade, motivo pelo qual pode comprometer todo seu ser num objetivo digno do seu ser. O ser humano inventa-se todos os dias, gostava de dizer Sartre. A existência humana possui algo de singular. O ser humano vive elaborando projetos, num eterno empenho de transcendência. Cada ser humano que vem ao mundo inaugura sua humanidade, começa de novo. Há um caminho aberto diante dos seus pés que é preciso percorrer. A vida não tolera repetições nem ensaios. Pode-se acertar ou errar na escolha do próprio caminho. Este é o enorme drama humano visto na perspectiva da liberdade de cada indivíduo. Ninguém pode colocar-se no meu lugar.

Tenho de abrir meu caminho, preciso percorrer minha estrada, mas com estilo e elegância e não de maneira medíocre. Preciso ir além de mim mesmo, aceitar-me como dom e saber-me destinado à conquista de mim mesmo, possuir-me na interioridade e abrindo-me à alteridade externa a todo instante. Satisfazer-me em ser homem ou mulher, sabendo que só se pode ser humano quando se aspira a ser mais humano. A vida humana não foi entregue pronta. É preciso inventá-la.

Mil fontes de energia dormitam em nós. Não importa a idade. A vida é inventada a cada dia. O mais importante é o crescimento interior, típico das pessoas, que se traduz em amadurecimento e liberdade. A conquista pessoal e o exercício da liberdade são uma meta insubstituível em sua vida.

Talvez por se equivocarem ao estabelecer o objetivo, por falta de empenho ou de visão de futuro, muitos colocam o sentido de suas próprias vidas em algo inferior às suas qualidades pessoais ou no que parece mais cômodo do que procurar ser mais e melhor pessoa; buscam possuir e acumular, e aqui está o erro. São os novos deuses do mundo de hoje, os novos ídolos: o poder, o dinheiro e o prazer. A filosofia de ter antes de ser; de mostrar e aparentar na frente do bem-ser e do bem-fazer.

A cada dia que passa cresce a suspeita de que para salvar o ser humano seria preciso mudar a atual escala de valores. Não admira que sejam tempos de grande desencanto para todos os que cederam diante de ofertas fáceis e manipulações dissimuladas. De fato, aqueles que tentam superar a escravidão e as limitações provocadas pela sociedade do bem-estar descobrem a necessidade de um *algo mais*, de um complemento de sentido que corresponda às expectativas profundas do ser humano. E não caberia, como solução aparentemente lúcida, uma fuga para adiante em nome de uma mal denominada pós-modernidade. Por isso, as perguntas se multiplicam.

Então, como respostas, surgem as novas alternativas que pretendem salvar o que o ser humano tem de melhor. E, pelo menos em parte, parecem consegui-lo: defendem a dignidade da pessoa, a conservação da natureza, a atitude crítica, o sentido do natural e do humano, a realização e integração do indivíduo, a satisfação das aspirações do cidadão etc. Mas, julgando passo a passo os resultados reais, não se vê tão claramente que sejam, como pretendem, a resposta total de que o ser humano precisa como sentido de sua vida.

O jovem enquanto projeto

Em uma pesquisa com jovens entre 14 e 16 anos foi colocada a seguinte questão: *Imagine, por um instante, que você está caminhando por uma rua qualquer da sua cidade e de repente uma pessoa se aproxima e pede que você lhe dê três razões para viver. Qual seria a sua resposta?*

Os motivos principais que os jovens entrevistados colocaram foram estes:

- Viver para amar e ser amado; o amor em todas as suas facetas.
- A felicidade como busca e como meta.
- A amizade como forma ideal de encontro.

Nós encontraremos uma resposta ao *para quê* da vida sempre que formos capazes de procurá-la; dessa resposta depende a nossa felicidade, e somos capazes de lutar para encontrá-la.

Milhares de seres humanos chegam ao final da existência derrotados, insatisfeitos porque não souberam descobrir o precioso tesouro de suas possibilidades. Não nascemos derrotados, nem estamos destinados ao fracasso. O sucesso verdadeiro, aquele que preenche verdadeiramente o ser humano, está em saber compreender-se como ser integrado, livre do medo, capaz de encarar as dificuldades e com uma grande capacidade de projetar amor, com espírito de serviço e de ajuda aos demais.

Quando o ser humano cresce naquilo que *é*, torna-se mais humano, mais sensível diante de Deus, diante dos demais, diante da natureza, diante de si próprio. O que importa realmente é *ser* cada dia mais *com* os outros (solidariedade) e *para* os outros (fraternidade). Ser mais, apenas para nós mesmos, pode converter-se em mero individualismo egoísta. Sempre há tempo para *ser*. A vida é o tempo da calma, da reflexão, da prudência, da sabedoria, a época do passado que se projeta no presente. É muito importante viver o *hoje* e o *aqui* olhando para a eternidade. As pessoas são tão ansiosas que quase nunca pensam na vida presente e no instante que estão vivendo; pensam mais no instante que vão viver. E com isso não vivem nunca; ficam esperando para viver e preparando-se eternamente para serem felizes, o que jamais serão.

A felicidade reside em conhecer o *hoje* e saber tirar proveito do momento presente; saber convertê-lo em finalidade é uma fonte certa de felicidade. Você é uma pessoa única; deixa um rastro ao caminhar pela vida. Quem caminha um pouco mais, quando todos já pararam, alcança o patamar da vitória. Cada ser humano é uma obra original, saída das oficinas de Deus. Não existem dois seres humanos exatamente iguais, com as mesmas qualidades, com projetos idênticos ou com esperanças semelhantes. Um detalhado estudo do ser humano, do ser humano comum, detectou mais de 14 mil diferenças individuais que com certeza o tornam distinto, original e único. Apesar das dificuldades, vencerá e triunfará à medida que for capaz de entender e assimilar o fato maravilhoso de sua originalidade, de sua capacidade criadora.

O ser humano é desejo, inquietação constante, busca permanente. Como um peregrino em busca de uma misteriosa fonte, como santo Agostinho, que dizia ser um peregrino sedento, cuja sede lhe abrasava a caminhada e cujo coração não se aquietaria enquanto não descansasse em Deus.

A idéia de que o ser humano é um projeto de eternidade é capaz de dar um maravilhoso sentido à existência do jovem. Diante desse caminho, sentirá satisfação em projetar uma vida a ser construída com responsabilidade e com sentido. É daqui que parte a grandeza do jovem e seu futuro de tornar-se testemunha viva e exemplar para as novas gerações e para as que virão, seja no campo do amor, no da sexualidade, no da afetividade, no da convivência e no do amadurecimento pessoal.

Uma pessoa cuja vida carece de sentido é um ser incompleto, infeliz. A falta de sentido na vida impede a plenitude. O maior segredo de todos os empreendimentos da humanidade está no fato de que o indivíduo da espécie humana tem consciência de sua irrenunciável dignidade. Por outro lado, sabemos que, em geral, esse indivíduo utiliza apenas uma pequena parte de suas capacidades reais, ficando estéril, escondida e frustrada sua enorme capacidade criadora. Uma vida que não é vivida em constante procura pela verdade possível e necessária não é digna do ser humano. Uma vida que, continuamente, não se propõe a novas perguntas, como afirma Cardedal, deixa o ser trancado no porão do costume, que tudo envelhece ou embolora; ou no porão da política, que tudo suja; ou no da melancolia, que tudo irrealiza — o indivíduo humano é um ser para o qual todas as respostas são o começo de novas perguntas.

Uma pessoa tampouco pode deixar-se prender pelas funestas garras do pessimismo. Pessimista é aquele que projeta sua existência nos caminhos negativos do fracasso. A escuridão, a tragédia e a tristeza são as conseqüências inevitáveis de uma vida pessimista.

Nada é mais contagiante, meu querido amigo, que o otimismo. Viver com um amigo otimista é encontrar a chave da felicidade e do sucesso. Vence na vida quem investe todas as suas qualidades e sua força de vontade de modo a conseguir aqui e agora toda a harmonia e a felicidade na convivência e no trato com os demais.

O ser humano realizado é aquele que cumpre a sua missão e que é capaz de realizar seus projetos. Constrói de forma positiva sua existência a cada instante. O que realiza de verdade é aquilo que faz agora mesmo e não os sonhos de um futuro que nunca chega. O passado não nos pertence, o futuro ainda não está em nossas mãos; por isso, é preciso viver o momento presente com alegria, entusiasmo e esperança, confiando num Deus providente e bom. Não se pode esquecer de que os pequenos trabalhos é que permitem a realização das grandes proezas.

Não existe maior nem menor domínio do que o de si mesmo, já disse Leonardo da Vinci. Embora cada pessoa seja como Deus a fez, consegue ser como ela mesma se faz; este é seu caminho, sua meta, seu sucesso e sua vitória. Faça da sua existência um ideal normativo e um testemunho vivo de dignidade. O valor de um ser humano não é determinado por aquilo que ele possui nem pelas coisas que faz, mas é diretamente expressado pelo que ele é. Uma vida sem sentido é vazia, oca, absurda, tediosa.

Viver em plenitude

O ser humano é a única criatura que se recusa a ser aquilo a que está destinada a ser. Seu drama consiste em negar-se a viver com autenticidade, negar-se a viver em plenitude.

Quem não se eleva cai. Quem não procura melhorar, desenvolver-se e crescer diminui. Pois o ser humano não tem só vida biológica; tem também vida psíquica e espiritual. A cada instante pode (e deve) elevar-se a um plano superior. Assim, continua fazendo o que fazia, só que de maneira mais nobre: fala com mais precisão e mais cordialidade; aceita melhor a adversidade; sente prazer maior na alegria.

É preciso observar o horizonte para agir com mais estilo, para adquirir uma certa elegância espiritual. O degrau de uma escada, disse Aldous Huxley, não foi feito para descansar, mas para apoiar o pé pelo tempo exato de se passar para o degrau superior. Cada fase da vida tem sua própria tarefa. Cada ser humano carrega consigo, em seu interior, um messias adormecido. Mas, infelizmente, só algumas pessoas permitem que ele acorde e aja; por isso são tantas as pessoas que não vivem, apenas vegetam.

Material pedagógico

Questões para reflexão pessoal

1. O que significa para você "dar sentido à vida"? Dê três exemplos.
2. Alguma vez você já pensou em elaborar um projeto de vida? Como seria, em linhas gerais?
3. Você acredita que vive a sua vida ou as circunstâncias é que mandam em você?
4. O que lhe parece mais importante para a vida: sexo, poder, diversão ou dinheiro?
5. Seu amor pela família é limitado? Tem algumas restrições? Em que se baseia sua resposta?
6. Considere que seu amor precisa ser universal, sem excluir ninguém. Agora imagine como pretende, de forma concreta, ampliar esse seu amor a todos os seres humanos.
7. Sua riqueza fundamental encontra-se no prestígio e no dinheiro ou no número de pessoas que ama e das quais recebe amor? Faça uma auto-avaliação a respeito.
8. Que valores encontram-se em sua vida interior? Imagine uma forma de ampliar essa riqueza interior.
9. O que você pode fazer pelo bem da sua família universal da mesma maneira que faz pelo bem da sua família natural?
10. Como você poderia servir com mais intensidade seus irmãos pobres e necessitados? Faça uma lista de intenções.

Texto para reflexão em grupo

DEUS NO LIXO HUMANO

"Atenção, atenção! Mendigos, desempregados, prostitutas, vagabundos, marginais, profetas e todos os que passam fome, venham, aproximem-se, peguem os despojos da ostentação e do luxo, sirvam-se à vontade deste imenso poço de lixo que é o nosso país. Façam roupas da imundice, despertem a imaginação. Venham, aproximem-se todos!"

Ao som dessa insólita música da escola de samba Beija-Flor, caminhavam pelas avenidas do Rio, em pleno carnaval, uma multidão de malucos, vagabundos, crianças de rua, intelectuais, artistas e burgueses decepcionados. Suas fantasias eram o que há de mais extravagante: roupas esfarrapadas, cheias de manchas, camisetas imundas, lixo. E, para completar, carregavam em procissão uma imagem de Cristo coberta de sujeira e vestida com farrapos, combinando com a multidão. Mas a hierarquia católica entendeu que aquilo era demais, talvez até subversivo, um convite à insurreição. O fato é que interveio rapidamente e proibiu que levassem a imagem em procissão.

No entanto, os componentes do grupo de samba não concordaram com a medida, pois sua intenção era mostrar que também é possível encontrar Jesus Cristo no lixo deixado pelas pessoas e até mesmo na sujeira. Por isso, ocorreu-lhes uma solução: cobriram a imagem com um pano preto, como se fosse um luto, e penduraram nela um cartaz onde se lia: "Apesar de nos ter sido negado, olhe por nós, Senhor, com compaixão".

(Dorothee Sólle)

3 A EDUCAÇÃO PARA O AMOR

A juventude caracteriza-se por ser uma etapa de descoberta e aquisição dos valores e realidades que, reconhecidos na adolescência, configurarão o ser humano adulto. O mais importante desse valor é a dimensão do amor. Um amor que abrange todos os níveis. Ficou para trás o período em que o adolescente tentava, mesmo não conseguindo satisfatoriamente, sair de si mesmo e superar suas atitudes egocêntricas, abrindo-se aos demais.

Para amadurecer é necessário ter a capacidade de prescindir do eu pessoal para ir ao encontro do outro, descoberto como ponto de relação insubstituível e que melhor corresponde às aspirações íntimas e profundas da pessoa. Esta é a primeira conquista séria no esforço de se alcançar a fase adulta: o amor, entrega e aceitação dos demais, liberta-nos de nós mesmos, do nosso despotismo egocêntrico.

A origem de tudo

O nível de abertura e de preocupação com o outro nos dá a medida da integração nas relações verdadeiramente humanas, a convivência em seu mais exato e pleno sentido, com projeção para o plano do amor. Nesse processo e nessa aprendizagem do jovem surge a descoberta da limitação própria e alheia, e, conseqüentemente, a busca de pistas de solução. O jovem, então, constata:

- a necessidade de abertura para uma estreita colaboração com os demais;
- a consciência de poder ser útil e, portanto, generoso para doar-se;
- a necessidade de uma posição eficaz, cultivada à base de disponibilidade e de capacidade para dar e receber;
- a necessidade de orientar a afetividade no sentido de sentir junto com o outro; fazer a felicidade do outro e fazê-lo partícipe da nossa; o mesmo aplica-se a situações de dor e de angústia, para superá-las juntos;
- uma retidão constante de julgamento ou de visão pessoal sobre os demais e sobre suas idéias baseada numa aceitação leal do diálogo, que contrasta opiniões, e de uma comunicação sincera e mútua, feita com liberdade e respeito.

Amor em profundidade... dessa maneira a maturidade psicológica é alcançada; precisamente através do exercício constante do amor, como força vital que impele o jovem a realizar-se e a colaborar com a realização do outro. Tomás Bretón afirma que essa atitude do amor leva o ser humano a realizar-se plenamente; esse amor não atrai para ele a pessoa amada, mas estimula-o a tornar-se melhor e maior do que ele próprio; por isso, a autenticidade do amor deve ser julgada à luz da sua capacidade de ajudar o ser humano a superar-se e a renovar-se, transcendendo suas limitações presentes. Quando saímos de nós mesmos e entramos na esfera da preocupação e da colaboração com os outros, começamos a trilhar o caminho da realização humana, que é expressão do amor.

Já dizia Platão que ninguém saberá o que é amor se não levar em conta e não conhecer a natureza do ser humano e seu destino. A interpretação do amor depende do modo como se entende a natureza humana. O amor é a afirmação de si mesmo por parte do ser e do seu direito de se unir a outro. Atualmente, diante da sua desvalorização, faz-se necessário devolver ao amor seu verdadeiro lugar e sua verdadeira dimensão: o coração do ser humano e o coração da história do mundo. E Bertrand Russel dizia que o amor é uma árvore cujas raízes penetram no interior da terra e cujos galhos crescem para o céu: carne e espírito, tempo e aspiração de transcendência. Mas, como diferenciar o que é atração instintiva e fatal das duas partes sexuadas (que, segundo o mito de Platão, resultou da divisão de um ser humano único) do que é atrativo, espontâneo e livre doação gratuita? O amor dirige-se a uma carne habitada pelo espírito, ou melhor, a um espírito transformado em sensibilidade, e comporta um feixe de prazeres e sofrimentos, no qual é difícil distinguir entre o que é esforço para quebrar a solidão e se unir a outra pessoa e o que é apetite dos sentidos, necessidade de plenitude, paixão alienadora, liberdade que consente, carne, espírito, alma.

Também sempre existem no amor os dois pólos humanos. De acordo com Guitton, cada pessoa procura, secretamente, ocupar todo o espaço, mas nenhum dos dois pode desaparecer, porque se o espírito não fosse sustentado por energia vital, o amor não teria fogo nem suporte; e se a vida não fosse animada pelo espírito, não teria nada de humano.

Tudo o que existe no mundo é obra do amor, pois só o amor é criador. As coisas existem como produto do amor de Deus. O amor é o coração de todas as coisas, porque Deus é amor. O amor é um transbordamento de plenitude generosa do ser. E só a partir da plenitude pode existir expansão.

Amor é força, é energia essencial, sem a qual o ser humano e o mundo não podem desenvolver-se harmoniosamente e conhecer a felicidade. Sua verdadeira dimensão é infinita. O amor vai além do amor. Vem de outro lugar e voa para outro lugar. Para quem tem fé, o amor vem de Deus e vai para Deus. Deus é amor, diz são João. O amor é entrega generosa. O amor explica o mistério da criação, a primeira aurora do mundo, sua continuidade no ser e no desenrolar de sua atividade e desenvolvimento.

Tudo o que existe de criador no ser humano tem origem no amor. Toda tendência criadora do ser humano é obra do amor; isso acontece no plano artístico, técnico e científico e, mais ainda, no vital. O amor é expansivo e enriquecedor. Precisamos levar em conta sua rica capacidade vital de expansão.

Por isso, convém estudar a expansão do amor humano desde seu grau biológico até a união com Deus, conhecer esse amor humano através do seu desenvolvimento e evolução até a sua plenitude. Há no amor um processo evolutivo biológico, que pertence ao sexo; um psicológico, que é o eros; e o amor de generosidade de entrega ou de caridade, que é o ágape.

Como vemos, o amor humano é complexo e não pode ser reduzido à paixão animal. É evidente que a atração sexual afeta sensivelmente o homem e a mulher. Mas, será que amar consiste apenas em se deixar levar pelos impulsos sensuais? Em utilizar a inteligência para descobrir as técnicas mais adequadas para satisfazer o instinto e obter o máximo rendimento no sentido da satisfação? É cada dia mais premente a necessidade de considerar o amor humano de forma integral. A sexualidade humana é a princípio mais vida psíquica do que instintiva, existe essencialmente em função do amadurecimento do eu pessoal e da capacidade de encontro com os outros. Sua finalidade é tipicamente pessoal, comunitária. Estabelece-se e difunde-se no ser humano sob a lei do amor. A sexualidade adquire seu significado quando se insere na finalidade do amor, que se expressa na vontade de transformar o outro em razão da própria vida.

A sexualidade humana repousa no encontro de duas pessoas, que exigem legitimamente que sua dignidade seja respeitada, sem que jamais uma delas seja reduzida pela outra à condição de coisa ou de simples instrumento visando à mesquinha satisfação auto-erótica. Em matéria de relação sexual, qualquer coisificação é inumana e, como

tal, destrutiva. Avalia-se a sexualidade humana, em primeiro lugar, não pela finalidade procriadora, mas pela capacidade de tornar realidade um conhecimento, uma entrega, uma integração mútua, uma unidade interpessoal.

A sexualidade pessoal não é a procura ou a satisfação de um prazer. É a inquietação de um ser, que quer fugir da acomodação que o impede de amadurecer; é a tensão que o empurra continuamente para uma autonomia mais completa; é a aspiração de poder amar com alegria oblativa; é chegar a encontrar o outro com uma personalidade aberta ao dom de si mesmo.

O amor e suas exigências

A sociedade de consumo conseguiu transformar o amor em mais um produto e, para poder vendê-lo, reduziu-o a sexo. Viu-se então diante da necessidade "comercial" de mudar sua essência peculiar, oferecendo o sexo falsificado sob o rótulo nobre de amor. Uma vez realizada a fraude, lançou o amor no mercado, alardeando uma suposta libertação de tabus morais e a conquista suprema da maioridade humana.

O esquema do amor, na perspectiva do sexo, é realizado no plano físico e não contempla nada além dos aspectos biológicos do amor. No máximo, chega a roçar o plano da afetividade porque em muitos casos é difícil para o ser humano agir como um animal irracional e, por isso, precisa vestir de alguma maneira seu apetite sexual com uma roupagem mais nobre. Estabelecida a relação amorosa no plano instintivo, ele e ela, automaticamente, convertem-se em simples predicados, masculino e feminino, para a satisfação do apetite sexual.

Viver o amor unicamente sob o ponto de vista da mera relação sexual e expandir esse ideal de vida levará à formação de uma sociedade de egoístas. Só é possível entender o ser humano na perspectiva antropológica da unidade essencial corpo-alma, cuja separação significa exatamente a morte. Portanto, a sexualidade deve estar a serviço do amor, como ato do ser humano total; caso contrário, deixada à sua livre expressão, acabará por se autodestruir; é isso que significa a impotência juvenil.

É certo que o amor deve apoderar-se do sexo para não ser destruído por ele. Mas é certo também que o sexo só pode ser salvo pelo amor. O sexo será personalizado pelo amor para que possa trazer o componente prazeroso que lhe é próprio. Se isso não acontecer, a utilização indiscriminada e automática do prazer leva à exasperação, e, a seguir, pode provocar impotência, por falta de apetite e tédio.

O amor é a manifestação daquilo que de melhor existe no ser humano. Pensar no outro sem lembrar que existimos. Alegrar-se por fazer alguém feliz, não importando, absolutamente, se esse alguém vai tomar conhecimento do esforço que estamos fazendo para conseguí-lo. Pensar, em todos os momentos, nos problemas do outro, em suas alegrias, fazendo-as nossas. Colocar no outro todo nosso entusiasmo, encontrar nossa felicidade numa entrega.

Amor... impulso, força, luz, vida.

É preciso entender o amor como um ato humano espiritual que nos permite captar o outro em sua essência mais íntima, em seu modo particular de ser, em sua unicidade, em sua realidade única, e também em sua importância para nós, e que, portanto, ninguém pode substituir; e isso significa afirmá-lo. O amor pode ser definido pela liberdade de chamar alguém de "você" e também de poder dizer "sim" a essa pessoa; o amor precisa absorver o instinto sexual da pessoa espiritual, apoderar-se dele, fazer dele também algo pessoal.

"Somente o *eu* que pode inclinar-se ao *você* é capaz de integrar o *id*." De acordo com essa definição, apresentada por Viktor Frankl[1], o amor exige autodomínio pessoal, ser dono de si mesmo; como resultado, só quando ele e ela são livres é que podem se amar; a liberdade pessoal é condição necessária para o amor e, ao exercitá-la, os apaixonados ampliam-na, ao mesmo tempo que ganham mais e mais em generosidade. Por outro lado, integrar o id é a mesma coisa que dominar o instinto sexual. E este só pode ser dominado pela vontade enérgica de quem ama, consciente por sua vez

---

[1] FRANKL. V. *La idea psicológica del hombre*. Madrid, Rialp, 1979.

de sua condição de criatura racional e, em última instância, de um ser cuja natureza e destino não são exclusivamente materiais.

O autodomínio é uma necessidade da própria natureza do amor para o exercício da verdadeira liberdade. Amor reduzido a pura natureza é amor de vôo curto; não é amor profundo, no qual o ser humano pode experimentar a plenitude do seu ser.

Não existe amor entusiasmado e não existe entusiasmo duradouro se a atração amorosa é apenas atração da carne. A atração da carne existe; é um degrau necessário, mas é degrau de subida, num processo que é como o amor: uma das escadas do ser, uma das maneiras que o ser humano tem para chegar a ser ele mesmo.

O amor não consiste em sentimento: é uma determinação pessoal; é uma determinação ontológica, que diz respeito à realidade da pessoa, que se projeta para outra pessoa, singular e única. É completamente diferente.

A postura espiritual

A postura espiritual é muito discutida em um mundo de convergências, em que se vai além da realidade dos sentidos e se desvenda, pelo próprio conhecimento e pela própria experiência humana, o que está por trás das aparências; desvenda-se a profundidade. O que existe no mundo humano é um universo de valores que não estão presentes nos sentidos de forma literal, porém que se manifestam de outra maneira e sem os quais a vida humana realmente se desvirtua.

Nas chamadas "ciências humanas" ocorreu uma série de movimentos que procuraram abordar o tema da relação humana, da relação amorosa, a partir dos diversos pontos de vista. Muitos educadores talvez já tenham lido ou tomado conhecimento dos famosos estudos de Masters e Johnson, que fizeram uma anatomia e uma fisiologia do amor do ponto de vista quantitativo e exploratório, bastante detalhado. Informaram sobre uma quantidade enorme de coisas, de detalhes, que, evidentemente, têm o seu interesse, mas me parece que não acrescentaram muita coisa nem acertaram o alvo da questão da relação humana personalizada, que é o amor, que tem muitos aspectos materiais, assim como a vida humana também tem, mas que, definitivamente, é algo que está acima do material. O ser humano é corpóreo, mas de uma maneira pessoal e espiritual.

Talvez tenha sido a psicanálise que, de um modo mais interessante, traçou uma noção do amor, enormemente divulgada, que marcou o caráter de muitas gerações no sentido de modelar as relações humanas e também de entender o amor. A primeira posição de Freud era reducionista e bastante dura na batalha entre a força e o sentido, o sentido e a força. A dialética de Freud movimenta-se nesses dois pólos, o da força, do instinto, e o do sentido, da cultura e da razão. Freud, pessimista, entendeu antropologicamente que o instinto sempre vence, pois o reprimido sempre volta, e que, em última instância, a história da cultura humana é uma sucessão de fracassos para reprimir o instinto. E, nessa primeira visão, Freud faz uma observação que me parece profunda, como todas as demais — Freud não pode ser banalizado nem entendido superficialmente: o instinto e o reprimido sempre voltam, mas essa libido que sempre retorna, o prazer, caminha junto com a destruição; existe prazer na destruição. Hoje, no entanto, afirma-se uma antropologia personalista da sociedade.

Valores do amor

Passado o primeiro momento da embriaguez amorosa produzida pelo enamoramento, quando ele existe, de fato, a pessoa percebe que começou a caminhar por um jardim novo, recém-descoberto. É o mundo do amor, o dom mais valioso que Deus deu à humanidade.

O amor: resposta ao problema da existência humana

O amor, o verdadeiro amor, é a resposta ao problema da existência humana. O amor é a chave da vida; e, se ele não se realizar em toda sua plenitude e em toda sua dimensão cristã, a existência do cristão fica incompleta. O casamento vem a ser a resposta de Deus a todos os sonhos da juventude. O ponto mais importante é incutir um alto ideal moral no coração dos jovens. O amor é um poder moral e espiritual com o qual não se pode nem se deve brincar.

Há pessoas que acreditam que amar é sentir uma paixão muito forte por outra pessoa, que o amor é livre e incontrolável e que, portanto, não é possível frear os impulsos do coração nem tampouco os dos sentimentos.

Em nosso mundo atual falsificou-se o verdadeiro conceito de amor; encontra-se muitas vezes o amor em vergonhosa promiscuidade com a mera sexualidade e o sentimento estéril. Freqüentemente, a personalidade parece constituir-se de posição econômica, de beleza, de esnobismos e de excentricidades. Daí a felicidade estar concentrada na busca de conforto acima de outras questões importantes.

O amor: compromisso global da pessoa

As posturas mais freqüentes em relação ao amor são as seguintes:

a) de forma inconsciente, ou mesmo consciente, acredita que amar consiste em ser amado;

b) acredita que a pessoa amada é um *objeto* de amor, vendo-a como uma coisa, uma posse pessoal (donjuanismo, flerte, paquera, sedução...);

c) acredita que o amor é uma força cega que invade e arrasta; por isso, tudo justifica e nada se pode fazer nem a favor nem contra;

d) acredita, acertadamente, que o amor é um empenho total da pessoa.

De fato, o amor é uma conquista que se adquire com esforço, pela aceitação voluntária de certas normas. A educação para o amor está relacionada à pessoa humana como um todo, à liberdade e à fé.

A mão de Deus tece sua imagem sobre a trama delicada do corpo e da alma e, sempre respeitando as peculiaridades desse novo amor, comunica-lhe sua vida, elevando-o e enobrecendo-o, sem destruí-lo. Quando esse amor, generoso e bem orientado, consegue ser mútuo, temos, então, o amor humano, o amor de amizade, o amor mais forte que a morte.

O amor humano não pode ser puramente espiritual, como o dos anjos, nem consistir meramente numa atração instintiva, como ocorre com os animais; e, menos ainda, numa mistura incoerente dessas duas tendências. O amor, no ser humano, é um impulso global, um anseio plenamente humano que lança suas raízes na pessoa através dos sentidos e que, sob a orientação do espírito, multiplica suas manifestações anímicas e corpóreas. Tudo isso chega à plenitude com o *amor cristão*.

Seria um erro dividir ou considerar uma faceta ou outra; é necessário compreender o amor em sua *totalidade*. O amor não é só uma união de corpos; é também de almas. Por isso, é preciso abster-se, com disciplina, de toda essa série de liberdades e familiaridades que despertam o apetite carnal incontrolado.

Amar não é apoderar-se do outro de maneira egoísta. Amar é viver uma atitude de dádiva constante. Mas, é preciso ter cuidado, pois só dar pode parecer paternalismo, que é uma maneira disfarçada de se impor. Amar também é receber. E é preciso humildade para receber. Mas não há outro remédio porque amor é o intercâmbio total de dois seres.

O amor também é a base da religião cristã; sem amor ela não se explicaria; é o centro da caminhada do ser humano para Deus, a sua orientação para a convivência e a existência humana com os demais.

O amor é mais que um jogo egoísta

Quando alguém serve-se de outro alguém, sem uma perspectiva de entrega profunda e de intimidade definitiva, o amor torna-se inviável. "Se você quer, a qualquer custo, um olhar, um carinho, um beijo" — dizia Michel Quoist — "e está disposto a tudo para ter o outro em seus braços e possuir seu corpo, então não o ama; seu amor é simplesmente um desejo violento nascido da sua sensualidade".

A experiência do prazer tem bem pouco a ver com a experiência do amor; no prazer, recebe-se; no amor, dá-se. Não podemos confundir o amor com a alegria que se sente por se saber amado. Ser feliz porque se é amado e ficar nisso... é amar ativamente a si mesmo. Amar não é necessariamente sentir. O amor não é um sentimento passivo, sofrido. É um desejo positivo: *fazer o outro feliz*.

Quando você ama visando a uma recompensa, é sinal de que não se está amando. A generosidade de quem, até de maneira disfarçada, pede uma recompensa, de quem, no fundo, é interesseiro, é um sentimento pagão de convivência egoísta. Se você pretende receber, não vai conseguir nada. É preciso dar. Se você dá dizendo que depois será a sua vez de receber, nada vai obter. É preciso dar sem esperar recompensa; se você der amor, lealmente, sem nada esperar, acabará obtendo a recompensa.

O amor é mais que prazer, sexo ou erotismo

Há quem acredite que está amando porque ama uma mulher da mesma forma que aprecia uma cerveja, apenas pela satisfação que experimenta. Confunde prazer com amor. E são duas coisas tão diferentes... O amor está no pólo oposto do prazer egoísta.

"Não brinque de ser anjo nem de ser besta", disse Michel Quoist, explicando Pascal; seja humano, apenas isso. Um amor que reprime, julgando inconvenientes todos os impulsos físicos e se envergonhando de todas as exigências da carne, não é humano. Mas, se está reduzido a um simples e vulgar prazer, puramente físico, tampouco o é.

É evidente que existe prazer no amor; mas a profundidade do amor vai além: é a plena realização pessoal; é a identificação projetada. Conceber o amor e o sexo como simples prazer é uma aberração. O ato sexual não é a única expressão de amor entre homem e mulher. Homens e mulheres são seres complementares, mas não apenas no terreno sexual.

Existe também o diálogo pessoal, no qual os dois expressam seus sentimentos mais profundos sobre os diversos acontecimentos que surgem no dia-a-dia. A enriquecedora contribuição dada pelo caráter de cada um e os diferentes traços psicológicos que equilibram o intercâmbio relacional do casal humano também são formas de manifestação do amor.

O amor não pode assentar-se em bases tão frágeis quanto o sentimentalismo, a admiração, a sensualidade etc. Esses impulsos podem ser manifestações do amor e, inversamente, o que no começo é um impulso passageiro pode culminar em amor verdadeiro.

Um amor que não tem por base o amadurecimento, acaba se desintegrando e termina de uma hora para outra. É preciso amadurecer o amor. Sim, porque o desejo de ser amado pode degenerar no desejo de ser servido.

Esse dom, que é o amor, não se faz de uma vez para sempre. É preciso renová-lo a cada dia. De acordo com Bergson, não é algo pronto, mas que está se fazendo. E assim será por toda a vida.

O amor transcende a sexualidade

O amor dá ao sexo um sentido transcendente, de participação e profundidade. De fato, podemos falar de uma transcendência da sexualidade com relação ao indivíduo. Por isso, existem afinidades entre o amor humano e o amor divino, tão intensamente lembradas por tantos escritores místicos. O amor é grande porque Deus é trindade e não uma pessoa solitária, hermeticamente fechada em si mesma. "Deus é amor" (1Jo 4,7). Essa é sua definição; e o nosso amor, uma extensão do seu.

Os amantes sentem vibrar uma promessa misteriosa na atração que os impele para o ser desconhecido e complementar; seu amor é feito antes de tudo da espera de uma revelação.

Pessoas incapazes de receber esta revelação por meio do amor acabam procurando por ela no erotismo. É a única saída para o desconhecido que resta a tantos contemporâneos nossos, cujas vidas condicionadas e sem graça decorrem sem aventura, sem nenhum imprevisto na terra e sem esperanças no céu. O erotismo dá-lhes a ilusão de fugir de sua mediocridade e vulgaridade.

O erotismo é a aberração do verdadeiro amor, sua profanação; gira em torno de um verdadeiro mistério esquecido e profanado. As revelações do erotismo estão relacionadas ao corpo feminino e ao gestual — normal ou aberrante — do amor carnal. A escalada da nudez pornográfica está na ordem do dia: como se fosse uma montanha inacessível cujo topo se perdesse na nuvem do desconhecimento...!

No entanto, voltamos a insistir, trata-se de um fenômeno irracional, sobre o qual a lógica e mesmo a evidência nada podem. Baudelaire via nisso um sinal da decadência do animal religioso que se disfarça de ídolo. O erotismo é como uma janela falsa, pintada na parede, por onde o mau amante e o mal-amado tentam em vão fugir do seu isolamento e do seu tédio. E essa religião do sexo tem seus deuses, seus mistérios, seus mediadores, com a degradante particularidade de que aquilo que não tem nome pode substituir o indizível...

O verdadeiro amor é afeto

O que chama a atenção no amor é seu estímulo e o impulso que envia na direção do outro. Num momento, há uma simples atividade sentimental, simples sentimento. Em outros, acentua-se o impulso sexual. Por isso, há confusão entre sexualidade e amor, por não se saber distinguir o que o amor é em si. Amor não é sexualidade e erotismo, embora caminhe junto com eles, que são componentes do fenômeno amoroso.

No amor, é preciso distinguir duas manifestações: uma, motivada pelos afetos passionais (impulsos, paixões), outra, motivada pelos afetos racionais (ações).

O afeto passional ocorre quando não é dominado ou controlado pela própria vontade (caprichos, influências, sensualidade).

O afeto racional é dirigido pela inteligência; acontece quando nossa vontade associa-se à razão e promove e dirige o afeto para movimentos como os de ir ao encontro do outro para ajudá-lo, compreendê-lo ou exigi-lo.

A qualidade do amor depende da profundidade com que se dá a relação entre os que se amam. Deve-se conseguir um amor maduro. Deixar que cada um se expresse tal como é, sem nada esconder, aceitar as limitações próprias e alheias para ter um avanço real. Ajuda incondicional, mas não cega. Para viver um amor de qualidade é necessário que cada um viva profundamente sua própria vida. Isto o levará a acreditar e a confiar no outro e em si mesmo, o que é absolutamente necessário para o desenvolvimento do amor. Quem não confia em si mesmo pouco poderá oferecer ao outro.

Componentes do fenômeno amoroso

A sexualidade, ou seja, o plano físico, é muito importante para a harmonia do casal. Desconhecer isso significaria esquecer um dos pilares essenciais do amor humano, que brota, emerge, da atração. No enamoramento, o aspecto físico costuma vir primeiro. Ou seja, a sexualidade, no sentido genérico, já está pulsando. Depois, com o passar do tempo, vai tomando forma e variando conforme as flutuações lógicas.

A relação entre amor e sexualidade é muito estreita. A interação é indispensável para o bom funcionamento do casal. Convém destacar no encontro sexual, por seu protagonismo, a emoção prazerosa do orgasmo do ato sexual. Por isso, insisto em sublinhar que *a relação sexual é um ato íntimo de pessoa para pessoa, não de corpo para corpo.* O que isso quer dizer? Simplesmente, que quando tratamos o outro apenas como um ser físico, como proprietário de um corpo, nós o reduzimos a simples objeto e perdemos a grandeza e a profundidade do encontro.

Quando o jovem se deixa levar pela propaganda erótica contínua, torna-se difícil para ele ver a sexualidade com olhos limpos, sadios e normais; afinal, está sendo permanentemente convidado ao sexo pelos meios de comunicação de massa. É uma convocação que se faz de maneira divertida, superficial, como libertação que leva ao amadurecimento da personalidade. Entretanto, uma mensagem tão equivocada e contraditória pode confundir aqueles que já não têm idéias muito claras.

A sexualidade desvinculada do amor e dos sentimentos rebaixa e avilta qualquer casal, e, finalmente, conduz à neurose, uma vez que desvirtua o verdadeiro sentido do amor. O atual discurso de liberdade costuma terminar em uma das piores escravidões que alguém pode sofrer: "viver com um tirano interior que empurra e obriga ao contato sexual anônimo"[2].

---

[2] ROJAS, E. *El amor inteligente.* Madrid, Temas de hoy, 1997.

O amor, de acordo com a realidade humana, compreende toda a natureza humana e envolve o ser humano por inteiro. Corpo e alma — soma e psique — unidos pela rede da afetividade. Nesse sentido, destacam-se três vertentes ou planos constitutivos do ser humano: espiritualidade, afetividade, corporalidade.

A espiritualidade compreende todo o psiquismo humano, destacando os elementos formais de maior incidência no amor: a vontade, o intelecto e a imaginação.

A afetividade representa a união do psíquico e do somático (alma–corpo). Tem um caráter bipolar no sentido de que contém o passional em termos psíquicos: afetos, emoções, estados de espírito e sentimentos relacionados ao aspecto somático.

Finalmente, a corporalidade possibilita alojar a genitália como um aparelho anatômico e fisiológico movido por estimulações psíquicas.

Os componentes de cada plano podem ser expressos no seguinte quadro:

ÂMBITO	COMPONENTES
Espiritualidade	racionalidade vontade, intelecto aspectos psicológicos
Afetividade	sentimentalidade sensibilidade aspectos emocionais
Corporalidade	sexualidade instinto sexual aspectos genitais

A racionalidade é o componente fundamental e determinante tanto do amor quanto da pessoa. O intelecto apresenta ao outro o desejo de ser amado, a essência interior da pessoa, sua maneira específica de ser, sua realidade única — física e espiritual — e sua importância para o eu, que ninguém pode substituir. Modela o instinto sexual para personalizá-lo no *você* e é responsável pela entrega ao ser amado.

A sentimentalidade é o componente fundamental e principal da afetividade, expressando-se, basicamente, nos estados de espírito e nos sentimentos provenientes da racionalidade e da sexualidade que o amor desperta nos enamorados. A afetividade, como capacidade do ser humano de vivenciar dentro de si os acontecimentos exteriores e a si próprio, "sente" o amor de modo intenso, alegre, desde que o processo se realize de maneira correta, o que acontece quando o casal estabelece a mais nobre das disputas para ver quem alcança os níveis mais altos de generosidade.

A sexualidade é o componente da corporalidade, mas seria incompleto observá-la apenas do ponto de vista biológico, pois, ocorre nos modos de *ser e de fazer* humanos. A genitalidade, sim, é que precisa ser considerada como representante específica do sexual-biológico. A sexualidade contém a genitalidade, mas é um termo mais amplo porque se reflete nos aspectos psicológicos e humanos da pessoa.

Existe, finalmente, um comportamento (um fazer) masculino claramente diferenciado do feminino: porque existe um ser *homem* e existe um ser *mulher*, com peculiaridades e modos específicos, como já comentamos acima. É comum que o homem e a mulher muito jovens não tenham conseguido desapegar-se de vez da tendência sonhadora, característica da adolescência, que se resume numa *idealização subjetiva do ser humano*. Quando se tem uma visão mais tranqüila do cenário psicológico-espiritual-humano, é sinal que se alcançou um amadurecimento pessoal, um entendimento que leva com facilidade à calma convicção de que não existe um ele/ela ideal; ao contrário, o conteúdo pessoal incluirá qualidades de ambos os tipos, sendo a soma total o valor final com o qual se poderá contar.

É preciso salientar que é importante que os jovens consigam conquistar um mínimo de amadurecimento pessoal que lhes permita reconhecer as qualidades do outro de forma objetiva, sem idealizações nem conformismos derrotistas.

Material pedagógico

Questões para reflexão pessoal

1. Para você, o que significa fundamentalmente o amor? Dê exemplos.
2. Como você entende o amor universal? De que maneira o amor universal e o amor a pessoas reais colaboram entre si e se complementam?
3. O que significa para você o amor de amizade? Você tem amigos e amigas? Algum é mais íntimo?
4. As pessoas são essencialmente boas? Você procura vê-las assim, mesmo que tenham um comportamento inconveniente ou errado?
5. Você concorda que o amor consiste, sobretudo, em procurar o bem do outro, passando por cima até mesmo da própria vontade?
6. Aponte quatro características fundamentais do verdadeiro amor e explique-as ou dê exemplos.
7. Você acredita que só o amor pode salvar o ser humano? Em que se baseia para afirmar isso?
8. Você demonstra amor pelas pessoas com as quais convive, diária ou esporadicamente?
9. Você recebe com alegria o amor e os cuidados dos outros? Ou acha que poderia melhorar nesse ponto?
10. Em seu íntimo, você acolhe com carinho a cada ser humano e o valoriza como algo único?
11. Faça uma relação das atitudes que, na sua opinião, devem ser cultivadas para se viver um amor verdadeiro.

Propostas para discussão em grupo

1. Desconfie dos amores prematuros

Em algumas idades, o amor irrompe como um sarampo, uma febre. Cuidado, amigo(a): não vá se consumir em sonhos passageiros; não acelere a marcha. Espere a época certa, quando os frutos amadurecem. Viva com plenitude a vida sem queimar nenhuma etapa.

2. *Deixe que razão sempre guie seu coração jovem*

O amor é uma coisa muito séria e importante, não pode resumir-se a uma flechada. Poderá ser o começo, mas a razão deve assessorar o coração. Não se ama só com o sentimento; ama-se por inteiro. O amor que contraria a razão é capricho ou loucura. Amores impulsivos não costumam resistir à prova do tempo.

3. *Não apague o amor que brota cedo, mas também não o acelere*

O coração tem seus próprios caminhos. Nunca se deve espremer o coração. Não se deve pisar na brasa do amor (queima), nem assoprar (consome-se logo). O amor, quando é verdadeiro, cresce com o tempo. Quando é falso, morre. Deixe quieto o coração. Talvez o amor que hoje é uma obsessão, seja amanhã apenas uma lembrança.

4. *Não brinque com o amor, pois o coração se corrompe com o vício*

O amor visto como um jogo estraga o coração. Existem pessoas que se tornaram incapazes de amar verdadeiramente e são infelizes. Este é o grande castigo do flerte: o amor morre.

5. *Não confunda amor com egoísmo*

O amor só pensa na pessoa amada, no seu bem, em seus gostos. Em muitos beijos existe um roubo egoísta. Não espremamos a flor quando a beijamos. O egoísmo utiliza as pessoas como se fossem objetos, escraviza-as com os seus caprichos e suas vontades. O egoísmo é o que existe de mais oposto ao amor, que se entrega sem esperar recompensa.

6. *Saiba que o amor verdadeiro dá energia; não a desperdice*

Se seu amor o faz perder tempo, se ele o escraviza e anula, então não é amor. Também não é amor a admiração sensual que entorpece, o contato de pele que amolece. O amor é fecundo, é criador; faz brotar energia. O amor dá alegria, entusiasmo, impulso. Nada é impossível para o amor. Os maiores empreendimentos foram obras do amor.

Quando duas almas se interpenetram, sentem-se fortes, inquebráveis, seguras, capazes de desafiar o mundo. O amor se basta a si mesmo. Não é verdade que o amor torna tudo fácil, mas torna a pessoa capaz de superar as coisas mais difíceis.

7. *Dê preferência aos valores interiores, mais do que às aparências*

O mais nobre do ser humano é a alma, que deve sobrepor-se ao corpo. Deixemos para os animais o amor pelo instinto, por pura atração física. Há belezas interiores, riquezas profundas, que sempre superam os valores de mera anatomia. Uma alma humilde, generosa, alegre, forte, calma, carinhosa... O que se pode invejar num corpo bonito? Os olhos sempre são grandes quando a alma transborda por eles. O rosto sempre é lindo quando é o reflexo de uma alma nobre.

8. *Lembre-se de que o amor exige entrega e sacrifício*

Amar é dar-se. Entrega total. E, quando o amor é grande, quase não há sacrifício. Tudo é para a pessoa amada, tudo para agradá-la, tudo... até os pensamentos! O amor é a única coisa que escraviza sem rebaixar, porque o amor, quando é verdadeiro, nasce da alma e entrega tudo, menos a consciência. O amor suporta tudo.

9. *Tenha em mente que Deus está presente em seu amor*

Saint-Exupéry afirmava que amar não é olhar um para o outro, mas olhar juntos na mesma direção. Deus será o ponto central desse olhar.

10. *Você precisa tornar-se digno de um amor sublime*

Se o amor é entrega mútua... o que você vai dar? O amor vai-lhe pedir que se torne digno(a) de ser amado(a). Prepare seu coração para esse encontro importante. Seria triste se por sua culpa não acontecesse o amor com uma pessoa de grande valor, por falta de sintonia para entrar em contato com a outra alma. O amor verdadeiro é sempre eterno, mas será sublime quando os elementos que o compõem forem mais valiosos. A riqueza do seu amor depende de você. Ame e faça o que quiser, dizia santo Agostinho. Porque se o amor estiver orientando sua vida, você realizará grandes empreendimentos.

4 A EDUCAÇÃO PARA A PAZ

Paz é o nome de um desejo. É a aspiração do inquieto coração do ser humano que deseja a reconciliação de sua existência no mundo. É a aspiração a uma sociedade reconciliada. Por isso, *paz* é a palavra humana que brota sem cessar da experiência agônica da vida pessoal e social. Podemos distinguir uma paz interior e uma paz exterior. A paz exterior costuma ser entendida como a ausência de conflitos, mas deve ser vista também, de forma afirmativa, como a criação de espaços de concórdia, ou seja, como uma *comunidade de corações*, de tramas de vínculos, de relações calorosas que criam um clima de confiança, no qual é possível fundamentar toda sorte de encontros, desenvolvendo-se assim a própria personalidade.

A paz exterior depende, em boa medida, da tolerância mútua. A verdadeira tolerância não se reduz a simples permissividade — aceitação de qualquer tipo de comportamento; não significa indiferença diante da verdade e dos valores; requer respeito, no sentido de valorização. Sou tolerante com você quando o considero um ser capaz de amar a verdade, de procurá-la, encontrá-la, capaz de trazer-me luz. Para sermos tolerantes, temos de estar convencidos de que o ser humano, por ser finito, pode encontrar toda a verdade, mas não a verdade toda, em suas mãos. Assim, posso encontrar na rua todos os Joãos, mas não o João inteiro. Vejo-o, cumprimento-o, travo relação com sua pessoa como um todo e não só com as suas mãos ou os seus olhos, mas não percebo nesse instante tudo o que esse ser humano representa. Por isso, preciso estabelecer relações mais profundas com ele para captar os vários aspectos da sua personalidade. Da mesma forma, não chegamos sozinhos, ou de uma hora para outra ao que existe e compreender uma realidade ou um acontecimento. Precisamos analisar várias perspectivas. Nessa complexa tarefa, recebemos a ajuda decisiva dos demais, com seu talento próprio e sua situação particular.

A paz espiritual representa calma, sossego, tranqüilidade, mansidão. A calma não pode ser aqui entendida no sentido negativo da indolência ou da apatia, mas no sentido afirmativo da aceitação serena e sossegada dos diferentes acontecimentos, mesmo que adversos. É uma atitude mansa e doce que caminha unida com uma grande elevação e firmeza de espírito, que nos leva a ver sempre o lado bom das coisas e a confiar na bondade dos seres, apesar das aparências que algumas vezes parecem contradizer essa confiança. O adjetivo "manso" vem do latim *mansuetu*, que significa "domesticado". Um cão domesticado é manso com o dono, mas defende energicamente seus interesses... assim como um ser humano manso é confiante, mas não necessariamente ingênuo; é bondoso, mas não fraco.

Fundamentos para uma paz possível

Para se adotar uma atitude de calma ou temperança na vida, deve-se tomar as seguintes medidas: estar em paz consigo mesmo, ajustar o comportamento às exigências do ideal, unir as diferentes energias do ser (as instintivas e as espirituais). Só assim é possível superar o conflito entre corpo e espírito, sensibilidade e inteligência, amor próprio e amor aos demais, solidão egoísta e comunicação solidária. Gustave Thibon entendeu isso muito bem:

> O verdadeiro conflito não se estabelece entre a vida e o espírito, mas entre (...) a comunhão e o isolamento (...). E a solução do conflito não consiste em escolher entre o espírito e a vida, que nada mais são que partes do homem, mas em optar pelo amor, que é tudo no homem. O amor e sua unidade apoderam-se de tudo no homem, inclusive do conflito.[1]

Em outras palavras, se eu não cultivar o interesse pela unidade, entregando-me ao desejo de afirmar meu eu diante dos demais, não terei condições de deixar de revoltar-me diante de qualquer obstáculo que o meu amor-próprio encontrar; perderei o autocontrole e cairei na vertigem da ira, quando não da vingança. Essas formas de vertigem ou fascínio constituem maneiras passionais de reação porque são manifestações do instinto, que sofremos e não controlamos. Esse tipo de descontrole nos faz perder a capacidade de autogoverno e de iniciativa fecunda. Quem possui controle sobre si mesmo, porque supera o interesse de colocar tudo a seu serviço, sente uma complacência peculiar, não aquela correspondente à posse egoísta, mas aquela que deriva da criação generosa de vínculos: é o tipo de alegria próprio da vida criativa.

PARA CONQUISTAR E MANTER A PAZ

1. Saturar o cérebro com pensamentos, projetos e desejos positivos, criadores de unidade e de solidariedade.

2. Viver com calma o presente, saboreando o encanto dos dons que o momento nos oferece e não reparando em demasia nos dissabores que possa causar.

3. Por ser pessoa, assumir a tarefa de configurar a própria vida, aceitando as possibilidades que o passado oferece e projetando o futuro a partir da vida que a cada momento lhe é concedida como o dom mais precioso. Respirar, ver, ouvir, mover-se, pensar, querer, projetar... pressupõem uma fonte inesgotável de felicidade que não devemos ocultar com lembranças amargas de acontecimentos passados ou pela antevisão de um futuro incerto e, quem sabe, sombrio.

---

[1] THIBON, G. *Sobre el amor humano*. 3. ed. Madrid, Rialp, 1961. pp. 75-6.

> 4. Lembrar-se de que o universo é uma extraordinária rede de relações que assombra pela perfeita harmonia e pela eficiência e que, por isso, o estado normal, justo e adequado à condição de ser pessoa, é o de solidariedade e colaboração — ao criar formas generosas de unidade, que são as mais valiosas, realizamos nosso verdadeiro ser, mostramo-nos como somos, e com isso alcançamos nossa máxima dignidade.
>
> 5. Sentir que vive de maneira verdadeira aquilo que lhe cabe viver. Essa postura confere uma identidade pessoal bem delineada e uma grande segurança. Permite ter calma e evitar a ira sempre que ocorrer algo que parece enfraquecer sua posição na vida — é a profunda razão pela qual devemos nos mostrar compreensivos, pacientes, bondosos, tolerantes; não significa uma condição pacata e sim pacífica; não pusilânime, mas magnânima; não ambígua, mas clara e decidida; não insegura, mas firme.

A aspiração à paz é a condição de uma existência digna. A paz para o ser humano não é um fato natural e sim cultural. E, posto que a paz é um fato cultural, é preciso cultivá-la, construí-la, cuidar dela e educar para a paz. A paz representa a unidade de todas as forças vitais, seu equilíbrio e a iluminação de todas as oposições. A paz é a coroa da vida. A paz transforma a vida em festa.

"Não existem caminhos para a paz; a paz é o caminho!", dizia Gandhi. Não se pode chegar à paz pela violência, nem pelo terrorismo, nem pelo medo, pela ameaça ou pelo engano. Todos esses caminhos culminam em menos paz. Só chegaremos à paz se nos apaziguarmos interiormente. A paz não é uma coisa pronta; é um contínuo fazer; é obra da justiça e do amor. Caminhemos na paz. A paz é um desafio permanente para a humanidade e não pode se deter e menos ainda retroceder; deve abranger o mundo em sua totalidade e o mais profundo do coração do ser humano.

A paz é um processo dinâmico e permanente que afeta todas as pessoas e também todas as instituições, uma vez que estas devem ter sempre por objetivo o bem comum. A paz é, portanto, dinâmica; é a realização da justiça e da igualdade; e sua conquista suprema representa a harmonia do ser humano consigo mesmo, com os demais, com a natureza e com Deus. Por isso é que a educação para a paz é a resposta mais correta, nobre e eficiente para se vencer a violência.

A proposta de uma educação para a paz fundamenta-se em dois conceitos básicos: prevenir a violência e a agressividade e criar um projeto digno para cada pessoa na educação para a paz. Mas, quando falamos de educação para a paz, referimo-nos à educação de um conjunto de valores relacionados entre si, ou seja, que se exigem ou se implicam mutuamente. E consideramos que os valores e atitudes básicas, capazes de configurar e desenvolver na personalidade dos adolescentes e jovens o valor nuclear da paz, são: tolerância, solidariedade, justiça, liberdade e amor à vida.

Os objetivos educacionais fundamentais devem ser os seguintes: conhecer e exercitar os direitos humanos e desenvolver a sensibilidade, a solidariedade e o compromisso diante de situações de violência; promover a auto-estima e o conhecimento próprio em função da convivência; criar relações de diálogo de paz e de harmonia; sentir a alegria produzida pelo encontro interpessoal; desenvolver a atenção e o interesse diante do fato da diversidade das pessoas e das culturas; incentivar a tolerância nas relações humanas.

A educação para a paz na fraternidade, por meio da restauração dos grandes valores morais humanos, deve ser feita, em primeiro lugar, no seio da família e da escola, porque a tendência à agressividade e à violência que todos os seres humanos trazem dentro de si é combatida desde a infância e a juventude e, principalmente, porque são os adolescentes e os jovens o setor mais vulnerável da sociedade diante da violência, ao mesmo tempo que representam a esperança de um futuro melhor.

Não podemos, portanto, deixar de destacar com viva preocupação a gravíssima crise que a família e a escola atravessam, incapazes hoje de desenvolver sua tarefa educativa. Ainda com respeito à escola, devemos destacar com tristeza que a violência aninha-se nos colegiais e nos universitários, algumas vezes com a aquiescência e, inclusive, estímulo de alguns professores.

No entanto, além do resgate dos valores humanos e de um trabalho educativo mais intenso em favor da fraternidade, da compreensão e da tolerância, deve-se acrescentar um grande empenho para eliminar ao máximo as causas sociais da violência, tanto as visíveis quanto as ocultas e soterradas.

Um plano de ação

A educação para a paz, em nossa opinião, precisa agir em duas direções. Em primeiro lugar, é urgente resgatar e reafirmar com coragem os grandes valores morais relativos à pessoa, à sua vida e à sua liberdade: a primazia do ser humano sobre o dinheiro, o poder e o prazer, os três ídolos que arrastam a humanidade; a convivência humana, que se fundamenta na fraternidade, na solidariedade e na justiça. E, em segundo lugar, criar um projeto educativo pessoal e social em nossos espaços.

Entretanto, não vemos de que maneira seria possível resgatar os valores relativos à pessoa — que são justamente os valores morais — sem uma clara e explícita referência a Deus. Na verdade, o absoluto do ser humano fundamenta-se no absoluto de Deus, pois, se Deus não existe ou não é adorado, reconhecido e obedecido, não se entende por que o ser humano deveria ser respeitado de maneira absoluta, em vez de ser sacrificado aos ídolos do dinheiro, do prazer e do egoísmo.

Infelizmente, numa sociedade secularizada como a nossa, o raciocínio moral fundamentado em Deus tende a ser excluído e considerado ultrapassado, sem sentido. No entanto, fica cada vez mais claro que, quando a ordem moral não está fundamentada em Deus, apóia-se no vazio e — diante da força dos instintos humanos — se converte em um predicado inútil e é burlada com muita facilidade.

Essa conexão trágica, porém inevitável, entre secularização e violência foi denunciada com singular precisão por dois insignes historiadores espanhóis: Claudio Sánchez Albornoz afirmou que a violência é uma conseqüência da perda da fé do ser humano em Deus (secularizou-se a vida, jogou-se Deus pela janela e não existe nenhuma responsabilidade moral diante de um poder supremo). Carlos Seco Serrano insistiu que a salvação do ser humano náufrago e atormentado de nosso tempo só pode acontecer por meio da afirmação do eterno e imutável que através do espírito nos eleva a Deus.

Parece-nos, portanto, que, na sociedade atual, ameaçada por uma violência destruidora, a tarefa da Igreja como promulgadora de uma ordem de valores morais absolutos, por ter seu fundamento em Deus e no Evangelho, é sobremaneira importante e obrigatória. Deveria ser uma preocupação de todos não colocar obstáculos à missão da Igreja de educadora moral de consciências. E nessa perspectiva localiza-se o empenho eclesial contra as propostas legislativas a favor do aborto.

Seu *sim* à vida desde a primeira aparição dela é um *não* à violência, doutrina proclamada por João Paulo II em todas as suas viagens apostólicas e em seu magistério permanente. O aborto é uma violência. Por isso, Paulo VI, em sua mensagem da *Jornada para a Paz 1978*, vinculou intimamente a defesa da paz com a defesa da vida, afirmando que o nosso sim à paz soa como um sim à vida, porque aquele que, opondo-se à violência e à guerra, escolher a paz, estará escolhendo ao mesmo tempo a vida e o ser humano em suas exigências profundas e essenciais. Por isso, Paulo VI acrescentou que só nos resta desaprovar toda e qualquer ofensa ao nascimento da vida e implorar incansavelmente a todas as autoridades, a todas as instâncias competentes que ajam de maneira a que se proíba e se coloque um fim ao aborto voluntário.

Educar para a paz fundamenta-se em combater as chagas sociais da marginalização, da exclusão, da frustração e do isolamento, buscando eliminar os mecanismos sociais e econômicos que criam o desemprego e o subemprego e não deixam que os jovens encontrem um trabalho de acordo com suas aspirações e sua preparação; eliminar as disfunções institucionais que deixam os menos favorecidos e os mais fracos à margem da vida social ou que não lhes permitem participar de maneira efetiva das decisões que os afetam; eliminar todos os estrangulamentos do sistema que agravam inutilmente o peso da fadiga diária e que criam desgostos e frustrações.

Não são tarefas simples e fáceis. É preciso comprometer-se em colaborar no saneamento do ambiente social. É urgente evitar o acúmulo de violência nas relações humanas e criar instituições mais justas e equilibradas, que contribuam para o bem comum e para que todos os cidadãos desfrutem de bem-estar. Deve-se punir a corrupção com decisão, firmeza e coragem, para que a paz possa reinar em nossa sociedade. Pois educar para a paz num mundo agressivo não é nada fácil quando faltam pessoas comprometidas, quando as autoridades não assumem seu papel de promotoras da harmonia cívica.

A sensação de que as manifestações violentas aumentam de maneira incontrolável é um dos fenômenos causadores de maior inquietação social. É certo que as manifestações violentas parecem ter-se transformado em algo habitual em nossa sociedade. Fenômenos como a extrema frieza e crueldade de alguns conflitos mais ou menos distantes de nossas fronteiras deixam-nos algumas vezes sem palavras. E junta-se a isso a preocupação dos governos incapazes de levar a paz e a tranqüilidade aos seus cidadãos.

O bem mais precioso

A paz é um valor sem fronteiras. É uma tarefa permanente e constante em todos os lugares. Exige a prática da justiça e da misericórdia; o fruto da justiça será a paz, meu povo preparará um albergue para a paz. A paz não representa um problema doutrinário; nela está envolvida e empenhada a humanidade inteira, com todas as suas capacidades e contradições. Exige, portanto, o uso de meios adequados, ou seja, um método de trabalho bem preciso. Assim é, por exemplo, um ser humano de paz — um pacifista, para usar a linguagem corrente —, aquele que, além de desejar a paz e a justiça, emprega estilo e meios não violentos para realizá-las.

Não coloquemos limites a esse chamado constante por paz. Qualquer situação, qualquer conflito, nos questiona com base na fé e na solidariedade. Ninguém pode, hoje em dia, alegar ignorância ou colocar-se distante dos acontecimentos. Pelos meios de comunicação, todos nós temos conhecimento, de alguma maneira, da necessidade da paz, e tudo se aproxima até entrar em nosso lar e em nosso espírito. Tudo está perto e tudo nos chama. Não podemos parar de criar espaços de diálogo e de paz.

A verdade é a força pacífica e poderosa da paz por excelência, uma vez que ela se comunica por sua própria irradiação longe de qualquer coação. A "não-verdade" como caminho para a paz, por causa da violência e da guerra, não é o caminho verdadeiro nem o correto. Por "não-verdade" devemos entender todas as formas e todos os níveis de ausência, de rejeição ou de menosprezo da verdade: a mentira propriamente dita, a informação parcial e deformada, a propaganda tendenciosa, a manipulação dos meios de comunicação etc.

A falta de verdade dificulta a paz, à qual se chega com o pluralismo, com o diálogo sincero e com a colaboração nos pontos em que é possível alcançar uma concordância com o sacrifício das opiniões que forem divergentes. O ser humano atual anseia por autenticidade. Hoje, impõe-se restabelecer as relações entre as pessoas a partir da verdade.

É preciso partir da verdade objetiva que designa a estrutura da própria paz, que se baseia no direito, ou seja, que está de acordo com a natureza do ser humano e das coisas, e que está de acordo com o bem comum. Porque a paz fundamenta-se, definitivamente, na verdade do ser humano. Assim, ele sairá de suas atuais alienações e voltará a ser sujeito e não objeto de suas próprias criações. Assim, a verdade torna concretas as exigências objetivas da ordem moral, da justiça, do amor social e da primazia do ser sobre o tema.

A paz está ameaçada quando reinam a incerteza, a dúvida e a desconfiança; com isso, a violência sai ganhando. As divergências podem ser superadas com espírito de colaboração animado pelo desejo de conviver, pelo amor, contrário ao egoísmo, e pelo cuidado de moderar nossas pretensões, mesmo que legítimas, levando em consideração o bem supremo da paz[2].

De fato, a paz é um dos bens mais preciosos para o ser humano. Diz-se, com razão, que é fruto da ordem na qual as pessoas se sentem tranqüilas e sossegadas, uma vez que seus direitos e interesses legítimos são devidamente reconhecidos e respeitados. A paz não é, obviamente, a simples ausência de guerra, assim como não é apenas um equilíbrio de forças e muito menos a ordem estabelecida por um poder hegemônico e descontrolado, que esmaga qualquer conflito ou dissidência.

Não há saída sem respeito à pessoa humana e ao conjunto de direitos fundamentais que dela emanam. Mais do que isso, podemos dizer que a paz está identificada com o amor, a que tudo se resume, inclusive a justiça e o respeito pelos direitos do ser humano, cuja dignidade decorre do fato de ter sido criado à imagem e semelhança de Deus. A paz e a justiça se abraçam, diz a Bíblia. Desconhecer a dignidade da pessoa humana é o começo da barbárie, cuja lei é o poder do mais forte e do mais violento.

Os problemas pessoais e sociais que se escondem por trás da violência exigem dinamismo, criatividade e força vital para se chegar à paz. Os pessimistas não prestam um bom serviço à sociedade, pois, em vez de incentivar essas atitudes, empenham-se, por um ou outro caminho, em espalhar o desâ-

---

[2] Cf. Izquierdo Moreno, C. *La paz que todos esperamos*. México, San Pablo, 1995.

nimo e o desencanto ou a desesperança. Temos de conscientizar-nos de que, embora possível, a paz só pode ser alcançada a um preço pelo qual precisamos estar dispostos a pagar. Ela não nascerá espontaneamente do seio da violência, com o simples correr do tempo. Exige de nós uma posição ativa e criadora, que demonstre, por meio de ações, a vontade de solucionar nossos problemas por meios dignos da nossa condição humana.

A pesquisa antropológica atual mostra que o homem é um ser para a paz. Compreender a fundo o ser humano é o melhor caminho para se incentivar a verdadeira paz, a paz entendida em toda a sua amplitude e profundidade. Para desenvolver sua vida pessoal, o ser humano precisa de um clima de amparo. Esclarecidos pedagogos atuais falam com razão em "amparo criativo". É uma fonte de confiança que possibilita a criação de redes de relações nas quais pode-se dar e receber, convidar e responder, entregar-se e encontrar a si próprio plenamente realizado.

As raízes da paz brotam de fundamentos sólidos, que garantem a possibilidade da paz e sua implantação em meio à convivência humana. A possibilidade da paz baseia-se nos seguintes fundamentos: humanos; religiosos; utilitários.

Fundamentos humanos:

- ordem e harmonia do universo, à qual deve corresponder a concórdia humana;

- unidade fundamental do gênero humano e fraternidade entre todos os seres humanos;

- esperança no advento de uma era de união da humanidade, sem distinção de nações, raças ou religiões;

- reprovação absoluta a todo tipo de morte ou dano provocado por lutas e guerras, infligido como castigo, como a pena de morte, e, algumas vezes, ocasionado até por legítima defesa.

Fundamentos religiosos:

- crença na dignidade e no valor inestimável da pessoa humana individual como imagem de Deus;

- amor aos inimigos, como indivíduos e como grupos; perdão das injúrias no plano privado e social;

- capacidade de responder ao mal com o bem e à violência com a mansidão e não ao mal com o mal, nem à violência com a violência;

Fundamentos utilitários:

- não aceitação da imposição de enormes sacrifícios aos seres humanos e aos bens materiais pelas guerras e violências (incapacidade de estabelecer a paz duradoura; violência gera violência; as guerras são sementes de novas guerras);

- não aceitação da chamada "impossibilidade" de controlar e manter os conflitos armados dentro de limites minimamente humanitários;

- necessidade de suprimir as disputas e contendas entre as nações, que devem assumir a justiça, mediante o estabelecimento de uma sociedade internacional, com um poder de fiscalização verdadeiro e eficaz sobre todas as nações;
- inadmissibilidade absoluta, moral e prática, da guerra nuclear moderna em função do perigo de destruição total da humanidade e da vida sobre a Terra que representa.

A paz é a base da grandeza dos povos, das pessoas e da humanidade. Com o decorrer da história foi-se tornando uma tarefa mais complexa, mostrou novas dificuldades e apontou exigências complementares. A incessante busca pela paz foi encontrando novos obstáculos pelo caminho; e o ser humano compreendeu que a paz é o resultado, é a conseqüência, de um incessante esforço destinado a suprimir obstáculos e a criar situações que proporcionem uma vida pacífica. O objetivo do empenho histórico do ser humano é a paz; da sua consecução depende o império da justiça e o progressivo aperfeiçoamento do ser humano, humanizando o mundo, dando vida às coisas num clima espiritual e potencializando os fatores que salvaguardam a paz entre os seres humanos e os bens: a justa distribuição dos bens; a verdadeira liberdade; um ambiente de cooperação e justiça social. Podemos afirmar como conclusão que a paz deve ser, para todos os seres de boa vontade, um objetivo irrenunciável. A paz é uma exigência e ao mesmo tempo uma possibilidade real, não utópica.

Educar para a paz na escola

A escola continua tendo uma função essencial que ninguém pode arrebatar: educar para a paz, para a liberdade e para a tolerância; paz, que é tranqüilidade interior, equilíbrio pessoal; liberdade, que é o exercício afirmativo da autonomia, a capacidade de cada ser humano optar e traçar sua própria trajetória vital e seu próprio horizonte de felicidade; tolerância, que é o respeito aos demais, estimulando a convivência equilibrada, harmoniosa e pacífica.

É urgente e imprescindível que a escola seja uma porta aberta para a realidade social vivida pelo aluno, adolescente ou criança, no momento atual. Nos últimos anos, esses alunos passaram a freqüentar os meios de comunicação como agressores dos próprios colegas, espancando-os com violência, ateando-lhes fogo, chegando a provocar morte. Diante deste panorama a escola, a família e a sociedade não podem omitir-se. Os especialistas em assuntos infantis e juvenis procuram os fatores que no seu entender determinam esse tipo de ações, cada vez mais freqüentes em nossa sociedade.

Tudo começa com uma simples bobagem, porque o colega é gordo, veste-se estranhamente, tem um jeito de ser que não agrada. O próximo passo é ofender, provocar ele ou ela sistematicamente, fazer chantagem. O caso extremo é o espancamento brutal ou a morte. Felizmente, são fatos isolados; mas quando chegam ao conhecimento público, provocam horror e preocupação entre pais, educadores e especialistas em questões infantis e juvenis. Crianças agressivas, sociedade violenta, pais permissivos, deficiências educativas? Qual o fator ou fatores que determinam esse tipo de atitude?

Devemos responsabilizar os professores pela violência nas escolas? Não podemos esquecer que a escola faz parte de um contexto mais amplo, que é a sociedade... e que ela reflete os conflitos sociais. Estamos diante de um problema de maior envergadura, no qual professores e alunos estão envolvidos como membros da sociedade. Diante deste panorama impõem-se a comunicação e o diálogo, uma atitude dialogante e aberta com filhos e alunos, entre pais e professores. É preciso chegar ao fundo do problema; é preciso reforçar nas crianças e nos jovens comportamentos positivos, a auto-estima, o autocontrole; é preciso educar para a paz, a liberdade e a tolerância corretamente entendida; só assim as reações violentas poderão ser neutralizadas.

Viver em um núcleo familiar desestruturado, com problemas de desemprego, separações matrimoniais, pais que não vivem bem ou que não se comunicam com os filhos são fatores que determinam o grau de conflito de uma criança na escola. São crianças que ficam muito tempo sozinhas ou na rua ou assistindo à televisão. Não têm interesse pelo que se faz na aula, limitam-se a ir à escola porque são obrigadas, não porque se interessam de fato. Na verdade, para elas tanto faz; muitas sabem que não serão repreendidas pelos pais se cometerem alguma falta na escola. Quando estão vivendo um conflito maior dentro de casa, é comum na sala de aula provocarem os colegas para que alguém preste atenção nelas. A escola precisa contribuir para a modificação desses comportamentos e para uma verdadeira educação para a paz, uma educação para a não-violência, a tolerância e o respeito.

O mundo da educação, enquanto elemento importante da sociedade, tem um desafio permanente em sua atividade cotidiana na luta contra a violência. Deve formar seus alunos em princípios e valores para viver com caráter na sociedade atual e não se deixar enredar pela mediocridade, pela rotina e, sobretudo, por atitudes agressivas ou violentas como solução para qualquer problema de atrito com os colegas. No mundo educativo deve-se reforçar a esperança de superação dessa onda de agressividade e violência no mundo estudantil. Ouve-se uma pergunta, algumas vezes surda, outras vezes explícita: o que o sistema educativo faz para evitar esta situação? Outras vezes, ela é feita como recriminação: alguma coisa deveria ter sido feita para que isto não acontecesse. Ao fim e ao cabo, em nossa sociedade, todos os protagonistas de ações violentas estiveram integrados em centros educativos por uma quantidade considerável de anos.

Em primeiro lugar, temos de pensar sobre as limitações do sistema educativo para realizar uma ação eficaz nesse sentido. Mas também é verdade que ele tem a oportunidade de dirigir a atividade de uma boa parte do tempo das crianças, adolescentes e jovens e de todos aqueles nos quais a educação se opõe aos valores que os jovens encontram em seu entorno social; o efeito de uma ação educativa produz-se a longo prazo.

O processo educativo da paz

Só se pode educar para a paz quando já nos pacificamos interiormente, quando dialogamos com sinceridade e quando nos aproximamos fraternalmente; quando abrimos as mãos com generosidade e quando rejeitamos toda e qualquer injustiça. Enfim, educamos para a paz quando vivemos na fé consciente, madura e comprometida e lutamos pela verdade e pela justiça, quando vivemos em nossa vida a verdade e a justiça, quando vivemos a tarefa incansável de cada dia pela convivência, pela participação e pela comunidade. Porque a paz não é uma coisa pronta, é um contínuo fazer, é obra da justiça e do amor.

O educar precisa caminhar em paz. Pode começar por pequenos passos: um aceitar a si mesmo, uma reconciliação, um perdão, uma confissão, uma aproximação carinhosa, um serviço delicado, uma paciência ou um presente, uma palavra e um diálogo, uma denúncia limpa, uma luta corajosa. Porque mais vale um gesto pacífico do que muitos discursos sobre a paz. Um gesto a cada dia, até terminar este ano; e, depois, mais uma etapa... é um caminho sem fim, mas com os nossos gestos no mundo, certamente haverá mais paz.

Educar para a paz significa despertar no estudante um compromisso pessoal na construção de uma sociedade de mais justiça e mais paz. Não basta apenas esclarecer idéias e propor valores. É urgente e necessária uma intervenção responsável. A educação não consegue atingir o seu verdadeiro objetivo se não conseguir tirar o jovem da passividade. Desejar a paz não significa apenas lamentar-se dos acontecimentos violentos que se produzem entre nós, inclusive nos centros estudantis. Por isso a escola não pode ignorar esse compromisso.

A educação para a paz precisa ser concebida a todo instante como um processo de desenvolvimento da personalidade, contínuo e permanente, inspirado em uma maneira positiva de aprender a viver consigo mesmo e com os demais na não-violência e na criação de espaços de justiça, respeito e harmonia. É, conseqüentemente, uma educação para o nascimento de uma ética pessoal e social de convivência, baseada na cultura da paz.

Uma educação para a paz faz parte, portanto, do desenvolvimento global da personalidade dos alunos e das alunas e não pode limitar-se a uma simples aprendizagem ocasional de conhecimentos ou de receitas de comportamento externo; deve ser uma educação transformadora e enriquecedora de valores e atitudes profundas.

Falar de educação para a paz é falar de uma educação baseada em valores. A paz faz parte de uma trama de outros valores ligados entre si e que se exigem mutuamente e, por sua vez, implica no questionamento crítico e na rejeição consciente daqueles outros valores que a agridem, como é o caso, por exemplo, da falta de solidariedade, da discriminação, do conformismo, do individualismo, da injustiça.

A educação para a paz tem de ser vivencial e realizada a partir da experiência, ou seja, da interação dinâmica e criativa do jovem com sua realidade, entendendo essa realidade a partir de si mesmo e a partir da abertura ao mundo à sua volta, próximo e universal. Será uma educação enquadrada e desenvolvida entre o micromundo pessoal e relacional mais próximo e o macronível das estruturas sociais.

Um valioso tema transversal: programa, valores e objetivos

A educação para a paz é o mais adequado e definido tema transversal que pode ser integrado ao currículo como parte essencial do contexto de todas as áreas curriculares.

O programa

Como ponto de partida, a educação para a paz deve ter em conta a análise crítica dos preconceitos que os jovens possam ter sobre ela, provocando, se preciso, conflitos cognitivos capazes de abrir-lhes o campo de suas percepções e de enriquecer o campo de suas experiências, de seus conhecimentos e de suas atitudes.

Em todos os programas de educação para a paz devem ser estabelecidos dois campos básicos de reflexão e de ação:

1. em primeiro lugar, a educação na não-violência e na criação de estruturas e situações de justiça, tanto no plano das vivências internas ou pessoais quanto no das relações sociais mais próximas e de projeção universal;

2. em segundo lugar, a educação na resolução positiva, dialogante e harmoniosa dos conflitos, buscando formas criativas para resolvê-los e soluções que considerem o respeito à pessoa e, muito especialmente, a dignidade e os direitos dos mais fracos.

Em um programa de educação para a paz e no contexto dos dois campos de reflexão acima propostos, é preciso abranger de forma concreta os seguintes pontos, profundamente relacionados a ela:

- educação para a convivência;
- educação para a tolerância e o respeito;
- educação para a compreensão dos colegas;
- educação para os direitos humanos.

É muito importante assinalar que a educação para a paz, no âmbito escolar, significa, necessariamente, uma profunda mudança de atitudes nas relações que se estabelecem no cotidiano escolar e dentro da sala de aula, pois essas relações muitas vezes têm caráter negativo, em conseqüência de estruturas acadêmicas que propiciam a competitividade, o individualismo e a discriminação. Se a escola quiser, verdadeiramente, educar para a paz, deve fazê-lo em clima relacional de igualdade, tolerância, justiça, solidariedade e liberdade.

Valores

Como dissemos, ao falar em educação para a paz estamos nos referindo à educação em um conjunto de valores relacionados entre si, ou seja, que se exigem e se implicam mutuamente. Vamos definir, na seqüência, quais são esses valores e atitudes básicas, capazes de configurar e de desenvolver na personalidade dos alunos e alunas o valor nuclear da paz.

Tolerância

- Compreensão, aceitação e respeito para com os demais e para com os seus direitos fundamentais.

- Atenção, escuta e diálogo como meios e como clima fundamental para o desenvolvimento das relações interpessoais e para a resolução dos conflitos.

- Valorização da afetividade e do sentimento nas relações interpessoais.

- Atitude de perdão e de acolhida, manifestando em todos os momentos uma grande capacidade para o amor e a ternura.

- Sensibilidade, abertura e flexibilidade diante dos posicionamentos e das opiniões das outras pessoas.

- Interesse e respeito pela diversidade. Rejeição a todo tipo de desigualdades e discriminações sociais e pessoais.

Justiça e solidariedade

- Tomada de consciência dos problemas da violência, da agressão, da injustiça com que se depara a vida sobre a Terra.

- Inconformismo e rejeição diante de situações de desigualdade e injustiça.

- Rejeição da violência em qualquer tipo de situação ou conflito.

- Sensibilidade para perceber e sentir os problemas dos demais e para chegar até eles com generosidade e desprendimento.

- Desenvolvimento da capacidade de amar e de sentir ternura na construção de uma cultura universal da fraternidade.

- Criatividade, colaboração e cooperação na resolução fraterna de conflitos e de problemas das pessoas e dos povos.

- Luta e compromisso permanente pela justiça, igualdade e, de forma genérica, pelo desenvolvimento imediato e universal dos direitos humanos.

Liberdade

- Desenvolvimento da autonomia pessoal e da auto-afirmação.

- Confiança e atitude de esperança nas próprias capacidades como requisito fundamental para a auto-realização, para enfrentar os problemas e os conflitos e para conseguir estabelecer uma comunicação positiva e criadora.

- Coerência e autenticidade pessoal nas ações e nos comportamentos individuais e sociais.

- Atitude crítica para poder discernir livremente diante de qualquer tipo de situação e para não se sentir, consciente ou inconscientemente, manipulado.

Objetivos

Definido o marco pedagógico no qual deverá ser proposto o tema transversal da educação para a paz e fixado o sistema de valores e atitudes sobre o qual deverá ser desenvolvido o tema, formulamos, a seguir, uma relação de objetivos educacionais que devem estar presentes em todas as atividades e tarefas executadas nesse programa.

- Descobrir, sentir, valorizar e viver com esperança as capacidades pessoais como realidades e como meios eficazes que podemos colocar a serviço dos demais e que podem contribuir para um desenvolvimento positivo e harmonioso da vida e do humanismo.

- Reconhecer e valorizar a própria agressividade como uma maneira positiva de auto-afirmação da personalidade e ser capaz de canalizá-la, permanentemente, para condutas e atividades que promovam e favoreçam o bem comum.

- Desenvolver a sensibilidade, a afetividade e a ternura na descoberta e no encontro com as pessoas que nos rodeiam, tanto em termos mais próximos quanto universais.

- Sentir a alegria produzida no encontro interpessoal quando este se desenvolve num clima de afetividade, confiança, respeito, colaboração e ajuda mútua.

- Construir e otimizar relações de diálogo, paz e harmonia no ambiente escolar e, em geral, em todas as nossas relações cotidianas.

- Reconhecer e tomar consciência das situações de conflito que podem ocorrer, descobrindo e refletindo sobre suas causas e tendo capacidade de tomar decisões para solucioná-las de maneira criativa, fraterna e não-violenta.

- Desenvolver a atenção e o interesse frente à diversidade das pessoas e das culturas dos povos, reconhecendo e potencializando essa diversidade como um grande valor, agindo sempre, diante dela, com uma atitude aberta, respeitosa e tolerante.

- Promover, a partir do autoconhecimento e da auto-estima, o conhecimento de outras realidades sociais, culturais e pessoais, colaborando para a auto-afirmação, o desenvolvimento e o enriquecimento dos povos.

- Conhecer e potencializar os direitos humanos e desenvolver a sensibilidade, a solidariedade e o compromisso diante de situações, próximas ou distantes, em que se atente contra eles.

- Mostrar especial atenção e sensibilidade diante de situações de violência, injustiça e subdesenvolvimento vividas hoje no planeta.

- Conhecer as organizações governamentais e não-governamentais, comprometidas na luta contra a miséria e a injustiça no mundo e, em especial, com o desenvolvimento das nações menos favorecidas, e colaborar ativamente com elas.

A missão de quem educa para a paz

Hoje, a grande missão dos educadores de todos os níveis educacionais, tanto escolares quanto familiares, é complexa e muitas vezes difícil, porque tem de ser exercida em meio a um mundo bastante violento. Os pais e os educadores precisam canalizar todas as inquietações dos educandos para conseguir que a rebeldia que brota em seu ambiente ou neles mesmos seja construtiva e que a responsabilidade tenha mais consciência da sua dignidade pessoal. O educador é um especialista no cultivo do ser humano e os pais são educadores por natureza. O educador cria um clima, um ambiente, estabelece relações interpessoais com as crianças, com os adolescentes e com os jovens, com base, fundamentalmente, em atitudes.

O educar precisa desenvolver uma maior compreensão do jovem, de maneira que possa penetrar em seu íntimo e assim conseguir entender, admirar, apreciar e estimular todo o trabalho de crescimento que passa despercebido para quem, desprovido de disposição empática e de capacidade de compreensão, fica na superfície das relações, nas aparências de sua tarefa.

Uma atitude de dedicação ao jovem, de trabalho para seu futuro como ser e não para o momento presente do educador. Uma atitude de autêntica e livre disposição para a própria tarefa, com a liberdade interior de uma pessoa íntegra e integrada, liberta de condicionamentos estranhos ou alheios à tarefa educativa.

Soma-se a essa postura uma série de atividades e tarefas que pode levar à conquista de uma paz verdadeira, capaz de superar todas as distâncias e diferenças nos diversos aspectos da vida, que poderíamos sintetizar nos pontos a seguir.

Sanear o ambiente

O adolescente vê-se aprisionado em um clima no qual o bom e o mau se misturam, sem que a família esteja sempre em condições de fazer uma seleção útil e muito menos de impô-la. Não é possível que os pais sejam os principais culpados. Não são os filhos nem os pais que hoje estão doentes. Quem está doente é a época em que vivemos. Nosso tempo está doente, sem fé; a dúvida converteu-se em opinião geral. Não há segurança; a violência está na esquina e nós vivemos às vésperas de um dilúvio, sem otimismo; só vemos fisionomias mal-humoradas e não ouvimos outra coisa a não ser palavras amargas e anúncios de calamidades.

Por isso, para se educar um filho acima de tudo é preciso ter fé, segurança e confiança. O que cada família precisa fazer é lutar com todas as forças contra as correntes de opinião e as ondas profundas da sensibilidade contemporânea, já que não consegue proteger seus filhos da influência de garotos menos defendidos que os seus.

Nossos jovens estão profundamente marcados pela vida moderna, ainda que pertençam aos melhores ambientes e venham de famílias muito unidas. A maioria dos jovens que se apresenta aos educadores são invariavelmente nervosos, distraídos e confusos. É necessário revalorizar urgentemente os princípios familiares de autoridade, mas autoridade-serviço, exemplo e prestígio, e não arbitrariedade, capricho autoritário ou paternalismo.

A sociedade começou a perder o controle dos indicadores que freavam a falsa rebeldia juvenil e continua sem ter sensibilidade suficiente para perceber que a família e o sistema educacional precisam ensaiar uma nova forma de exercer a autoridade.

Otimizar o ensino

Hoje, como sempre, o ensino é a mais importante tarefa pessoal e social para o desenvolvimento dos povos e da pessoa; ele deve impulsionar o progresso, a evolução e o desenvolvimento integral do ser humano e da sociedade. O ser humano poderá desenvolver-se em todas suas dimensões, uma vez que é a riqueza espiritual e material maior da humanidade.

A tendência auto-realizadora exige, por sua própria natureza e, portanto, em qualquer caso e circunstância, que a educação dote cada indivíduo de capacidade conveniente para conseguir desenvolver a totalidade de suas potencialidades no meio ambiente em que cada um desenrola a sua vida.

Para se atingir tal empenho e meta num contexto vital de incessante e rápida transformação, a escola não tem melhor opção do que, sem abandonar sua tradicional tarefa de ministrar informações, de acordo com as novas exigências técnicas, dar ênfase preferencial à sua missão de incutir estilos de vida. Só os indivíduos assim educados podem ser capazes de responder e de adaptar-se por si mesmos a uma constante e acelerada mudança.

A expressão mais radical dessa nova tendência pedagógica é representada pela que, com propriedade, bem poderia ser chamada de "pedagogia da libertação". O ponto de partida e o ideal dessa nova corrente pedagógica poderia ser resumido no seguinte raciocínio: já que vivemos em uma sociedade desumanizada, como pudemos comprovar através do nosso estudo, e ao mesmo tempo desumanizante, a nova escola deve criar a sociedade humana ideal, adaptando-a às novas gerações, para contrapô-la à nossa atual sociedade, à qual o indivíduo não pode se adaptar a não ser à custa de uma desadaptação aos valores da vida. Acreditamos que desta maneira, ao mesmo tempo que se consegue derrubar a velha e desumanizadora ordem, estabelecem-se bases de caráter muito mais humanitário.

Renovar a sociedade

A renovação da própria sociedade é algo urgente e necessário. Uma sociedade capaz de proporcionar aos jovens um verdadeiro ideal positivo. O mundo moderno está marcado pelo domínio massivo da propaganda e da publicidade em todas as suas fases e formas. O homem e a mullher de hoje atual têm tido pouca chance de pensar por conta própria, de meditar, de sintetizar, de escolher com tranqüilidade o que mais lhes convém.

A moderna sociedade de consumo, de tanto inocular o talento comercial e pragmático que a define, naturalmente cerca de forma sistemática e sem piedade o espírito do adulto e mais ainda o do jovem, submetendo-o ao abusivo império da propaganda. Se, por um lado, ela é boa e necessária como veículo orientador e até formativo, não há dúvida de que quando se excede e invade todos os cantos da sociedade, martelando sua mensagem sem parar, pode vir a sufocar a capacidade de critério pessoal.

Claro que a capacidade de critério só pode ser salva e aperfeiçoada mediante uma ação vigilante dos instrumentos e dos meios de educação que em todos os momentos devem atender à formação do indivíduo. Só uma personalidade bem formada, um critério que seja reflexo conseqüente de uma preparação humanística suficientemente cuidada, poderá defender-nos da ação massificadora que se manifesta de forma tão agressiva no mundo atual.

É preciso entender, portanto, que a nossa sociedade tem de proteger e potencializar os meios que melhor conduzam à formação de critérios juvenis, uma vez que são eles que constituem o ponto de partida, para que, no futuro, os critérios adultos possam manter a sociedade longe dos perigos de despersonalização.

Formar critérios

A formação de critérios no jovem por meio de uma educação integral, aberta aos mais elevados e positivos valores do espírito é, sem dúvida alguma, o único meio para que a sociedade futura, sem renunciar de maneira alguma à abundância, ao bem-estar e às conquistas técnicas, alcance o patamar de uma liberdade verdadeira e criadora. Não podemos esquecer que, se a miséria e o subdesenvolvimento limitam a liberdade, ela pode ser destruída pelas imposições da "sociedade da abundância" sobre a pessoa ligada a ela como se fosse mais um produto técnico.

Proporcionar uma profunda educação moral

Em conjunto com a formação de critérios, deve haver uma profunda educação moral, com o objetivo básico de incutir hábitos profundos e isso é indispensável para transformar os jovens em adultos enérgicos, constantes e responsáveis. Um adulto com vontade firme é aquele que, para fazer frente às novas circunstâncias, une uma vontade eficaz a hábitos adquiridos nos quais pode apoiar-se. Em compensação, fraco é o adulto que vive sem hábitos, em eterna indecisão, que precisa deliberar sobre tudo e que constantemente coloca tudo em dúvida.

O ser humano necessita acima de tudo de alegria de viver; não existe alegria sem ilusão e é bem sabido que a ilusão não nasce do consumo. Por isso, o ser humano quer se realizar, porque não está disposto a renunciar à vida. E por isso é que muitos jovens consideram a segurança econômica como algo secundário, lançam-se em massa às profissões que os completam em termos de vocação e procuram realizar um trabalho importante e significativo.

Promover a auto-realização

Talvez uma das causas da agressividade, rebeldia e violência sem sentido seja a paulatina desumanização do ser humano por pressão de uma sociedade sem sentido e pela ausência de uma religião vivida no cotidiano. O progressivo desenvolvimento de novas sementes culturais acabou gerando no Ocidente uma civilização técnico-consumista.

Contra esse desumanizado meio existencial que só gera solidões humanas, levanta-se, hoje, o grito unânime das gerações jovens, clamando pela auto-realização acima de qualquer outro objetivo, conquista ou realização cultural ou tecnológica.

A maior responsabilidade por termos chegado a uma desumanização tão acentuada recai sem dúvida e em última instância sobre a educação. Esta, ao abdicar da sua verdadeira e essencial função de formar seres humanos, pela preferência dada a padronizar consciências, treinou gerações inteiras para responder a questões existenciais relacionadas a contextos sociais passados e caducos, negando-lhes em troca a preparação adequada para responder às verdadeiras indagações de seus respectivos ambientes vitais. Soma-se a isso o desmoronamento dos valores morais em conseqüência da despreocupação e da indiferença para com os valores do espírito. O ser humano sentiu em seu espírito aquele aguilhão que levou o anjo a dizer "não adorarei". Em nossos dias, essa tentação nem chega a acontecer. Atingimos uma fossilização de tudo o que é humano e eterno do que nossos antepassados nos legaram.

Incentivar a renovação espiritual

O progresso técnico não traz necessariamente a paz. Falharam as estruturas do espírito, o mundo da fé nos destinos eternos do ser humano. O fato está aí bem ressaltado, segundo Halperin: a característica dos tempos modernos é a angústia; a filosofia não é mais capaz de dar aos humanos esperança, resposta ao sentido da vida. É preciso ir mais além e pedir essa resposta à Teologia e à Revelação, que nada mais é que o próprio Cristo manifestado, revelado.

A renovação espiritual continua sendo a tarefa fundamental de nossa época e não poderá ser feita a não ser a partir das forças espirituais do cristianismo. Não basta purificar a fé, é preciso afiançá-la, para que se acelere o ritmo da vida integral do ser humano no mundo de hoje.

Ensinar a viver como pessoas

Um dos maiores desafios no sentido de preparar as novas gerações para extirpar a violência é, no campo da educação, ensinar a viver como pessoas. Nossa época reclama claramente uma urgência maior: ensinar e aprender a viver em sociedade. Essa tarefa exige uma revolução sociopsicológica e pedagógica que ainda está por se realizar. O horizonte educativo deve ser o de promover a autonomia do aluno, não só nos aspectos cognitivos, mas também em seu desenvolvimento moral e social.

Promover modelos adequados e ambiente saudável

A construção da paz apresenta-se, ao longo da história, como uma tarefa importante e ao mesmo tempo inacabada. A educação para a paz não é supérflua, nem algo acrescentado às tarefas educativas, mas uma necessidade e uma exigência fundamental para a convivência cívica entre os povos e para que cada pessoa possa encontrar o equilíbrio interior em meio à atribulação do mundo atual.

Por isso, uma educação para a paz deve envolver tarefas que levam à aquisição de hábitos individuais, sem esquecer que tem um papel essencial no processo de socialização. A escola tem uma clara função socializadora, pois transmite não só conhecimentos e informações, mas também normas e valores, já que responde à necessidade dos grupos sociais de ajudar seus novos membros. No que diz respeito à educação para a convivência e para a paz, a escola deve potencializar o respeito às normas ou regras de comportamento, transmitir conceitos básicos sobre a paz, a convivência e o desenvolvimento de hábitos, aptidões, estratégias, para proteger os direitos humanos de paz, convivência e solidariedade.

Um adequado processo de socialização do aluno traduz-se em uma mudança de comportamento; um adequado processo de socialização em relação à educação para a paz deve ter claras implicações na convivência diária.

De acordo com Bandura, outro aspecto que não pode ser esquecido e que se reflete com força na aprendizagem social e na educação para a paz é a aprendizagem por observação e por imitação de outros. Muitos dos modelos apresentados aos alunos, na sociedade atual, em forma de filmes, reportagens, notícias, vêm carregados de violência e acabam por incentivá-la.

A autêntica educação para a paz é aquela que se reflete na harmonia interior dos alunos como pessoas; só assim poderemos formar gerações que assumam com responsabilidade a tarefa de continuar a promover a paz.

Material pedagógico

Textos poéticos para interpretar e dramatizar

Não mais pam, pam, e sim paz, paz

Chega de violência, Senhor,
só paz e paz e paz.
Chega de torturas, meu Deus,
só amor de Natal.
Armas que troam: bam, bam.
Bombas que rugem: pam, pam.
Homens que clamam: ai! ai!
Vento que canta: paz, paz.
Jesus que sofre. Sofrer?
Um Deus que chora. Chorar?
Deus perdoa. Perdão?
Noite sem descanso. Prazer!
Entre guerra e guerra,
a dos homens e a de Satã,
bate em Belém, manso bate,
o sino da Paz.
Chega de violência e horror,
só domine a paz.
Chega de tortura e dor,
tudo amor no Natal.

(Pedro Anasagasti)

Bem-aventuranças da paz

Felizes aqueles que vivem em paz com o Senhor.
Felizes aqueles que têm paz na consciência.
Felizes aqueles que constroem a paz na família.
Felizes aqueles que semeiam paz entre os amigos.
Felizes aqueles que desejam paz aos inimigos.
Felizes os apóstolos da não-violência.
Felizes aqueles que conseguem expulsar a vingança.
Felizes aqueles que sabem perdoar.
Felizes aqueles que aceitam o perdão.
Felizes os vencedores que não se impõem.

Felizes os vencidos que não alimentam ódio.
Felizes aqueles que sabem que as guerras jamais são santas.
Felizes aqueles que acreditam que o consenso é possível.
Felizes aqueles que não escutam o diálogo de surdos.
Felizes aqueles que não falam a linguagem das armas.
Felizes aqueles que tentam compreender.
Felizes aqueles que têm fome de paz.

(Antonio Bellido Almeida)

5 A IMPORTÂNCIA DA EDUCAÇÃO PARA O TEMPO LIVRE

O que é tempo livre?

É difícil estabelecer um conceito para "tempo livre" em uma sociedade como a nossa, que avança aceleradamente para a comodidade, o progresso, a renovação de estruturas. Por isso, pode-se falar o mesmo de problema, tempo presente, risco, inquietude, fato, responsabilidade. Mas tempo livre é, acima de tudo, um compromisso educativo.

Pode-se até afirmar que antigamente os estudantes eram preparados para o trabalho. E, considerando todas as causas e as conseqüências da atual civilização do lazer, a instrução poderá continuar orientada para determinada profissão. No entanto, a educação deve preparar-se rapidamente para orientar as crianças para o tempo não-ocupacional, o tempo não preenchido pelo trabalho, o tempo em que o jovem pode enfastiar-se e atravessar o limite da delinqüência com espantosa facilidade.

Por isso, os pais, bem como os professores, devem tomar profunda consciência dessa situação e tornar possível aos filhos e alunos uma disposição afetiva e efetiva para os momentos muito prolongados de diversão, de expansão, de relação social e de entrega às próprias vontades. Os sociólogos e os educadores nunca sentiram tanto quanto hoje essa necessidade, porque a sociedade nunca contou, antes, com tantos bens nem teve sua atenção voltada para necessidades psicológicas mais prementes que as fisiológicas.

O fruto de uma adequada orientação do tempo livre é a felicidade a partir do equilíbrio da pessoa. E o preço do abandono dessa faceta educativa é o desequilíbrio, a delinqüência juvenil, as tensões familiares, a frustração social, o medo do futuro e a solidão.

Por outro lado, não é fácil estabelecer metas concretas a uma educação para o tempo livre, pois a diversidade dos temperamentos e das preferências é tão grande que as normas padronizadas para outros temas são inaceitáveis. Nem todos os filhos se divertem da mesma maneira e nas mesmas circunstâncias, porque os sexos, as idades, as preferências seguem caminhos paralelos. É conveniente ter isso em conta para conseguir diversificar as estratégias, mantendo sempre os mesmos objetivos e as mesmas finalidades.

Muitas vezes, a diversão dos filhos chega a ser um autêntico erro, com conseqüências imprevisíveis. Dispor de grandes recursos econômicos, proporcionar equipamentos caros e financiar projetos ambiciosos não garante a satisfação e a plenitude de ninguém. Algumas vezes, acaba levando ao vício do luxo, que deixa o espírito seco, cada vez mais exigente e freqüentemente atormentado.

Faltam aos pais estratégia e planejamento, intuição e acerto, respeito à natureza humana e conhecimento do filho para saberem orientar os descansos e os entretenimentos e para poder penetrar no mundo interior dos jovens, a fim de colaborar em seu desenvolvimento moral e espiritual.

Não é fácil nem difícil; é, simplesmente, comprometido e comprometedor. É conveniente perceber o que isso representa em todo o processo de formação da pessoa humana. E é importante lembrar que, na educação dos filhos, além de boas intenções, existe sempre a obrigação importante de acertar.

A educação do jovem através do trabalho escolar, da convivência social, das diversões ou da promoção espiritual é sempre mais uma questão de entrega, de tempo e de disponibilidade dos educadores do que de simples técnicas pedagógicas ou psicológicas. Isso deve estar sempre muito presente no coração e na memória de todos os pais que queiram exercer sua missão de educadores de modo adequado — tanto no lazer quanto no trabalho, vão precisar adaptar-se aos filhos para conseguir que a educação seja um elemento construtivo para sua colaboração e sua entrega.

É talvez mais nos momentos de lazer da vida do que nos trabalhos intelectuais da escola que os pais vão poder influenciar seus filhos mais de perto e de forma mais duradoura. É importante que reconheçam isso profundamente, a fim de que saibam procurar as maneiras mais convenientes de usar o lazer de modo a fazê-lo cada vez mais produtivo pedagogicamente.

Quando o entretenimento preferido dos pais é o mesmo entretenimento dos filhos, estará criado o clima fecundo e educativo no qual a eficácia brota quase imperceptivelmente e as pessoas crescem da mesma maneira que tudo cresce na natureza: com ritmo e naturalidade.

O tempo livre é uma das grandes conquistas do nosso tempo, embora não seja, ainda, preenchido adequadamente, porque não lhe damos a mesma importância que ao tempo útil. O verdadeiro sentido do tempo livre como "tempo para a liberdade" não consiste na liberação da atividade escolar ou da profissional, mas na liberação plena da pessoa, numa manifestação da totalidade de sua pessoa; por isso, tem autêntico e inestimável valor.

Então, podemos afirmar que o ócio é um dos valores mais significativos do nosso tempo, pois o sentido adequado do ócio está em aprender a utilizar o tempo livre de maneira enriquecedora e divertida, de tal modo que afete positivamente o indivíduo e o leve pelos atraentes caminhos da realização pessoal, da convivência pacífica e da harmonia na vida cívica. O ócio, portanto, vem a ser tempo de diversão, de descanso, de recuperação das forças e energias gastas em nossa atividade habitual. O ócio será ativo, enriquecedor, bem distante do simples "não fazer nada". Ele nos permitirá descansar de nossa ocupação habitual por meio da escolha livre e espontânea de atividades gratificantes que consigam satisfazer plenamente nossos interesses. Enfim, o ócio saudável, além de nos guiar pelos caminhos da realização pessoal, proporciona um equilibrado sentido de descanso, de recuperação de energias e de uma harmoniosa convivência social.

O adolescente distribui seu tempo em três áreas distintas: *atividade escolar*, *vida familiar* e *tempo livre*. São os três canais através dos quais recebe os estímulos que enriquecem sua personalidade. Por isso, os educadores devem aplicar o mesmo peso a esse terceiro veículo básico da educação: o correto emprego do tempo livre e o seu papel na tarefa de formar uma personalidade completa e harmoniosa. Temos, portanto, de preparar os adolescentes para cultivarem seus *hobbies*, temos de orientar suas diversões e evasões e temos de despertar neles o interesse pelo cultivo de habilidades culturais, artísticas, morais ou caritativas.

Os adolescentes necessitam de um tempo livre, em que possam escolher aquilo que mais os divirta, que mais gostem de fazer. Não são poucos os pais que cometem o erro de não dar a devida importância a um tema tão significativo como o da educação para o lazer. Será útil lembrá-los de que a brincadeira é a primeira disciplina do ser humano e que com essa atividade lúdica ele aprende bastante. Também será bom informar pais e educadores que educar para o tempo livre é uma disciplina em recuperação.

Para evitar o tédio

Nos dias de hoje, o tempo livre dos jovens e dos adolescentes, ao invés de constituir uma porta valiosíssima para o desenvolvimento da personalidade, acaba convertendo-se em uma realidade traumatizante, penosa e desagradável. Os adolescentes se aborrecem com excessiva freqüência. Poucas coisas dentro de casa despertam sua atenção. O de fora é sempre mais interessante. Culpá-los por serem assim é muito cômodo, mas não corresponde à realidade. Por que nós lhes demos tantas facilidades quando eram pequenos? Tiveram de tudo: conforto, dinheiro, permissividade excessiva. Acreditávamos que a melhor educação consistia em proporcionar-lhes coisas, oferecer-lhes conforto, evitar-lhes qualquer tipo de sacrifício. Agora percebemos nosso erro. Acreditávamos que era melhor deixá-los horas e horas na frente da televisão, enchê-los de coisas para que ficassem quietos, abandoná-los com brinquedos sofisticados.

Quando os adolescentes e os jovens se aborrecem é porque não têm um sentido educativo de lazer, porque não existem lugares adequados, porque a sociedade não lhes propicia meios para investirem seu tempo livre em alguma coisa positiva e realmente edificante para o desenvolvimento da sua personalidade. Paralelamente ao aumento do tempo livre, eles se encontram com uma alarmante falta de preparo para preenchê-lo de maneira enriquecedora. Pode-se observar em jovens de diferentes idades e procedências que é crescente essa sensação de aborrecimento, cansaço e tédio.

Os jovens se aborrecem porque não sabem organizar seu tempo livre, não têm um projeto de vida. Acredito que hoje ocorre um processo que não é exclusivo de nossos dias, mas que é visível na juventude: os jovens, já há muitos anos, vêm se entediando porque muitos deles, felizmente não são todos, não sabem organizar seu tempo livre. Para isso, é preciso traçar um plano, imaginar-se num tempo futuro. Apostar naquilo que se quer, por exemplo, daqui a dois anos. Muitos jovens não conseguem ter isso claro. Não sabem o que querem fazer. Em parte, isso é resultado de uma educação muito deficiente nesse aspecto. Alguns pais reclamam de que nas férias é pior, pois os filhos ficam em casa e não na escola e não sabem o que fazer com eles, porque também se sentem aborrecidos.

O tédio é uma doença muito esterilizante. Há um escritor que define o tédio com uma situação na qual a pessoa deixou de ser interessante para si própria. E, quando isso acontece, nada mais pode ser interessante para essa pessoa. Ela mergulha, assim, no aborrecimento, no fastio, na náusea. Como não consegue conviver consigo mesma, essa pessoa procura a alienação em uma atividade que a impeça de pensar em si. E aí vem o consumo de bebidas alcoólicas, de drogas, de sexo... Porque é penoso para a pessoa pensar em si mesma...

No entanto, os programas e festas representam um grande risco psicopatológico para aqueles que escolhem esse tipo de vida, pois levam à inversão do ritmo sono-vigília, à ausência de exercícios ao ar livre e da prática de algum esporte e ao aumento das chances de incorrer no consumo de drogas. Além disso, esse ritmo de vida pode contribuir para o aumento da possibilidade de se contrair alguma doença por contágio sexual, em conseqüência do fácil e freqüente consumo de sexo, nesse contexto. Este costuma ser o panorama mais comum, ao qual deve-se acrescentar a falta radical de comunicação em que se encontram esses jovens.

Vale lembrar, ainda, que os lugares freqüentados por adolescentes e jovens têm elevado nível de decibéis, o que dificulta a conversação normal. E, quando não existe vínculo entre as pessoas, é pouco provável que elas se enriqueçam nesses ambientes. Entretanto, a juventude de hoje é mais diversificada que a das gerações anteriores, devido ao fato de que a liberdade individual é um valor em alta, muito respeitado socialmente.

O educador precisa ser cada vez mais um orientador de atividades, um animador de pessoas, um conselheiro nos problemas, um apresentador de ideais, um impulsionador de inquietudes e um modelador de pessoas. Os professores e os pais não devem planejar o lazer dos jovens como uma tarefa de segundo plano. É um erro imaginar que tudo — ou o principal — consista em passar de ano. A verdade é que a maioria de nós, educadores, dá as costas para o lazer dos jovens — em parte por pura e simples omissão, mas também por falta de habilidade em proporcionar a eles um ambiente isento de tédio.

O valor das atividades esportivas, culturais e de entretenimento

O descanso do adolescente deve ser compatível com atividades capazes de distraí-lo e de despertar nele diferentes hábitos criadores. O tempo livre deve ter um caráter de higiene mental, recreativo, cultural, artístico, social e espiritual. Trata-se de toda uma gama de atividades cuja finalidade é aperfeiçoar o adolescente, torná-lo mais livre, ensinando-o a ser e a sentir-se mais livre.

A atividade esportiva é uma fonte contra a violência, uma ajuda ao desenvolvimento harmonioso do corpo, porque fortalece o organismo e torna os jovens mais úteis e capazes para toda a vida. Mas também forma o caráter, exercitando a força de vontade, a disciplina, a abnegação, a sobriedade, o espírito de iniciativa e tantas outras virtudes indispensáveis na formação do jovem. A atividade esportiva tem muito de diversão e ao mesmo tempo de autodomínio e de disciplina; por isso, serve de elo entre o jogo lúdico da criança e o dever do adulto.

O esporte é uma das atividades mais proveitosas e saudáveis para os jovens e adolescentes. E não estou me referindo ao esporte de competição, mas ao esporte como atividade lúdica, agradável. Vale lembrar que o esporte:

- desenvolve a capacidade de trabalhar em equipe, em colaboração, na busca de um objetivo comum;
- incentiva o espírito de sacrifício e dá sentido positivo ao esforço e à luta;
- ensina a ganhar sem humilhar e a perder sem frustrações;
- estimula o empenho pela superação pessoal;
- incentiva o companheirismo sadio, bem como uma boa quantidade de virtudes como a coragem, a justiça e a solidariedade;
- tonifica e engrandece a alma e revigora o corpo;
- dá energia à vontade e boa aparência ao corpo.

O esporte é um antídoto eficaz contra a vida acomodada e doentia. No fundo, é a verdadeira escola da personalidade, já que sempre há "mente sadia em corpo são", o famoso *mens sana in corpore sano*. Se o tempo livre é aquele à nossa disposição depois que cumprimos nossas obrigações profissionais, sociais e familiares, temos a obrigação de restabelecer nele nosso equilíbrio físico e psíquico pessoal, ou seja, converter o tempo livre em criatividade. Tempo de exigência pessoal, tempo de perfeição, de convivência e de amor, "lá onde nenhum cansaço deterá o fervor e nenhuma necessidade obrigará a trabalhar. Estaremos de férias e veremos e amaremos e louvaremos".[1]

---

[1] Agostinho, santo. *De civitate Dei*. 22.30,5.

Afinal, o tempo livre não existe só para esquecer os problemas ou dissabores do trabalho ou do estudo. Não é uma evasão da realidade. Se assim fosse, levaria a pessoa a esvaziar-se de si mesma num devaneio. O jovem se aborrece porque recebe tudo pronto, porque não consegue encontrar nenhum interesse na ação e porque vê sua potencialidade criadora cada dia mais enfraquecida. É um grave erro entregar tudo pronto às crianças, aos adolescentes e aos jovens. Estes são os que reagem mais fortemente a essa grave falha pedagógico-psicológica.

Toda atividade produz um desgaste, um cansaço; mas, quando essa atividade é realizada em condições de competitividade, rivalidade, pressa, agitação e pressão, produz um estado de tensão e estresse. A vida moderna caracteriza-se pela tensão e estresse constantes. Essa tensão provoca dois graves males ao ser humano, um psicológico e outro fisiológico. Os estados de tensão fazem perder o controle e o equilíbrio da personalidade e alteram as funções fisiológicas do organismo. E os conflitos pessoais na relação humana derivam do descontrole e do desequilíbrio. Por isso, eliminar os estados de tensão significa eliminar as causas de muitos conflitos e problemas na convivência humana e também evitar as causas da agressividade e da violência.

Como eliminar os estados de tensão? Há dois caminhos: fugir da vida agitada e recolher-se na solidão, mantendo-se em contato somente com a natureza, ou eliminar as tensões acumuladas através de atividades que repousem o corpo e a mente.

O repouso físico e mental é acessível a todos; além de acalmar o sistema nervoso, abre um caminho para chegar à profundidade do nosso subconsciente, onde foram gravadas tantas programações de temor, medo, desconfiança, rancor, impotência, egoísmo etc. e todo tipo de elementos negativos que, inconscientemente, conduzem nossa vida. Por isso, para mudar esses hábitos negativos, é preciso chegar até onde estão enraizados e arrancá-los. Você tem de lutar contra algumas idéias e imagens intrusas que, sem perceber, foram penetrando e assentando-se dentro de sua mente e estão de tal maneira disfarçadas que você acredita que essas idéias, essas imagens de você, sejam você mesmo.

Todos nós precisamos mudar alguns comportamentos, como a irritação fácil, a impaciência, o egoísmo, a tendência à vingança e a preguiça. O ser humano continuará sendo um indivíduo com necessidades existenciais, um ser cujo afetivo condiciona fortemente seu comportamento e um ser positivamente agressivo, porque tem de crescer adaptando-se a sistemas adversos.

No entanto, quando a agressividade nasce como último reduto na defesa de nossas idéias ou como última tentativa para salvar o que consideramos subjetivamente vital, só faz piorar a ferida e provocar a cisão, quase sempre de tipo esquizóide, entre nossa vida íntima e a vida que projetamos à nossa volta. Essa é a agressividade destruidora que não deve existir; deve-se procurar sua possível solução ou compensação, diluindo no tempo e nas circunstâncias de cada dia o que as próprias circunstâncias, os seres humanos e a sociedade desumanizada produziram no plano afetivo e motivacional.

Daí a importância de utilizar o tempo livre como tempo de esporte e de diversão; tempo de viagens, acampamentos, excursões; tempo de atividades culturais, como música, leitura (pessoal ou em grupo), teatro; tempo de criação de cineclubes, de organização de festas e de diversões, de promoção de atividades ao ar livre. Sem dúvida, o campo é infinito e parte de centros de interesse dos próprios adolescentes. Preencher o tempo livre é a terapia mais eficiente para a superação de problemas e conflitos. É um meio eficaz de diluir a agressividade que vai se acumulando na vida cotidiana e que pode explodir em violência. Por isso, fazer um balanço do próprio tempo é sempre eficaz para formar a si e ao jovem como um ser livre e não escravo de forças cegas.

Os pensamentos negativos envenenam a mente e fazem surgir nossa incoerência. O esporte oxigena o corpo, melhora a atitude interior, o estado de espírito. A ocupação do tempo livre com atividades esportivas permite limpar a mente de inquietações inúteis, de sentimentos obscuros, de intenções falsas e destrutivas. Mente doentia, pensamentos deturpados, nebulosos, odiosos, egoístas e mal-intencionados fazem mal ao corpo e à alma. Por isso, a atividade esportiva durante o tempo livre é tão útil. Ela nos levará à harmonia conosco e com os demais. Só quem vive cada momento do dia em paz consigo mesmo e com os demais pode trabalhar pela paz e contra o estigma da violência em nossa sociedade.

Para compreender a diversão

A diversão é um uso do tempo livre que pode frear a epidemia de violência, contribuir para a diminuição da agressividade latente que se carrega na atribulação da vida, incentivar a comunicação e o diálogo, encurtar distâncias e abrir novos horizontes de comunicação, diálogo e fraternidade: *pode ser o antídoto mais eficaz contra a violência.*

No entanto, muitos pais sentem-se com razão preocupados ao observar que os filhos adolescentes não sabem se divertir. Perguntam-se o que será que eles fazem às sextas-feiras e aos sábados até altas horas da noite, em meio a uma música ensurdecedora, dançando ou sentados apenas. Não convém, é claro, caricaturizar a situação, nem muito menos pensar que todos os jovens passam horas e horas sem fazer nada.

Acontece que os jovens de hoje saem porque querem ficar o maior tempo possível fora de casa, não porque querem algo concreto, mas porque é noite e ela tem por si só, para eles, uma sedução especial; é a noite da liberdade. E saem para beber, embora, curiosamente, durante a semana não sejam problemáticos nem difíceis. Nos dias úteis, estudam e trabalham normalmente; enfim, "batalham", como eles mesmos dizem, para no final de semana "compensar". Consideram a saída noturna como libertação. Trata-se da "cultura da noite". A maneira de beber também mudou; procuram sair e beber bem rápido para atingir um certo nível de embriaguez que fique sob controle. Depois, o objetivo é passar a noite procurando manter a situação; ou seja, continuar com aquele grau de euforia que o álcool dá, por algumas horas. A única coisa que interessa a esses jovens é a noite, é beber em companhia de um grupo de pessoas com as quais sentem-se bem. E é exatamente nessa "cultura da noite e do álcool" que os jovens acabam se iniciando no consumo das drogas ilegais.

Diante de uma situação desse tipo não cabem medidas drásticas nem repressivas. Os pais com pouca sensibilidade diante do problema da bebida e tolerantes demais sentem-se incapazes de encarar e discutir o problema com os filhos, uma vez que se vêem cada dia mais chantageados por eles. A única solução é estabelecer um processo de sensibilização, para que os jovens entendam os perigos do álcool. A juventude está atravessando um momento de crise porque se deparou com uma mudança radical quando chegou à vida real. Por isso, os jovens de hoje encontram-se um pouco desnorteados.

As saidinhas noturnas, ou sextas-feiras sociais, em alguns países degeneraram em diversões que conduzem à destruição pessoal, à degradação mais desenfreada. São milhares de jovens que não dormem o final de semana todo, misturam bebidas com comprimidos que provocam sonhos, alucinações e excesso de atividade. O consumo dessas substâncias químicas dá uma aparente segurança, completamente fictícia, por exemplo, na direção do automóvel, pois o motorista tem dificuldade de calcular as distâncias e seus tempos de reação.

Sempre haverá excessos e sempre existirão pessoas irresponsáveis. Verdadeiramente grave não é a ocorrência de casos estranhos; estes sempre ocorrerão e também ocorreram em todas as épocas. O lamentável é que se aplaudam publicamente os que violam as leis morais, apresentados, em não poucas ocasiões, como pessoas modernas que se libertaram dos preconceitos do passado.

Quando a vida do jovem é transformada numa roda viva sem sentido, um certo ar de tédio envolve seu conceito de diversão: mínimo esforço e muita passividade. O vazio interior do jovem torna-se tão grande que ele necessita de alguém ou de algo que o divirta. O próprio ambiente que freqüenta transmite evasão, fuga da realidade, passividade, omissão, e juntam-se a isso o consumo de drogas, de bebidas alcoólicas fortes, de relações sexuais precoces, a imaturidade e a superficialidade.

Os pais não podem continuar na indiferença e no abandono. Devem educar melhor a consciência dos filhos. Devem falar com clareza e sem medo com os filhos. Devem exercer seus direitos e exigir os deveres dos filhos. Não pode haver relaxamento de funções, nem abandono de responsabilidades[2].

Objetivos e estratégias para educadores

O tempo livre não deve ser um tempo perdido; deve ser um tempo no qual possamos descobrir facetas novas que permitam desenvolver as aptidões que, em função do estudo ou do trabalho, ficaram em segundo plano. Os meios de comunicação de massa sempre marcaram uma presença importante na sociedade humana, com especial ênfase no mundo dos jovens, uma vez que de alguma forma sempre fazem parte do tempo livre deles. No entanto, esses meios algumas vezes são deixados de lado pelos jovens, especialmente por aqueles que preferem ser eles próprios os protagonistas de suas diversões.

O tempo livre é também um momento apropriado para festas. A festa é o tempo livre por excelência, porque nela se quebra a cotidianidade; é um encontro de união e de comunicação. Um ambiente de festa é capaz de dissipar conflitos violentos, pois elimina os fatores individuais que podem contribuir para a proliferação de atitudes agressivas entre as pessoas, já que a violência floresce onde reina o desequilíbrio entre aspirações e oportunidades.

A melhor maneira de os pais lutarem contra a violência é cultivar e desenvolver nas crianças valores morais, como o amor correspondido, a autoestima, a generosidade, a capacidade de amar e crescer protegidos e estimulados pela aceitação, pela segurança, pela confiança e pelo amor. Quando esses filhos tornarem-se adolescentes, seu tempo livre irá se transformar não em estado de banalidade e tédio, mas em uma oportunidade para a diversão, para a recreação do seu dinamismo vital. Já dizia Chesterton que o divertido não é o contrário de sério e que divertido é o contrário de aborrecido, só isso. Sem dúvida, uma juventude alegre, ocupada, capaz de preencher o tempo livre com agradável atividade converte-se em uma juventude feliz e é a melhor garantia para se alcançar a paz no mundo atual.

Um dos objetivos fundamentais da educação para o tempo livre deve ser o de ensinar a utilizar o tempo livre para enriquecer a própria personalidade e para desenvolver a habilidade de se comunicar num mundo caracterizado pelo individualismo e pela falta de comunicação. Assim, a educação desse novo valor da sociedade atual nos levará a descobrir o que há de positivo e valioso na diversão saudável e digna, isenta da loucura que tem levado tantos jovens à mais profunda degradação, não só no plano cultural como também nos planos moral e social.

---

[2] CF. IZQUIERDO MORENO, C. *Escuela de padres*; curso de orientación familiar. 3. ed. Madrid, Editorial P.S., 1994.

Pais e professores precisam ter sempre presente que os meios de comunicação, com o forte impacto de suas notícias e mensagens, intervêm no mundo das aspirações e dos desejos, criando conflitos e tensões muito sutis no próprio interior da pessoa. Diante da publicidade que provoca o consumo e cria novas necessidades cada vez mais sofisticadas, aumentam o desassossego, as tensões interiores e a busca por um espaço de evasão. O final de semana, diante dessa situação, representa um intervalo de liberdade em que é possível perceber que o tempo livre é uma oportunidade privilegiada, na qual o adolescente e o jovem podem encontrar-se consigo mesmos, além de se refazerem das agressões impostas pelo meio social, pelo trabalho ou pelo estudo.

É preciso que os educadores — pais e professores — estejam atentos, também, para não confundirem tempo livre com ociosidade. Esta nada mais é que uma perspectiva negativa do ócio, equivalente a "não fazer nada", a "matar o tempo". É preciso afirmar a dimensão positiva do tempo livre. Em geral, todo o sistema educativo (programas, professorado, bases teóricas, escolas, avaliações...) tem como foco preparar o jovem para tornar-se socialmente produtivo. Existe bem pouca preocupação em ensinar a viver o tempo livre de maneira positiva. No entanto, é urgente e importante que os educadores reconheçam o problema, pois a angústia juvenil pode lançar suas raízes na utilização negativa do tempo livre.

É comum a preocupação dos pais concentrar-se — com relação aos filhos — na obtenção de resultados acadêmicos positivos — o resultado nas notas. Mas o ser humano tem algo mais, além de neurônios. E, às vezes, a fonte dos maus resultados é a própria atitude obsessiva dos pais. Uma adequada organização e aproveitamento do tempo livre em casa certamente favorecerão resultados melhores.

Na escola, uma educação em que se pretende um bom uso do tempo livre, é importante, em primeiro lugar, determinar que atitudes convém estimular, para que os educandos possam beneficiar-se das possibilidades normativas desse tempo, evitando os riscos que citamos anteriormente. Essas atitudes seriam, fundamentalmente, as seguintes:

- Manter os alunos sempre ocupados com atividades que visem a algum fim. Evitar a ociosidade.

- Estimular a fazer direito tudo o que os alunos fizerem durante o tempo livre, isto é, a fazer o melhor que puderem. Trata-se de evitar a falta de dedicação, de auto-exigência e de existência de duas morais: uma para o tempo de trabalho e outra para o tempo livre.

- Agir com imaginação, iniciativa e autonomia pessoal na escolha de atividades renovadas e relacionadas com os interesses dos alunos. Assim, será possível evitar a realização automática de atividades que podem estar sendo impostas de fora e também o problema do aborrecimento.

- Ter sentido crítico e critério pessoal para poder distinguir as atividades benéficas das atividades prejudiciais para a própria formação.
- Deixar uma ampla margem para a iniciativa pessoal do aluno ou a do grupo, pois tudo o que vem preestabelecido perde uma das suas características mais essenciais. Para poder conseguir isso, os educadores têm, primeiro, de avaliar se também não sabe se divertir ou divertir-se com os jovens.

Estratégias — alguns tipos e seu valor

Não há dúvida de que o campo é infinito, inclusive partindo dos centros de interesse dos próprios adolescentes, mas pode-se sugerir algumas estratégias.

Contato com a natureza

- Acampar representa uma situação afetiva diferente da que ocorre na vida cotidiana, mais rica em contatos humanos, mais espontânea... E propicia o cultivo de uma postura de limpeza e de iniciativa.
- As atividades de contato com o campo são inesgotáveis: caminhadas, escaladas, competições, momentos de contemplação, jogos...

Excursões e viagens

- O êxodo é uma necessidade do ser humano atual. É muito importante para formar o espaço psíquico do jovem.
- Utilizar o tempo livre com excursões e viagens pressupõe um alargamento do horizonte cultural humano, educa o espírito de observação, tão amplo em detalhes e possibilidades.

Jogos e esportes

- O jogo é uma escola de valores para os alunos quando o educador elimina a competição sistemática e passa a cultivar seus aspectos mais positivos; pode desenvolver a inteligência, a imaginação e a ascese pessoal.
- O esporte é uma exigência da vida moderna que todo espírito nobre e generoso deve praticar; existem esportes adequados a determinadas idades, outros nem tanto. Por isso, é muito importante uma prévia capacitação do educador.

Atividades culturais

- A música em sua dimensão passiva, de escuta e de sensibilização.
- A música como auto-expressão, como linguagem.
- A leitura pessoal ou em grupo, como a de textos de dramartugia (teatro lido).
- O teatro como caminho de expressão pessoal, como socialização ao criar relações entre os atores e o público.

Cinema e televisão

- São atividades importantes em uma "civilização da imagem" como a atual.
- Pode-se propor a criação de cineclubes e cursos de formação para estudo da imagem.

Organização de festas e diversões

- Promover atividades que correspondam aos interesses e preferências dos jovens (lembrando que muitas vezes os adultos organizam festas que não têm interesse para os jovens).
- Despertar e cultivar a iniciativa para que os jovens possam preencher por si mesmos o tempo livre.

Criação de grupos

- Respeitar ao máximo o grupo natural e seu funcionamento espontâneo, que provavelmente será misto.
- O grupo é uma possibilidade para experienciar todo tipo de atividades.

Orientações aos pais

A preocupação dos pais com relação ao bom aproveitamento do tempo livre dos filhos deve traduzir-se em uma atuação que respeite algumas normas, como as que se seguem.

- Ensinar os filhos a escolher atividades, oferecer-lhes possibilidades de fazer coisas, sempre respeitando as preferências pessoais.
- Controlar de alguma maneira o uso que os filhos fazem do tempo livre, direta ou indiretamente. Manterem-se sempre informados sobre onde estão, o que estão fazendo e de que maneira o fazem. Uma possibilidade bastante construtiva é, por exemplo, desfrutar juntos, pais e filhos, de alguns momentos livres.
- Fazer planos com os filhos em torno da realização de atividades com finalidades previstas. Esse planejamento e controle não deve impedir que os filhos tenham oportunidades freqüentes de se ocupar com outros tipos de atividades não organizadas ou informais.
- Buscar um equilíbrio entre o tempo de trabalho e o tempo de descanso (levando em conta as circunstâncias que se dão em cada caso: idade, rendimento escolar etc.).
- Dar aos filhos a oportunidade de participarem da realização das tarefas familiares (por exemplo, propondo a eles algumas tarefas, periodicamente).
- Dar aos filhos a oportunidade de se ocuparem, durante o seu tempo livre, com alguma outra modalidade de trabalho que seja diferente da atividade do estudo.
- Exigir que os filhos se empenhem na execução e finalização de todas as tarefas que vierem a empreender. Propor-lhes que façam poucas coisas, mas bem, em vez de muitas, e mal.
- Ensinar os filhos a controlar e fazer bom uso do dinheiro. A virtude da sobriedade é muito importante nessa idade e na época atual (risco das diversões comercializadas e do consumismo exacerbado).

Material pedagógico

Questões para autoconhecimento

Área de diversão e entretenimento

1. Relacione em ordem de importância as suas principais diversões, como ir ao cinema, reunir-se com a turma em um bar, dançar, assistir tevê etc.
2. Das diversões que você relacionou, quais considera diversão verdadeira e não um mero passatempo?
3. Como você emprega seus momentos livres nas férias, quando fica em casa? Você tem algum *hobbie* especial ou fica terrivelmente entediado?
4. Na sua opinião as diversões são necessárias? Por quê?
5. Você concorda com a afirmação de que seus momentos livres são o melhor teste para conhecer quem você é? Por quê?
6. Você tem um critério seu, pessoal e cristão, para escolher diversões e formas de convívio com outros jovens?
7. Você já ouviu a expressão "ócio criativo"? Que idéia tem a respeito?
8. Que diversões você considera melhores para a sua formação cristã: ouvir música em casa, ler, trocar idéias com os amigos, viajar, ir ao teatro ou ir ao cinema?
9. Você participa de algumas diversões ativas no plano apostólico?
10. Faça uma pauta de seus compromissos concretos com diversões; defina a freqüência, o dinheiro e o tempo que você destina a essas atividades. Depois, compare sua pauta de diversões com a de seus colegas de turma e conversem a respeito.

Esporte

1. Na sua opinião, toda atividade esportiva serve para quê? Relacione três vantagens e três desvantagens.
2. Quais esportes são de maior interesse e importância para você? Faça uma lista deles em ordem de importância.
3. Que atitude você observou nas pessoas mais velhas diante do seu esporte preferido: indiferença, entusiasmo ou aversão?
4. Na sua opinião, quem é o verdadeiro esportista: aquele que tem habilidade em determinado esporte ou aquele que pratica um esporte estimulado pelo prestígio e pelo dinheiro?

5. Você se considera um esportista ou um espectador? Dedica mais tempo a praticar esporte do que a assistir competições esportivas?

6. Na sua opinião, a escola deveria dar ao esporte maior ou menor importância do que é dada? Por quê? Deveria dar a mesma importância que dá às atividades intelectuais, culturais e espirituais?

7. Em que o esporte impede ou ajuda alguém a ser um bom estudante? Existe algum perigo de exagerar no esporte, subordinando a essa atividade o bem dos indivíduos, o prestígio do colégio e a vitória nos campeonatos?

8. O esporte deve ser um meio, um fim ou um passatempo? Por quê?

9. Você acredita que o esporte capacita o jovem a ser um cristão melhor? Ou tem algumas limitações?

10. Na sua opinião, por que, nas universidades, a maioria dos alunos não pratica nenhum tipo de esporte e no ensino médio muitos já trocaram o campo de futebol por bares e cinemas? Discuta essa questão com a sua turma.

6 SOBRE A EDUCAÇÃO EM VALORES

A vinculação dos valores com a educação é um tema clássico em pedagogia, já que os valores estão efetivamente incluídos na problemática relacionada aos fins da ação educativa. Pelo lugar que ocupam na realização da pessoa e no desenvolvimento da personalidade humana, os valores devem ser considerados de maneira central e sistemática na ação educativa.

Nos últimos anos, os educadores tomaram mais consciência do significado e da transcendência da relação valores–pedagogia. O V Congresso Mundial de Ciências da Educação, celebrado no mês de julho de 1981, em Quebec (Canadá), teve como tema *A escola e os valores*, em resposta ao crescente interesse por esse problema tanto no plano político quanto no científico e pedagógico. Palestrantes das mais diferentes culturas e países expuseram suas idéias em torno do sentido profundo dos valores para a educação e seu significado diante da crise de identidade que sofre o ser humano contemporâneo. Em vários momentos, destacou-se o fracasso da civilização ocidental devido à limitação e à insuficiência de valores produzidos pelo progresso científico e tecnológico. Constatou-se a necessidade de buscar a sabedoria, que não é a mesma coisa que acumular conhecimentos, pois consiste na busca de respostas para as indagações mais profundas do ser humano, ou seja, nos valores que precisam ser realizados na vida para esta não cair no vazio e no absurdo.

No campo das ciências da educação, hoje em dia não se questiona mais se existe relação entre educação e valores ou se é preciso educar em valores, pois ninguém pode viver sem valores, e tampouco é possível educar sem eles. Segundo Landsheere, nenhuma educação é possível sem que a noção de valores seja central nela e nenhum projeto educativo pode ser realizado sem que um plano de educação em valores ocupe um lugar central[1].

O questionamento nuclear é: Em que valores educar? Como educar em valores? Em quais princípios e fundamentos baseiam-se os critérios de escolha dos valores e da metodologia para educar em valores?

Em que valores educar

A questão "Em que valores educar?" remete necessariamente ao tipo de ser humano que se deseja formar, pois a escolha de um ou de outro valor determinará personalidades diferentes. A resposta a essa pergunta representa uma opção ideológica entre as diversas teorias antropológicas, que oferecem um mundo extremamente complexo de idéias, impossível de sintetizar.

---

[1] Cf. LANDSHEERE, G. *La formation des enseignants demain*. Paris, Casterman, 1976. p. 129.

É um fato que existe uma "verdade do humano": existem alguns valores do homem e da vida humana. A própria definição de valor, no sentido antropológico, faz menção ao que aperfeiçoa ou faz ser mais um determinado ser. Valores humanos são aqueles que fazem o homem ser mais autenticamente homem. Mas nem todos os indivíduos chegam à mesma captação de valores. O conhecimento humano está condicionado por circunstâncias históricas e culturais que determinam boa parte de seus processos. No que se refere ao processo de valorização, A. Korn descreve assim esse condicionamento:

> A valorização é um processo complexo, no qual participa o conjunto das atividades psíquicas, em proporções variáveis até sintetizá-lo em volição. A análise psicológica pode apontar a participação dos impulsos biológicos mais elementares, das apetências mais instintivas, da sensibilidade mais refinada, da reflexão mais prudente, das reminiscências mais remotas, da fé mais obstinada, da visão mais idealista ou mística; ao fim, tudo se resume no ato de valores, no movimento da vontade que aprova ou repudia. Influem no ato de valorização o momento histórico que nos coube viver, o ambiente coletivo — gremial, étnico, cultural — que nos envolve, os traços de nosso caráter mais ou menos gregário; finalmente, na valorização intervém um fator pessoal, escorregadio, inacessível a qualquer coerção lógica. [2]

A sistematização de um conjunto valorativo próprio de um grupo ou de uma cultura dá lugar às ideologias que, relacionadas ao homem, são os diferentes humanismos ou antropologias. Assim, qualquer instituição educativa trabalha implícita ou explicitamente sob a inspiração de determinadas idéias ou princípios que pressupõem um conceito de valor e a adesão a alguns valores.

É importante que os professores e as escolas conscientizem-se do que estão fazendo em sua prática educativa com relação aos valores. Queira-se ou não, educa-se sempre sob o signo de um conceito determinado do ser humano e de um modelo social. Existe, *a priori*, um conjunto de valores implícitos na organização, no sistema e na metodologia escolar utilizada. É preciso reconhecer o sentido da própria ação, isto é, do projeto histórico ao qual se está servindo.

No momento presente, as grandes maiorias exigem uma educação orientada para as mudanças. E os sistemas educativos precisam responder a essa necessidade na perspectiva da educação em valores, estabelecendo propostas básicas voltadas para a realização destas duas linhas de ação: Que característica deverá ter a educação em valores para que possa ser um fator efetivo de mudança pedagógica e social? Em que aspectos a reflexão filosófica sobre a libertação, feita pelos pensadores, pode contribuir para isso?

---

[2] KORN, A. Axiología. In: *Obras*. Madrid, Universidad de la Plata, 1938. v. I, p. 129.

Como alguns observadores já expressaram — até mesmo em termos mundiais —, estamos em uma corrida entre a força e a educação. Se a educação não cumprir seu papel, a mudança virá pela força. Uma escola orientada para a formação de cidadãos, para uma sociedade justa e solidária, tem de estar consciente dos meios que utiliza para formar adequadamente a maioria, de maneira que dela possam emergir os melhores, como agentes da política, e de forma que todos possam ter atitudes de participação e critérios para julgar o poder e avaliar o panorama social e educativo de cada país.

Os critérios para exercer o poder com justiça ou para julgar o poder são determinados por valores como a liberdade, a participação, a paz, a concórdia, a solidariedade e outros comumente aceitos. Mas uma educação para a mudança não requer apenas a formação em valores relacionados com o político-social. É preciso pensar em novos sistemas educativos nos quais os valores da pessoa e da comunidade sejam finalidades e objetivos realmente alcançáveis; sistemas que levem em consideração os valores gerados na própria organização escolar e que estabeleçam princípios metodológicos coerentes com as disposições, atitudes e qualidades que se deseja alcançar.

A liberdade é um dos valores mais importantes no ser humano. Educação e liberdade também são duas palavras que costumamos empregar juntas. Com razão, também. Porque expressam duas ações intimamente relacionadas, parcialmente coincidentes, radicalmente idênticas. O ser humano pode ser educado porque é livre e pode ser livre porque foi educado; só se educa o homem libertando-o; só se liberta o homem educando-o.

Libertar-se é possuir-se de forma mais completa, ter uma personalidade melhor, com a qual se atinge um ser mais pleno, mais firme e mais seguro. Talvez o conceito mais profundo de educação seja o que a apresenta como um processo de ajuda ao ser humano, a fim de capacitá-lo para formular e realizar seu projeto pessoal. Se a educação é, em sua forma mais perfeita, a realização de si mesmo, só é possível nas situações nas quais a consciência moral é ativa. O fundamento real de educação está juntamente no ser pessoal do homem, nessa situação de dignidade com relação aos simples objetos, que o tornam um ser singular, solidário e livre.

Do ponto de vista social, os valores podem ser considerados uma conquista histórica que os seres humanos foram deduzindo no decorrer de sua própria história, de suas experiências e das relações interpessoais, para depois formulá-los de maneira categórica e com caráter de universalidade. A história não é um sistema racional e sim a vivência intensa que se tem de estar existindo com os outros e em determinada situação. E entre nós e o absoluto ao qual nos inclinamos há mediações, maneiras de ser e de agir que nos transcendem. Os valores exercem essa função mediadora de aproximações ao absoluto. Os subjetivistas afirmam que o valor está relacionado com o agradável–desagradável mas, sempre que esse critério torna-se exclusivo, mostra-se insuficiente.

A escola fenomenológica de Max Scheler e Nicolai Hartmann, em sua tentativa de transformar os valores em utopia alcançável, considera-os ideais de vida e objetivos na busca de plenitude. Assim, a fidelidade conjugal será sempre um valor, mesmo que as pessoas concretas não o considerem como tal. É significativa a afirmação de Spranger de que os valores são os alvos para os quais os seres humanos dirigem os dardos de suas ações.

Como educar em valores

A educação em valores requer uma metodologia complexa que leva em conta desde os estímulos valorativos que se oferecem ao estudante até a reflexão sobre o ser humano e o seu destino.

Estudos da antropologia cultural demonstraram que muitos dos comportamentos da pessoa têm origem em sistemas subconscientes que o indivíduo forma ao longo da vida, cujos componentes são o valor e a atitude, e sua origem, em grande parte, é determinada pela cultura.

Processos e sistemas

Enquanto elementos dinâmicos do comportamento tomados em conjunto, os sistemas valor–atitude formam uma configuração estímulo–resposta que pode servir de fundamento para muitos modelos de comportamento explícito, proporcionando a cada um deles uma motivação. A importância funcional desses sistemas valor–atitude provém essencialmente do seu conteúdo afetivo. Os comportamentos podem satisfazer ou produzir rejeição conforme estejam ou não de acordo com o sistema pessoal[3].

Nessa mesma linha expressa-se G. Simpson, ao afirmar que os valores têm um significado nas histórias vitais dos indivíduos, e que as reações de valor dos indivíduos em uma cultura não podem ser analisadas de modo adequado sem se levar em conta as histórias vitais. Os valores, como expressões de histórias vitais, têm profundas raízes na estrutura da personalidade[4].

O profundo significado dos valores na personalidade obriga-nos a fazer muitas considerações antes de decidir sobre o modo de contribuir na formação para uma mudança a partir dos valores.

O meio ambiente cultural — que inclui os sistemas educacionais vigentes — influi de modo inexorável sobre

---

[3] Cf. Linton, R. *Le fondament culturel de la personalité*. Paris, Dunod, 1969. p. 100.

[4] Cf. Simpson, G. *O homem na sociedade*. Rio de Janeiro, Bloch, 1967.

as crianças, os adolescentes e os jovens para que assimilem a maneira burguesa de ser e sua correspondente estima pelos "valores de posse": dinheiro, consumo, *status*, conforto, bem-estar, tranqüilidade, segurança... Milhões de educadores, de famílias e de meios de comunicação de massa estão se empenhando para formar adultos para o sucesso.

Uma educação nos valores da pessoa, uma educação para a mudança, deve ter como principal objetivo a superação de limites e condicionamentos impostos pela cultura. É preciso colocar os alunos em condições de decifrar o passado e de criar o futuro, de pensar em um projeto histórico para seus povos, como foi destacado pela filosofia da libertação. Aqui aparece, com força, a problemática do *significado social do aprendizado* que Salvador Moreno colocou em destaque em sua palestra de 1982, no First International Forum on the PCA, no México[5].

Em outras palavras, é preciso zelar para que o aprendizado significativo não seja uma introjeção da ideologia dominante. Considerando que o discernimento dos valores é um processo individual e que só quando a pessoa vivencia um valor é que este de fato existe para ela, a atenção ao processo de valorização será fundamental dentro de um enfoque abrangente da educação em valores. Não é possível a valorização pessoal sem uma consciência de escolha livre e comprometida, motivo pelo qual será tarefa básica e prioritária favorecer os dinamismos da personalidade que levam à autonomia, à experiência de ser pessoa.

É preciso um grande equilíbrio para não cair na normatização metodológica nem na relativização de conteúdos. Por isso, uma educação em valores que seja abrangente, integral, necessita também de programas e experiências que possibilitem a instrução naqueles valores que sejam de fato aceitos como tais dentro daquela determinada cultura. Com isso, evita-se a doutrinação e são favorecidos o autoconhecimento, a reflexão, a prática ativa e consciente dos valores; com isso provoca-se um tom afetivo, atitudes, hábitos e comportamentos valorativos.

Todos esses processos exigem uma ação comunitária, motivo pelo qual é importante encontrar um modelo interacionista para a aprendizagem, no qual seja possível descobrir as possibilidades ainda não realizadas das pessoas em interação e conseguir um enriquecimento por meio da mútua comunicação. Os métodos concretos para facilitar todos esses processos são variados. É preciso encontrar caminhos de acordo com as necessidades e circunstâncias de cada escola, evitando qualquer enfoque reducionista. Será sempre arriscado garantir o sucesso de um determinado método ou programa.

---

[5] O título da palestra foi "Algumas indagações e problemas com relação ao enfoque centrado na pessoa na educação".

Estratégias e técnicas

O método de esclarecimento dos valores difundiu-se amplamente no mundo escolar. Entre suas contribuições está a de destacar a necessidade de que o estudante identifique e reconheça os valores que vivencia e os que deseja vivenciar, ou seja, que esclareça quais são seus valores e que desenvolva outros; além disso, contribui para preparar uma série de exercícios ou estratégias viáveis para a educação em valores. A colocação em prática desse método, entretanto, corre o risco de induzir ao relativismo, caso o educador não leve para a reflexão e para o confronto com a experiência humana global. É um método válido do ponto de vista de que a consciência reflexiva, como destacado pelo personalismo, leva à apreciação de valores comuns, mas tem um caráter parcial, no sentido de que não atende por si mesmo a todos os aspectos envolvidos na educação em valores.

Salvos os riscos indicados, consideramos que a técnica de esclarecimento dos valores pode contribuir muito para a formação do homem novo postulada pela filosofia da libertação e que responde a profundas exigências destacadas pela antropologia personalista e pela psicologia existencial humanista, porque:

- representa um subsídio direto para o processo de valorização e, portanto, para a busca da própria identidade;

- responde à necessidade de interação e de diálogo na busca de valores;

- fundamenta-se num profundo respeito à dignidade e ao valor da própria pessoa;

- é um caminho de aproximação entre os homens, e ao mesmo tempo favorece a atitude de dar sentido e valor às mediações oferecidas pelo meio, o que leva a uma atitude crítica e criativa.

As estratégias e técnicas de esclarecimento dos valores estão orientadas prioritariamente para promover o autoconhecimento e a auto-estima pessoal, aspectos que não podem ser desprezados nos processos de educação moral. Orientando e apoiando cada decisão, cada ato volitivo, cada atitude está a convicção, presente no interior de cada ser humano, de que algo tem ou não importância, vale ou não vale. Chamamos a essa realidade interior, prévia a cada ato, seja ele rotineiro, meritório ou heróico, de "atitude, crença, valor". Trata-se de um substrato, de um pano de fundo que se foi formando dentro de nós, desde a infância, e que nos predispõe a pensar, sentir e agir de maneira previsível, coerente e estável.

Valor é, portanto, a convicção pensada e firme de que algo é bom e que nos convém em maior ou menor grau. Mas essas convicções ou crenças organizam-se em nosso psiquismo em forma de uma escala de preferências (escala de valores).

Princípios e fundamentos

Os valores refletem a personalidade dos indivíduos e são a expressão do legado cultural, moral, afetivo, social e espiritual conferido pela família, pela escola, pelos pares, pelas instituições e pela sociedade em que nos coube viver.

A situação atual convida-nos a refletir sobre nossas concepções a respeito dos valores; sobre o lugar que a educação em valores ocupa em nossas propostas e em nossos projetos educativos e familiares; sobre os enfoques da educação moral que adotamos e que influenciam a orientação escolar e familiar. Devemos aproveitar o clima favorável que nos abre a um projeto de futuro, não isento de incertezas, desafios e riscos, mas carregado de esperança; projeto esse que necessariamente teremos de acolher, se quisermos participar, de maneira responsável, na tarefa educativa de nosso tempo e colaborar ativamente nos processos coletivos de construção ética de nossa sociedade.

Hoje é moda falar dos valores, mas a moda está relacionada com a fugacidade e algumas vezes com a futilidade. Quero acreditar que essa moda não nasceu da futilidade, mas sim do desejo de se encarar com mais seriedade a vida humana. O tema dos valores é sugestivo e fascinante pela importância que vem adquirindo no mundo atual. Algumas vezes fala-se nos valores por conveniência, mas uma coisa é estar na moda e outra muito diferente é estar atualizado. A reflexão sobre os valores e sobre a educação moral superou o silêncio em que esteve submersa durante muito tempo para emergir como uma questão de grande relevância social.

O tema dos valores faz parte do nosso ser mais profundo, da nossa íntima realidade, é um componente indispensável do nosso ser pessoas. Os valores morais são elementos constitutivos de nossa realidade pessoal. Um aumento de moralidade é a mesma coisa que um crescimento em humanidade. Com base nos valores morais, podemos ordenar os outros valores de maneira ajustada às exigências do nosso ser enquanto pessoa, uma vez que os valores morais agem como integradores e não como substitutos.

Os valores dinamizam nossa ação e nossa vida. Dignificam e enobrecem a pessoa humana e inclusive a própria sociedade. Servem de apoio para organizar o "bem-ser" em uma sociedade que concentra toda sua atenção nos valores do "bem-estar". De acordo com Bertrand Russel, sem moralidade cívica as comunidades perecem; sem moralidade pessoal a existência carece de valor.

Nunca se falou tanto em educação como em nossos dias, multiplicam-se os inventores de novas teorias pedagógicas. Métodos e meios próprios, não só para facilitar a educação como também para criar uma educação de eficácia infalível, capaz de preparar as novas gerações para a tão cobiçada felicidade terrena, são imaginados, propostos, discutidos. Estamos diante de um início, bastante promissor, que poderia afetar decisivamente a educação do terceiro milênio.

Os seres humanos sentem um anseio de superar os bens materiais e conquistar uma felicidade maior desenvolvendo suas qualidades pessoais, eles próprios aspiram a uma perfeição mais elevada e querem alcançá-la sobretudo por meio da educação.

O clima social que hoje respiramos, propício à educação em valores por meio da ação educativa escolar, foi constituído com o esforço de muitos e exige a atenção cuidadosa de todos para superar preconceitos e reticências do passado e adotar atitudes que nos levem a assumir com decisão uma responsabilidade partilhada nessa tarefa comum de alto valor formativo.

A importância da educação no momento atual é cada vez maior e mais urgente, sua influência se faz sentir cada dia com mais intensidade no desenvolvimento do ser humano. Talvez as circunstâncias especiais devidas à complexidade do mundo façam com que seja mais necessária. Essa necessidade provém da conscientização do ser humano quanto a sua responsabilidade e dignidade; por outro lado, o progresso da técnica e os meios de comunicação social oferecem às pessoas a oportunidade de se dedicarem a cultivar os valores da inteligência, da vontade, da cultura, além daqueles valores éticos e morais.

A educação em valores é um processo dinâmico e complexo no qual a escola tem um papel relevante, embora não exclusivo. Efetivamente, a captação de valores, a aquisição dos critérios e referenciais axiológicos, o desenvolvimento da capacidade de optar, a procura de um projeto de realização pessoal, bem como a formação de atitudes e o aprendizado de habilidades necessárias para se chegar a uma ação coerente são aspectos nos quais intervêm, tanto ou mais que a escola, a família, o ambiente sociocultural e político e, não em menor medida, os meios de comunicação social.

Diante dessa complexidade, a família e a sociedade não podem omitir-se deixando a responsabilidade para a escola, nem a escola deve aceitar a tarefa da formação moral à margem da realidade familiar e social. Situamo-nos assim no terreno das responsabilidades partilhadas, que exige alta dose de compreensão, interação, discernimento e colaboração.

Acreditamos que o ambiente familiar é o clima mais propício para se conseguir uma educação em valores, uma educação integral, tendo como base a formação moral e religiosa que se projetará em um desenvolvimento harmonioso e coerente da personalidade, em uma valorização profunda do sentido da família no mundo atual e em uma integração perfeita na vida social. A educação em valores deve adaptar-se ao progresso das ciências do espírito, deve ser uma educação progressiva e gradual até adquirir uma responsabilidade na autorealização, autodeterminação e liberdade, tanto pessoal como social.

Para Louis Lavelle e a escola realista, a função do conhecimento é ser aplicado à realidade para se alcançar a "posse interior" daquilo que é digno de valorização e convertê-la em nossa própria experiência[6]. E é assim que devemos considerar os valores: os fatos e as pessoas constituem experiências para nós e, por meio deles e de nossa própria ressonância interior, podemos assimilá-las e convertê-las em experiência da experiência. Convertemos o valor em fruto — não tanto em causa — de nossa própria consciência criadora de valores, mantendo o que possui de objetivo e a nossa subjetividade seletiva pessoal. Assim, pois, não se trata de uma questão de discernir entre os valores mais significativos e sim de integrá-los em uma síntese harmoniosa que se denomina "valor" e que seja ditada por nossa própria experiência.

Vivemos condicionados pela cultura que assimilamos, e isso, embora vá se realizando ao longo da maior parte da vida, tem uma influência decisiva na estruturação da personalidade. Importa, não só o que se recebe por meio da educação, mas também a maneira como o ser humano se relaciona com o mundo que o cerca.

A educação em valores é um processo que mantém relação direta com os aspectos especificamente humanos do indivíduo. Educar é ajudar o desenvolvimento e a afirmação do caráter próprio da humanidade e de cada indivíduo. A pessoa educa-se à medida que se torna consciente de si mesma e responsável por si mesma. Mas essa tarefa, que só ela pode realizar, não pode ser efetivada sem a assistência alheia. Numa sociedade em transformação, como esta em que vivemos, a educação em valores, com a qual se modelam as pessoas, é decisiva para o porvir. E, como hoje vive-se uma profunda crise de valores, educar em valores surge como uma exigência irreversível. É uma exigência permanente, provocada pela cultura da modernidade. Há uma autêntica necessidade de valores morais.

É visível, em muitos ambientes, uma forte crise moral, provocada principalmente pelo que algumas pessoas convencionaram chamar de "cultura da modernidade", ou "pós-modernidade", como outras preferem denominá-la. Diz-se que não é um tempo de revoluções nem de ideais, mas de fugas. Destacam-se, às vezes de maneira exagerada, o individualismo e a liberdade pessoal e incentiva-se uma espécie de sacralização do eu, cujos ídolos mais adorados revestem-se de consumismo, hedonismo, erotismo e facilismo. Desprezam-se a dor, o sacrifício e os compromissos e exaltam-se o leve (*light*) e o prazer imediato. Valorizam-se de tal maneira a competição, o poder e o dinheiro que não se considera mais a pessoa por aquilo que é (sentimentos, ideais), mas pelo que tem e pode.

---

[6] Cf. LAVELLE, L. *Traité des Valeurs*. Paris, PUF, 1955.

Não obstante, nem tudo é antivalor na cultura moderna; muitas pessoas, especialmente os jovens, têm sensibilidade para perceber o valor da justiça, da não-violência e da paz. Seu coração está aberto à fraternidade, à amizade e à solidariedade. Em geral, aspiram, às vezes ardentemente, a um mundo melhor. Em geral são partidários da libertação do ser humano diante do racismo, do subdesenvolvimento, das guerras e das injustiças.

Contudo, em muitas pessoas, os valores e os antivalores convivem de forma dramática, e a falta de uma verdadeira filosofia de vida, capaz de criar unidade entre o pessoal, o familiar, o social e o econômico, provoca nelas verdadeiras cisões de personalidade e incoerências de comportamento. É possível encontrar pessoas que, por exemplo, estão cheias de argumentos de defesa da natureza e, no entanto, advogam pelo aborto; ou pessoas que exigem respeito para com sua ideologia, mas atacam com violência outras ideologias, culturas e raças. Talvez o grande drama existencial de todas essas pessoas seja não saber o que é a verdade.

Certamente, a crise de valores provocada pela pós-modernidade afeta sobretudo as pessoas que vivem nos países industrializados do Ocidente e as classes mais ricas do restante do mundo. Não está restrita a determinada área geográfica; estende-se por todas as latitudes. É responsabilidade, portanto, de cada um de nós e de cada uma de nossas comunidades analisar no próprio meio até que ponto a personalidade e o comportamento dos nossos jovens estão impregnados e influenciados por essa cultura, para poder oferecer-lhes uma ajuda mais eficaz em seu processo educativo.

Objetivos principais

A Igreja, diante da crise de valores vivida pela sociedade, que mergulha o homem numa profunda pobreza do ser e, algumas vezes, na cultura da morte, lançou através da pessoa de Cristo e do seu Evangelho, a mensagem da civilização do amor, uma mensagem centrada nos valores que derivam da antropologia cristã, que parte da Redenção e nela se ilumina.

A educação em valores precisa ensinar o ser humano a conduzir a própria vida dentro da sua realidade global, segundo os princípios evangélicos da moral pessoal e social, expressos em um testemunho cristão vital. De fato, hoje, parece bastante difícil a concordância, ou melhor, a síntese, entre fé e cultura. De um lado, o processo de secularização tende a marginalizar a problemática religiosa e torná-la insignificante; de outro, o fenômeno da assim chamada "religiosidade dispersa", ou seja, a religiosidade das novas formas religiosas, esotéricas e algumas vezes selvagens, esvaziam a Redenção de Jesus Cristo e a tornam irrelevante.

No ambiente cultural de hoje, a grande tentação das escolas é propor valores, mas valores humanos horizontais, sem fazer emergir a vinculação explícita que possuem com a fonte vertical, com a fé em Cristo. É verdade que a solidariedade, a justiça, a fraternidade e a paz entre os povos são grandes valores, mas não são suficientes; a educação católica deve caracterizar-se por uma referência explícita à fé em Jesus Cristo. Sem essa fé, a escola perde sua identidade e sua própria razão de ser, falta-lhe a fonte de inspiração, falta-lhe o eixo central; falta-lhe aquele elemento específico que a define e a distingue entre os demais sistemas educativos.

No entanto, a verdadeira educação em valores deve ajudar o ser humano a viver todos os problemas com segurança e confiança, de maneira que, por sua vivência e seu bem-fazer, as riquezas salvadoras do Evangelho apareçam como metas e ideais normativos de sua vida. Deve também conscientizar a pessoa a agir em seu desenvolvimento, mas em solidariedade com o desenvolvimento dos valores humanos de todas as outras pessoas. É uma educação que requer a renovação do coração fundamentada no reconhecimento do pecado em suas manifestações individuais e sociais. Deve sugerir também uma maneira de viver verdadeira e completamente humana, na justiça, na solidariedade, na caridade, na simplicidade e na paz. Da mesma forma, possibilitará o surgimento de uma faculdade crítica que leve à reflexão sobre a sociedade em que vivemos e sobre seus valores, preparando os futuros adultos para abandonarem esses valores quando não favorecerem a justiça para todos.

Um programa de educação em valores, no momento atual, exige vários elementos:

- *O ideal de promover pessoas.* Promover pessoas conscientes, responsáveis, livres, abertas e em comunhão com as demais; promover indivíduos que sejam sujeitos ativos da convivência social voltada para o serviço de todos; o ideal de um ser humano novo, amante eficaz da justiça e da paz.

- *Conhecimento da realidade.* É impossível educar em valores quando se desconhece a realidade em que se vive. A partir dos dados da realidade objetiva, pode-se tomar consciência dos condicionamentos, das barreiras ou das possibilidades que essa realidade oferece para servir o ser humano. A educação tem de começar em diálogo com a realidade que nos cerca em toda a sua complexa trama.

- *Consciência crítica.* A reflexão sobre as situações e suas causas deve ser orientada no sentido de tomar consciência da relação entre a realidade e o ideal que se busca para provocar o desejo e a inquietação de transformá-la, uma vez que é um obstáculo que freia, em vez de ajudar, como deveria, o desenvolvimento de cada homem e de todos os homens. Mediante a capacidade de não se deixar paralisar por uma situação, mas superá-la e superar a si próprio, a consciência realiza a sua libertação, torna-se crítica e capaz de refletir sobre a situação, avaliá-la e avaliar a si mesma. À medida que o homem não se deixa absorver pela situação, mas a analisa, questiona e interpreta, descobre-se responsável por essa situação e é chamado a desempenhar um papel nela e transformá-la como realizador da história.

- *Ação transformadora.* Esse tipo de ação, através de valores nobres e dignos que devem adornar a pessoa e enriquecer a sociedade, impõe-se pela própria exigência de ser homem e de acreditar no homem. Por isso, a educação tem uma projeção, e é a ação transformadora da pessoa e da realidade social. E por isso carrega uma exigência em seu âmago: lutar pela paz, pela justiça e pelo bem-estar.

A educação em valores deve ser sempre prática, constante, permanente e progressiva. Os valores, pontos de referência, são mais do que nunca necessários em uma época como a nossa; faz-se urgente um plano de ação educativa pessoal e uma ação transformadora em nossos ambientes sociais, profissionais e familiares. Portanto, o desafio é criar um humanismo novo para o século XXI. Este é, de fato, o grande desafio com que nos defrontamos no início do terceiro milênio.

REFLEXÕES

Não devemos ter medo de falar sobre a cultura dos valores numa sociedade em permanente transformação, permanente deterioração e em situação de crise. Acredito que a verdadeira idéia do homem é a de Deus. É a idéia que Deus revelou em sua Palavra. O homem é uma imagem de Cristo. Por isso nos preocupamos tanto com o homem, com seu desenvolvimento, com seu amadurecimento e com sua felicidade.

Surpreendo-me, e não poucas vezes, com a cultura daqueles que relativizam tudo e vivem no dinamismo das conveniências. Pregam a liberdade sem medida, até verem seus próprios filhos afundar no lodo das drogas. Promulgam a ruptura familiar até se conscientizarem da orfandade insuportável de tantos jovens. Com o fracasso do marxismo, depois de perceberem que o niilismo não leva a parte alguma, mergulham no mundo das seitas destrutivas. E, com tudo isso, continuam confundindo os jovens.

As vítimas inocentes dos mercadores oportunistas de ideologias sem saída são sempre os jovens. Cristo, ao contrário, veio à terra para renovar a maneira de ser dos homens, para ensinar uma nova e melhor maneira de ser, que abarca praticamente todos os campos do nosso mundo. É preciso compreender que o Evangelho é a verdadeira fonte de valores; não é um valor a mais. É no Evangelho que os jovens encontrarão continuamente água fresca para saciar sua sede dos verdadeiros valores da vida. Nossa sociedade (carente de ideais e doente de Deus) procura constantemente conteúdos (espaços de vida interior) de mais autenticidade, de saudável convivência, de verdadeira fraternidade. É uma sociedade de pessoas ativas, criativas, freqüentemente isoladas e individualistas, que estão em constante procura de um sentido para a vida, o mundo dos valores[7].

Os educadores — pais e professores — têm consciência da dificuldade representada por esse esforço educativo, mas sabem também o quanto é necessário e gratificante ver os jovens crescerem como pessoas. Vale a pena.

Também há alguns posicionamentos, quando se aborda essa questão, que ocultam a acomodação, a desorientação ou a incoerência dos próprios educadores. Nossos adolescentes e jovens necessitam de uma educação comprometida, vivencial, aberta ao mistério, sem disfarces diante daquilo que, de maneira mais generalizada, nossa sociedade oferece. Trata-se de formar pessoas autônomas, que saibam quem são e em que sentido orientar a sua existência. E educar nessa perspectiva integral exige dos pais e professores um compromisso com os valores humanos e cristãos.

As duas instâncias básicas para o desenvolvimento da pessoa são a família e a escola, as quais devem proporcionar a seus filhos e alunos o sentido crítico com relação a um terceiro educador (ou manipulador), cada vez mais importante e mais significativo na formação (ou deformação) da consciência dos cidadãos, sobretudo da consciência de crianças, adolescentes e jovens. Refiro-me aos meios de comunicação social.

Os esforços da família, da escola e dos meios de comunicação social devem convergir para uma verdadeira comunidade educativa, fazendo da escola um lugar de encontro, de comunicação, de diálogo, um centro de vida em que a tarefa educativa receba elementos complementares do meio sociocultural, os professores e alunos sintam-se à vontade e seja possível a colaboração cordial de pais e professores.

Afinal, a educação é tarefa de todos e precisa do compromisso de todos. E uma educação sem valores é uma educação sem valor.

(Ciriaco Izquierdo Moreno)

---

[7] Mateu, G. *Adolescentes*; en camino hacia la felicidad. Madrid, Atenas, 1995.

Material pedagógico

Poema para interpretação dirigida

Parâmetros para interpretar o poema individualmente

1. O autor do poema, na sua opinião, está falando como pai, como aluno ou como professor?
2. O que significa "ter na alma um pouco de marinheiro, um pouco de poeta, um pouco de pirata"? Explique essa imagem do poema.
3. Se você fosse um educador, acredita que precisaria ter "um quilo e meio de paciência concentrada"? Por quê?
4. Quem está representado na figura do barco que "levará nosso carregamento de palavras para portos distantes"? Por quê?

Educar

Educar é a mesma coisa
que colocar motor num barco,
é preciso medir, pesar, equilibrar...
...colocar tudo em funcionamento.

Mas, para isso,
é preciso ter na alma
um pouco de marinheiro...
um pouco de pirata...
um pouco de poeta...
e um quilo e meio de paciência concentrada.

Mas é confortador sonhar,
enquanto trabalhamos,
que esse barco, essa criança
irá muito longe pela água.
Sonhar que esse barco
levará nosso carregamento de palavras
para portos distantes, ilhas longínquas.

Sonhar que quando, um dia,
estiver dormindo nosso próprio barco,
em barcos novos continuará nossa bandeira içada.

(G. Celaya)

Texto para debate

Pauta de assuntos que deverão ser debatidos em plenário

1. As dúvidas e medos que impedem um ser humano de crescer como pessoa.
2. Em que está situada a luta do jovem para não se deixar levar pelo ambiente.
3. A que raízes um(a) jovem pode se segurar para crescer e desenvolver suas capacidades.
4. Todas as pessoas precisam de um sorriso amigo que venha visitar-nos todas as tardes? Exemplos de sorrisos amigos para os participantes desse grupo.
5. Para quem esse grupo de estudo pode ser proteção, apoio e segurança como a árvore que aninhava esquilos e águias em seus galhos. Definir três propostas de trabalho concreto.

A SEMENTE QUE NÃO QUERIA CRESCER

Há muito tempo, não lembro exatamente quando, passou um semeador pelas minhas terras e foi deixando cair suas sementes. Carinhosamente, conversava com elas e para cada uma tinha uma palavra:

— Seja uma boa árvore para que as aves do céu venham pousar em você.

— Dê bom trigo, que o moleiro transformará em farinha para depois ser um lindo pão familiar.

— Cresça bem, para logo começar a girar junto com o sol.

— Dê bom azeite, para que as pessoas possam temperar seus alimentos.

E lá ia ele, todos os dias, ver crescer o campo e contemplava satisfeito como de cada plantinha brotavam caules e folhas. No entanto, em meio a todas aquelas plantas, sentia falta de uma semente que ainda não saíra à luz. Todos os dias ficava esperando ansiosamente que ela aparecesse.

Dentro da terra, ouvia-se o murmúrio da semente:

— Sei que chegou a hora de crescer, de sair da terra e de lançar minhas raízes com força, mas, se sair e não chover o suficiente, morrerei de sede; se fizer muito frio, ficarei congelada; ou se, ao contrário, fizer sol demais, murcharei. Pode ser que alguém pise em mim e me esmague... Eu gostaria de ver o azul do dia, ser uma árvore forte e dormir à luz das estrelas, mas se brotar e as coisas não correrem bem, tudo estará acabado.

Aquela semente nunca se atrevia a crescer, até que um dia, em meio às suas dúvidas e medos, lembrou-se do que lhe dissera o semeador quando a colocou na terra:

— Cresça porque precisamos de você. A seu lado passará muita gente que se sentará para descansar. Os pássaros farão ninhos nos seus galhos e...

Depois de lembrar todas essas coisas, a semente compreendeu que alguém esperava por ela e que não podia continuar por mais tempo ali, embaixo da terra. Começou, então, a crescer e, quando saiu à luz, encontrou o sorriso do semeador e, em seguida, viu um caminho que passava bem perto dali, e desejou com todas as suas forças crescer mais.

Vieram as neves e as borrascas de inverno, mas a plantinha lutava com todas as forças para não ser levada pelo vento nem quebrada pelo peso da neve. E, quando a ventania quase a enterrava novamente, lutava para permanecer em pé. E se a enxurrada de chuva chegava até o seu tronco, aquela arvorezinha segurava-se com força em suas raízes, de modo que não havia o que a arrancasse do chão. E sempre, todas as tardes, encontrava o olhar do semeador que reparava nela e sorria.

Assim cresceu a planta, ano após ano, olhando como as pessoas se aproximavam pelo caminho e, ao chegarem ao seu lado, paravam, olhavam o horizonte e seguiam em frente. Um dia, descobriu entre seus galhos um esquilo que brincava pulando e que fazia sua toca em um buraco de seus galhos.

E sempre, todas as tardes, o olhar sorridente do semeador levantava os olhos do chão até o céu para ver o seu galho mais alto.

Cresceu e cresceu a planta. De longe podia-se vê-la como uma árvore, que se sobressaía. Chamavam-na "A árvore do caminho" e, embora houvesse muitas outras, nenhuma era tão alta e forte.

Tempos depois, a planta descobriu que uma águia fizera um ninho entre os seus galhos mais altos porque dali quase se podia tocar o céu e olhar melhor as estrelas. E, todas as tardes, era visitada pelo semeador, que a olhava sorridente e esperava mais alguma coisa dela.

Cada vez ficava mais forte, grossa e reta, e sua casca enrugada pelos rigores do inverno continuava ali, dando testemunho a todos os que passavam e que agora a chamavam de "A velha árvore do caminho".

Certa vez descobriu, quando o inverno já se aproximava, que o semeador sentia muito frio. E aquela árvore soltou de si um galho para que ele pudesse fazer lenha e se esquentar todos os dias. Quando o semeador a visitava ela dava o melhor de si, e de seu tronco brotavam lágrimas de resina.

Um dia aquele semeador não foi visitar a árvore. Ela então compreendeu que chegara a hora. Naquela noite houve uma enorme tempestade. Um raio percorreu a árvore de cima a baixo, não sobrou nada além do tronco, que agora as pessoas chamam de "Tronco da velha árvore".

E dizem que todas as tardes Deus dá um passeio pelo céu e pára à sombra de uma grande árvore, olha-a e sorri.

(*Imágenes de la fe*)

PARTE II

Os valores na educação

1. CONVIVÊNCIA
2. SOLIDARIEDADE
3. TOLERÂNCIA
4. DIÁLOGO
5. CONSCIÊNCIA MORAL
6. BOAS MANEIRAS
7. BONDADE
8. VONTADE

1 CONVIVÊNCIA

Nossa sociedade está inquieta neste início de século. O verdadeiro sentido da vida volta a estar em jogo, convida-nos a procurar a felicidade e exige que encontremos novos canais de convivência e fecundidade espiritual. O progresso técnico não traz paz necessariamente. Falharam as estruturas do espírito, o mundo da fé nos destinos eternos do ser humano. É necessário reconduzir as inquestionáveis conquistas pós-modernas a um marco de diálogo com os fundamentos religiosos e culturais que se encontram na raiz de todo o antigo conceito de "razão" em seus marcos lingüísticos e textuais.

Hoje, impõe-se reconsiderar a natureza e a condição da religião e dos valores morais. É preciso pensar a religião e a ética, sob o risco de que a religião pense em seu peculiar risco extremo (conforme os ditames dos fundamentalismos hoje revividos). A religião não se reduz a fenômenos como o fundamentalismo. É preciso salvar o fenômeno que constitui a religião: a busca natural, ou co-natural do homem, com relação ao sagrado, sua religação congênita e estrutural. É preciso salvar esse fenômeno por rigor filosófico e fenomenológico.

O pensamento contemporâneo não foi muito perspicaz com relação à importância do ato religioso. Esteve propenso a reduzi-lo a aspectos parciais da sua existência, a seu caráter social (como ideologia e falsa consciência, como nas tradições marxistas), à sua natureza psíquica (como expressão ilusória das misérias psíquicas do homem expressas no grande sortimento de suas doenças mentais, como em Freud e nas tradições psicanalíticas). Mas o mesmo pode-se também dizer do que hoje se começa a considerar como tradição pós-moderna.

A importância de existir em relação aos outros

A verdadeira educação moral com certeza representa algo mais consistente e transcendente que um mero conjunto de regras de urbanidade ou de bom comportamento externo; senão, correríamos o risco de reduzir a educação moral a uma simples educação cívica ou a um processo de socialização mais ou menos complexo. Mas a educação consiste em despertar causas e, como afirma Simone Weill, uma causa não é verdadeiramente real na alma enquanto não tiver provocado uma ação. A verdadeira educação moral transforma a pessoa no mais radical de seu ser e projeta-a para sua verdadeira realização como ser humano[1].

---

[1] Cf. DIAZ MUELA, L. Especial ejes transversales; la escuela en acción. In: *Revista de Pedagogía*, Madrid, may. 1994.

Os valores da educação moral são normas, preceitos, guias e caminhos que estabelecem as diretrizes de comportamentos coerentes, que, aliás, são raios de um mesmo resplendor: o da verdade, aquela que torna os homens livres e com a qual se faz justiça ou liberdade ou fidelidade ou honra, mas que não é indivisível, fruto de uma mesma e vital raiz. Esses valores são os princípios permanentes que guiam nossa vida moral. No entanto, esses valores não se impõem, não podem impor-se; eles atraem por si mesmos, contribuem para enriquecer a personalidade de cada um. São valores que questionam, desafiam, fazem viver. Quando se consegue praticá-los na vivência pessoal, eles constituem o verdadeiro estado do bem-estar e da felicidade humana. Os valores morais nos permitem encontrar sentido no que fazemos, responsabilizar-nos por nossas ações, tomar decisões com serenidade e coerência, resolver os conflitos pessoais, familiares ou de relações interpessoais com uma certa garantia de sensatez e de elegância espiritual e humana.

Educar é ensinar a viver. O problema da sociedade atual é a ausência de valores e não de liberdade. Faltam valores que relacionem e aglutinem as vontades humanas, que dêem sentido à vida, a ideais pelos quais viver ou lutar. E esse é um problema que afeta diretamente a educação, e que a escola não pode ignorar sem se prejudicar seriamente. É verdade que a escola não possui exclusividade na formação dos valores, mas tem uma séria responsabilidade que tem de assumir; a educação deve empreender e colaborar com outros espaços da sociedade para uma verdadeira formação em valores, deve garantir a dimensão moral da educação. Seu objetivo é capacitar os futuros cidadãos a participarem ativamente de uma sociedade complexa e em contínua transformação, fundamentada em princípios democráticos e participativos. A educação deve permitir o exercício dos valores que tornam possível a vida em sociedade, especialmente o respeito aos direitos e às liberdades fundamentais e a aquisição de hábitos de convivência e de respeito mútuo.

A vocação do ser humano tem um caráter essencialmente comunitário. Ele é um ser sociável por natureza, foi criado à imagem e semelhança de Deus. Deus é dom e o ser humano tende naturalmente a doar-se. Desse estímulo espontâneo para a doação nascem a convivência e a sociedade. Por outro lado, o ser humano abandonado às próprias forças seria incapaz de alcançar sua perfeição integral. Mas o instinto de sociabilidade o leva a unir-se aos seus semelhantes, para com eles alcançar o seu fim último por meio de uma colaboração mútua e de uma convivência solidária e fraterna.

Por isso, a pessoa humana só pode realizar-se de forma plena em comunidade com seus semelhantes, ao passo que a comunidade, por sua vez, depende da perfeição das pessoas que a integram. O ser humano não pode realizar o seu destino em solidão. Deus não o criou em solidão, mas em comunidade. "Pois o homem, por sua própria natureza, é um ser social, que não pode viver nem desenvolver suas qualidades sem entrar em relação com os outros"[2].

O indivíduo humano não pode encontrar sua perfeição fechando-se em si mesmo, mas na comunhão com os demais, na sociedade humana, na comunhão homem e mulher e pais e filhos na sociedade familiar, na comunhão no grupo étnico, na nação, na humanidade.

A sociabilidade do ser humano realiza-se e se manifesta de diferentes formas porque:

1. o indivíduo humano é um ser incompleto, com escasso potencial psicofísico e grandes possibilidades de realização, motivo pelo qual necessita dos demais ao mesmo tempo que é necessário para eles;

2. a força instintiva do ser humano é menor que em qualquer outro ser animal, uma vez que foi superada por sua capacidade de aprendizagem;

3. o ser humano dispõe de uma grande capacidade de comunicação, graças à palavra;

4. o ser humano, no momento da concepção, recebe não só uma herança genética, mas também, a partir do nascimento, uma grande herança cultural.

A abertura do *eu* ao *você* e aos *outros* é a origem da sociedade e a base da cultura, tornando o ser humano protagonista de sua biografia e de sua história. É a dimensão da *convivência*, não só a capacidade de viver em sociedade, mas de conviver e caminhar para a civilização do amor, para levar a uma mudança nas relações humanas da vida social.

De fato, o ser humano nasce em uma comunidade de amor (a família) e avança estendendo essa experiência de amor às amizades e às relações de proximidade. Entretanto, a sociedade atual inclinou-se para formas de convivência cada vez mais formalizadas, mais especializadas, mais organizadas, reduzindo as relações de amor e de amizade ao minúsculo espaço da vida privada. Em troca, na vida pública houve um processo de concentração de poderes, como o econômico e o político, que agigantam e tornam visíveis as desigualdades, dificultando o exercício do amor. Isso contribui também para que se perca progressivamente a consciência do *nós* e possibilita a falta de preocupação e de responsabilidade comunitária de muitos, acentuando um individualismo feroz que penetra inclusive no ambiente sagrado do lar, para desintegrá-lo.

O ser humano é pessoa. É a imagem viva de Deus no mundo; essa imagem é também cada pessoa em particular, pelo simples fato de ser pessoa.

---

[2] VATICANO II. *Constituição Gaudium et spes,* n.12. São Paulo, Paulinas, 1966. n. 41, col. A voz do Papa.

Cada ser humano que vem a este mundo, qualquer que seja a sua condição, tem um destino pessoal eterno que só ele pode preencher.

Deus não criou o ser humano em solidão, mas em comunidade. Nenhuma pessoa existe senão em relação ao mundo. Essa conexão com a realidade em que o ser humano se encontra deixa-o a descoberto e de certa maneira sem abrigo numa natureza inóspita. O ser humano está exposto ao espanto, à surpresa, ao imprevisto e a todo tipo de experiências, agradáveis e desagradáveis. Mas essa abertura permite que esquadrinhe o mundo todo e coloque todas as coisas ao alcance de sua mão. A abertura ao mundo é possível para o ser humano porque ele é um sujeito. Ao se relacionar consigo mesmo, pode distanciar-se das coisas e estas surgem, então, diante dele, como objetos de sua inteligência e de sua liberdade.

É fundamental aprendermos a arte de manter o ânimo equilibrado e a mente serena, a fim de favorecer e até de criar um estado de calma psicofísica que torne possível a harmonia interior que emana da conjunção entre a verdade, a bondade, a espiritualidade e a beleza. Assim, a harmonia, que é beleza enquanto conseqüência da fusão na unidade do ser pela satisfação das outras necessidades superiores, constitui-se o fundamento da verdadeira felicidade, da auto-realização e da alegria do espírito.

Sem dúvida, à medida que somos capazes de esquecer de nós mesmos para conviver com os demais, para interessarmo-nos por eles, sentimos a premente, embora serena, necessidade interior de contribuir com nossa vida e nossas obras para tornar este mundo melhor, mais bonito e gratificante para todos. Elevamo-nos sobre o material e descobrimos novos horizontes, cheios de luz e de esperança para a humanidade. Descobrimos nosso caminho, caminho de exigências e de superação, de felicidade e de triunfo. Precisamos saber viver de acordo com a dignidade humana e com os inflexíveis ditames da razão e da consciência. Nessa encruzilhada, os valores surgem para orientar a convivência, para caminhar para uma civilização do amor, para a plenitude da justiça, da paz e do amor.

Não é possível improvisar a formação de um caráter, a perfeição de uma vida e a realização de um ideal. Exigem tempo e coragem. Não desanime, os topos foram feitos para serem alcançados e as dificuldades para serem superadas e vencidas... Com esforço e com tempo, tudo se consegue. O desejo de prescindir de orientações espirituais claras, sublimes e cristãs levou às mais tristes conseqüências morais.

Na falta de princípios sólidos e de bases inabaláveis, não é de admirar que as pessoas sejam movidas por impressões, por gostos, por caprichos, por estados circunstanciais de ânimo. O cata-vento que se movimenta em todas as direções é o símbolo que caracteriza as massas sociais do nosso tempo.

SUGESTÕES

Comece por você mesmo, inspirando com seu exemplo uma reação saudável em seu ambiente. Procure ser, dentro do ambiente volúvel que o cerca, uma lição de firmeza moral que por si só imponha respeito, convença e arraste. Embora todos caminhem enfeitiçados pelo ambiente sedutor que os cerca, edifique sua vida contra a correnteza; finque-a como uma bandeira de reação no meio do caminho... Só assim sua vida terá valor.

O valor de uma vida que não se dobrou à mediocridade e não se contaminou com o barro das paixões humanas. O ambiente que se respira é sedutor demais, porque é sensual demais. Tudo contribui para a perversão, para a apatia, para a acomodação e para o desânimo. Escasseiam os valores morais, porque se rendem diante do desejo das seduções sensuais... Se você quer dar valor à sua vida, lute corajosamente, mesmo com a sensação de que está sozinho(a). Peça todos os dias a força de que necessita. Sem a ajuda divina, você acabará abandonando rapidamente a senda dos sacrifícios e das elevações morais, vencido(a) pela pobreza de seus próprios esforços.

Há quem diga que a oração é própria dos espíritos fracos. Esquece-se de que a mais elementar obrigação humana para com Deus é rezar. É claro que a oração não é uma fórmula fria. É o canto de gratidão que eleva o coração para aquele que lhe deu tudo. É a primeira e última obrigação de cada dia. É o dever de cada instante. Quem não cumpre com seus deveres para com Deus dificilmente cumprirá a contento seus deveres para com os demais.

O valor exemplar de sua conduta despertará ao seu redor a simpatia da virtude e colocará em muitas pessoas a secreta aspiração de imitar a nobreza de sua vida moral. Que sua vida seja uma bandeira, símbolo concreto de aspirações nobres e de ideais superiores.

A sociedade precisa de pessoas boas e úteis. Pessoas que sejam exemplos de honestidade, de virtude e de moral. Pessoas que saibam oferecer a desinteressada colaboração dos seus esforços para o crescimento espiritual, moral, material. Nada mais sublime que a beleza de uma vida consagrada a esse ideal de promover uma série de valores para conviver em fraterna solidariedade.

Você vive em sociedade e deve comprometer-se com a sociedade para viver e promover os valores da convivência, da solidariedade, da tolerância, da formação da sua consciência moral, das boas relações humanas, da paz para construir uma sociedade mais justa e mais humana. A tarefa é clara: humanizar a sociedade desumanizada é o suficiente. Esse ideal resume todas as obrigações humanas. Procure ser sinceramente bom (boa) e prodigiosamente útil.

O amor cristão deve ecoar em todos os espaços humanos; solidariedade não só com o injustiçado, com quem sofre, com quem trabalha e se esforça, mas também com quem erra ou falha, para ajudar essa pessoa a superar a queda; isso exige de nós, cristãos e educadores, uma postura de aceitação do outro no que se refere às suas idéias e suas formas peculiares de ser.

O mundo de hoje, esta sociedade atual desumanizada, fria e calculista, apresenta outros padrões ou modelos de realização pessoal; mas, para o cristão, sobrevivem, acima de tudo, os valores supremos da pessoa, seus direitos inalienáveis, que o impulsionarão para viver com dignidade no convívio social. Esse é o imenso campo onde o cristão pode desenvolver seu desejo de superação, o empenho magnífico de realçar as capacidades humanas. Empenhemo-nos na entrega verdadeira e generosa aos demais e na tarefa de fazer um mundo melhor e mais justo para todos. E isso a partir de nosso nível e à nossa medida, colocando à disposição e em total entrega todos os nossos valores e qualidades.

Os estudos, o preparo técnico e o trabalho devem ter um sentido de solidariedade para com os demais porque devem servir não só a nós mesmos, para nos localizarmos e criar condições de conforto, mas para que a humanidade progrida, com a participação do maior número possível de pessoas nos bens da cultura e nos progressos. Tarefa e luta comprometida contra tudo que, em qualquer situação, ataque os direitos humanos, contra qualquer forma de injustiça que possa estar oprimindo os fracos. Isso é solidariedade e este será o amor cristão, que, como foi proclamado pelo Concílio Vaticano II, deve colaborar com os demais na correta ordenação dos assuntos econômicos e sociais, com disposição de servir[3].

A educação moral é um esforço e trabalho de sintonia com todos aqueles que nos rodeiam, inconvenientes e antipáticos ou abertos e agradáveis; com os que sofrem e com os que são felizes. Envolve criar a convivência pessoal, cultivar valores, humanizar o mundo do trabalho e o das diversões — tarefa impressionante e rica em conteúdo.

Os jovens e os valores

O jovem precisa ser orientado para desenvolver os valores humanos para os quais está mais capacitado, como cultivar a simpatia, um dom natural, mas que requer um esforço constante de abertura aos demais, para aceitá-los como são, respeitá-los e colaborar para seu progresso.

Alegria e entusiasmo também são qualidades típicas do jovem. À nossa

---

[3] Vaticano II. *Constituição Gaudium et spes,* n. 63-72. São Paulo, Paulinas, 1966. n. 31, col. A voz do Papa.

volta vemos rostos tristes, cansados, vencidos; é preciso trazer alegria saudável e ânimo para continuar lutando e poder corrigir erros, ou seja: vamos incutir *entusiasmo para sair do desânimo.*

Disponibilidade, colaborar em tudo, fazer favores... assim é o jovem cristão: generoso para dar o seu tempo e suas forças para ajudar alguém. Mas será que ele está ciente de que a atitude de receber também é uma forma de caridade?

O jovem deve fazer de sua vida um encontro e uma presença constante entre os demais, mas com a segurança de estar progredindo naquilo que pode fazer de melhor: semear o amor, a tarefa mais importante e decisiva em nossa realização pessoal, como homens e cristãos, conforme o mandamento de Cristo: "Amem uns aos outros como eu os tenho amado".

Os valores do espírito

No fim das contas, na vida do ser humano só existe um único problema: saber onde está o centro de sua alma; averiguar se é o centro de si mesmo ou se, ao contrário, tem a alma voltada para fora, para cima ou a sua volta; descobrir se é seu próprio ídolo ou se o seu coração é maior que seus interesses; descobrir se sua existência é uma autofagia (Eu devoro a mim mesmo.), ou, quem sabe, um serviço a algo diferente e maior; investigar se está se dedicando a saborear sua própria e personalíssima felicidade ou se, ao contrário, colocou sua felicidade a serviço de uma tarefa mais elevada que sua própria vida e a vida de outros seres (inclusive o outro SER, com maiúsculas); enfim: saber se sua vida e sua alma alimentam-se de amor ou de egoísmo — esse, repito, é o único e radical dilema, a pergunta-chave à qual todos os seres humanos devem responder com lealdade.

Toda pessoa nasce como uma circunferência que tem o eixo no centro de si mesma. Tudo gira, conforme seu instinto, para esse centro mágico; tudo deverá subordinar-se a ele, conforme sua vontade. Mas a alma, lentamente, começa a descobrir que existe algo acima e fora dessa circunferência, algo que também a afeta. O que fazer então? Atrair tudo, subordinar tudo a esse centro sagrado ou voltar-se para tudo o que vai sendo descoberto e assim ampliar a própria circunferência, tornando-se maior? Nós nos encastelamos no egoísmo, encadeando tudo a ele ou, ao contrário, vamos nos descentrando, saindo do próprio eixo para colocar nosso pólo de atração mais acima ou além de nós mesmos? Abrimo-nos ao amor ou nos fechamos na auto-adoração? Esse é o grande jogo no qual apostamos o tamanho de nossas próprias vidas. A primeira opção, o egoísmo, leva à solidão; a solidão, à amargura; a amargura, ao desespero. A segunda opção, o amor, leva à convivência; a convivência, à fecundidade; a fecundidade, à alegria.

Portanto, nossa primeira grande descoberta é que o próximo não é o nosso limite (menos ainda nosso inferno, como disse Sartre) e sim nosso multiplicador. *Viver é conviver.* E conviver não é semiviver, é multiviver; não limita, aumenta; não condiciona, lança. Amar pode significar alguma renúncia (ou começar com uma renúncia), mas sempre termina acrescentando. Em rigor, como dizia Gabriel Marcel, nada jamais está perdido para a pessoa que serve a um grande amor ou que vive uma verdadeira amizade, mas tudo está perdido para quem está sozinho; só existe um sofrimento: estar só.

Algumas vezes eu penso que se nos fosse concedido, por uma grande graça de Deus, descobrir o que em nossa alma é realmente nosso e o que devemos aos outros, ficaríamos impressionados ao comprovar como foram escassas as conquistas pessoais. Quem seria eu, agora, sem tudo o que recebi de presente dos meus pais, dos meus irmãos, dos meus amigos? Quantos fragmentos de mim mesmo devo a Bach ou a Mozart, a Bernanos ou a Dostoievski, a Fra Angélico ou a El Greco, a Francisco de Assis ou a Tomás de Aquino, aos meus professores, aos meus colegas de diversão e de trabalho, a todos os que me amaram e me ajudaram? Ficaria nu se, de repente, me tirassem todos esses legados. E quanto me rendeu o pouco que dei? Follereau dizia que só temos certeza de que possuímos a felicidade quando a damos. *Viver é fazer viver.* É preciso criar outras felicidades para ser feliz. É preciso oferecer muito para tornar-se repleto.

Em compensação, como é infecundo o nosso egoísmo! Não produzimos nada quando nos fechamos em nós mesmos. Claudel costumava usar uma frase forte, porém muito certa: "A quietude da criatura voltada para si mesma é incestuosa". Sim, o egoísmo é infecundo e cega, porque produz um prazer tão passageiro, tão rápido, tão inútil... Mas, por outro lado, está tão dentro de nós! Só uma pessoa muito avisada não rola ladeira abaixo, tão fácil é descer.

O egoísmo aparece com freqüência disfarçado de amor. Isso acontece quando usamos o amado ou o objeto amado para deleite próprio; quando acreditamos amar, mas aprisionamos; quando amamos *para* sermos amados; quando convertemos o ser amado ou a vocação amada em um espelho no qual nos vemos multiplicados. Somos constantemente tentados a converter os demais em ecos ou amplificadores do nosso eu. Queremos possuir a nós mais amplamente, no olhar do outro, em seus pensamentos, em sua aprovação; parece-nos, então, que não mais abraçamos a miserável imagem de nossa limitação individual, mas uma silhueta desmesuradamente grande, ampliada às dimensões de uma família, de um país ou até de um mundo.

Cada vez que a pessoa amada é reduzida à condição de espelho, transforma-se em instrumento, em objeto bruto que utilizamos para engrandecer a nós mesmos. Podemos até acreditar que amamos a Deus, quando simplesmente o usamos. Não o amamos; amamos o fruto que dele esperamos. Convertemos Deus em um olho que nos tranqüiliza, que nos garante a eternidade. Mas isso não é uma verdadeira religiosidade. É, quando muito, um mero narcisismo religioso.

O verdadeiro amor é o que nos puxa para fora de nós mesmos, nos atira para o exterior e nos enriquece, não pelo que pode nos devolver, mas porque o simples fato de sairmos de nós mesmos já é enriquecedor. A pessoa expande-se ao se abrir. Torna-se fecunda pelo fato de se abrir. Tão logo surge o sentimento de amizade por Deus ou pelos outros (pelo trabalho empreendido, acrescentaria eu), o tempo se abre e a pessoa percebe que não pertence a si mesma, que o único uso legítimo da própria vontade consiste precisamente em reconhecer que não se pertence. Partindo desse reconhecimento pode realizar, pode criar. Pois só é possível realizar e criar por amor. Mais: só é possível acreditar por amor. E isso é o que faz com que a fé em Deus esteja tão unida ao amor pelos irmãos, pois até Deus chega a nós pelo coração dos outros.

Portanto, o amor não é algo supérfluo, algo sobre o qual se dissesse: "Eu sou bom e com o que me sobra eu amo; eu dou de presente as sobras da minha maravilhosa alminha". Ao contrário, o verdadeiro amor cabe na frase: "Eu sou bom à medida que amo e vivo à medida que amo".

Sozinhos podemos correr tanto quanto um carro corre dentro de uma garagem, uma vez que, por sorte, os sonhos de nossa alma são sempre maiores que nossa própria alma, que não se desenvolve encastelada dentro das quatro paredes dos nossos interesses pessoais. O mais importante de nós mesmos está fora de nós: acima, em Deus; à direita e à esquerda, em tudo o que nos cerca. Por isso, o amor não é o creme e nem a cereja com que enfeitamos o bolo da vida. É a farinha com que o fazemos, para que seja verdadeiro.

Fundamentos da convivência

1. Conhecer a si mesmo

É muito importante para o desenvolvimento do ser humano aprender a estar com os demais. O conhecimento adequado de si mesmo é a base fundamental para se conseguir uma convivência fecunda e enriquecedora. Quando a pessoa se conhece tem bem nítidas as coordenadas de seu desenvolvimento. Conhecer as próprias qualidades e defeitos constitui a base, o ponto de partida. Isso significa defrontar-se consigo mesmo e tentar encontrar soluções psicológicas para *resolver-se* enquanto problema: ou seja, penetrar, aprofundar e assim conhecer-se. Conscientes das aptidões e das limitações pessoais, será mais fácil controlar os temporais e as tempestades que inevitavelmente hão de ocorrer nessa vida cotidiana e comunitária que é o convívio de uns com outros.

A pessoa não se conhece quando é insegura, imatura ou tem uma personalidade pouco sólida e mal estruturada. O amadurecimento da personalidade é uma meta de níveis progressivos que jamais atinge o nível máximo. Essa é a grandeza e a miséria da personalidade. Porque a personalidade é um projeto que sempre podemos melhorar para que nossa vida cotidiana partilhada possa transcorrer por canais adequados.

O conhecimento de si mesmo é tarefa de sempre e de todas as idades; poderíamos dizer que é uma tarefa permanente, porque o ser humano é um mistério para si próprio. Essa tarefa nos mantém ativos, olhando para o nosso interior; assim, podemos calibrar nosso potencial de possibilidades e superar os obstáculos para conseguir maior eficácia, agindo com coragem e entusiasmo.

Só partindo de um suficiente autoconhecimento é possível iniciar um trabalho de melhoria, de convivência harmoniosa e de auto-aperfeiçoamento. Isso exige conhecer o ponto do qual partimos, aceitarmo-nos como somos, saber quais são os aspectos inadequados que devemos modificar, quais as facetas que devemos estimular ou frear, e os meios para poder realizá-los.

Existem três fontes fundamentais para se obter um autoconhecimento adequado:

✧ a reflexão pessoal sobre os próprios pensamentos, critérios e procedimentos;

✧ a valorização objetiva dos próprios comportamentos e conquistas;

✧ a opinião que os outros têm sobre nós.

Hoje em dia, há muitos homens e mulheres que flutuam à deriva sem convicções, sem firmeza, sem compromisso e sem horizontes. O grande vazio moral que caracteriza essas pessoas leva-as a se converterem no pior inimigo de si mesmas, atormentadas pela ambição, pela riqueza, pela fama e pelo empenho com a aparência. Sem um necessário olhar, sereno e profundo, para o interior de si mesmas, são cada vez mais vulneráveis e mentalmente manipuláveis pelo meio ambiente.

Não há dúvida de que o autoconhecimento leva o ser humano a se converter no artífice de sua própria vida. O autoconhecimento nos leva aos níveis mais altos de perfeição a que nos é possível aspirar nesta vida, pois o nosso fim, bem como o fim da humanidade, não é a aventura, mas a perfeição intelectual e moral. E vale lembrar que esse aperfeiçoamento não consiste em fazer coisas extraordinárias, mas em fazer extraordinariamente as coisas ordinárias.

2. Aceitar a si mesmo

Ninguém está satisfeito consigo mesmo, ninguém nunca diz: "Consegui; cheguei onde queria". Seja o que for que faça ou possua, o ser humano sempre quer mais, mais e mais. É um ser "intradistante", sempre longe de si mesmo, sempre insatisfeito, sempre alimentando sonhos e ilusões — um viajante que jamais chega à sua pátria. É um ser infinito em desejos que nunca encontra a paz definitiva que preencha a sua ânsia, a saúde definitiva que cure a sua doença de mais, mais e mais.

Conhecer-se é o primeiro passo para que uma pessoa se torne responsável por si mesma. Precisa começar entrando em si para descobrir suas qualidades pessoais e abrir novos horizontes de mudança interior em sua vida. Conhecer e aceitar a si mesmo é a condição de toda a busca autêntica de paz e de felicidade.

"Todo homem", diz Martín Descalzo, "deve dar dois passos: o primeiro é *aceitar-se*; o segundo é *exigir-se*. Sem o primeiro caminhamos para a amargura; sem o segundo, para a mediocridade". (Sábia e correta recomendação.)

Sem a aceitação integral de nós mesmos, com nossos defeitos e nossas limitações, qualidades e possibilidades é impossível manter a alma serena e caminhar para uma convivência harmoniosa na vida diária do lar. A aceitação realista e humilde de si mesmo é o primeiro princípio da sabedoria do coração. Sem essa aceitação plena estamos descentrados e entristecidos e nos mostramos rudes no trato com os demais.

Quem, depois de se conhecer e de se aceitar, não conseguir encontrar razões para sonhar, não encontrará forças para lutar e transformar a sua vida. Enquanto cada um de nós não descobrir seu papel definitivo e reconciliar-se consigo mesmo, com seu interior, será impossível encontrar paz e felicidade, pois conhecer-se e aceitar-se é a condição de toda busca autêntica de paz, de convivência saudável e de felicidade.

Aceitar-se exige assumir e admitir os próprios defeitos, falhas e limitações, ter consciência da realidade pessoal e aceitá-la como um fato objetivo. Aceitar-se implica também em amar a si mesmo, apesar daquelas características pessoais, que possam ser negativas ou desagradáveis, conhecendo necessariamente que a natureza humana implica na existência de imperfeições.

Aquele que não aceita a si mesmo dificilmente pode aceitar os demais e ser capaz de dar e receber um afeto verdadeiro. De maneira geral, a auto-aceitação não significa uma atitude de resignação, uma aceitação dos aspectos negativos como algo inevitável ou insuperável. É exatamente o oposto disso. É o primeiro passo para superá-los, a partir de uma perspectiva objetiva e serena, sabendo que, embora seja um processo longo e difícil, é também eficaz, quando se tenta com constância e se utilizam os meios adequados de superação.

Entretanto, não basta aceitar-se; é preciso, constantemente, exigir mais, se não quisermos afundar na mediocridade, no limite do que é apenas superficial. A saudável cobrança a nós mesmos é o complemento adequado de nossa auto-aceitação e o fundamento mais sólido e eficiente para uma convivência enriquecedora no lar.

3. Fortalecer a relação

É preciso esforçar-se diariamente para polir, limar e corrigir os aspectos da personalidade que dificultam, entorpecem ou impedem o trato e a relação cotidiana. Trata-se de lutar pouco a pouco para eliminar o negativo e modelar os aspectos menos positivos do comportamento: *uma tarefa de reforma pessoal leve, porém contínua*. Suave e tranqüila, porém firme e consistente. Sem esses propósitos concretos é impossível esperar mudanças que favoreçam uma relação melhor.

O ser humano precisa de uma espécie de pequena contabilidade na qual possa registrar o débito e o crédito do dia-a-dia, um inventário e balanço, observando como flui a vida cotidiana. Por isso, a melhor coisa a fazer é estabelecer metas concretas e procurar alcançá-las com vontade firme. É comum ouvir alguém dizer que não consegue mudar, e aí está o erro. É possível corrigir traços de mau gênio, lamentações contínuas, incapacidade de ver o lado bom das outras pessoas. Quanta satisfação a pessoa sente quando se esforça e vence a batalha!

Dois atos são imprescindíveis para a boa convivência: *entender*, que indica, literalmente, inclinar-se na direção do outro e ir ao seu encontro; e *compreender*, que significa colocar-se no lugar do outro, abraçar, unir-se, fazer seus os interesses e os problemas do outro. Por isso, compreender é aliviar, desculpar, estender a mão. Tudo isso reforça a relação interpessoal e consolida a boa convivência entre uns e outros. Abertura e diálogo. Abertura significa, aqui, transcender os próprios limites para ampliar nosso mundo e ver nas pessoas mais velhas, nos próprios colegas, o caminho insuspeitado que eles próprios prepararam com sua vida e que agora é um desafio permanente para a posteridade e um meio eficiente para a convivência e a aproximação de uns a outros.

Quando dizemos a uma pessoa que compreendemos o que ela sente, que podemos imaginar o que está se passando com ela, nós a cercamos com nosso coração, aproximamo-nos dela. Na convivência na escola, no trabalho, na família ou entre amigos isso tem uma grande transcendência. A falta de compreensão é uma vivência dura, que amargura a vida na convivência diária. É necessário nos aproximarmos, nos esforçarmos para chegar a cada um dos nossos companheiros. O esforço para encontrar pontes de comunicação, o diálogo, é a chave para garantir uma convivência harmoniosa. A alegria do amor sincero é o melhor instrumento para melhorar a convivência.

4. Desenvolver respeito e estima

Respeito e estima são valores que constituem a base do convívio humano e abrangem todas as áreas da existência: idéias, sentimentos, emoções e projetos. Nenhuma pessoa tem o direito de dizer que ama outra se não a respeita, se não a aceita como ela é e se não tem grande estima por ela. Respeito é atenção, consideração, deferência, que faz levar em conta a dignidade do outro, apreciando-o por aquilo que ele vale; numa palavra: tolerância. O resto são palavras e vontade de confundir.

- Respeitar o outro é considerá-lo no mesmo nível que nós enquanto ser humano que tem o direito de ter suas limitações e fraquezas e de pensar de maneira diferente.

- Respeitar é valorizar no outro suas qualidades, fazer com que sinta que temos consideração por ele e que reconhecemos o que tem de positivo e de valioso.

- Respeitar é tratar o outro com a mesma especial delicadeza e tato com que queremos ser tratados.
- Respeitar é reconhecer as próprias falhas, atitudes e expressões pouco felizes que podem ter ferido o outro e pedir perdão com sinceridade e naturalidade.
- Respeitar é ajudar o outro a sentir-se bem em sua própria pele e a potencializar o melhor de si.
- Respeitar é deixar que o outro seja ele mesmo, com direitos inalienáveis. O respeito é anterior ao amor; é uma parte importante da sociabilidade e da solidariedade.

Os alicerces mais sólidos e duradouros da convivência assentam-se sobre a rocha firme do respeito e do convívio afetuoso e atencioso para com as pessoas que fazem parte da comunidade familiar, da escola, do lazer... Por outro lado, ninguém ignora que o respeito é um valor essencial para o cultivo e o desenvolvimento dos outros valores na família e na sociedade e em qualquer comunidade humana. Os níveis de respeito que atingimos são o indicador mais fiel dos estágios de nosso amadurecimento, equilíbrio e, em grande medida, de bondade.

5. Viver com entusiasmo

A evidência da dor e do mal na vida em sociedade não podem nos tornar incapazes de admirar a alegria e o bem que também existem nas relações sociais. Por isso, manter uma atitude entusiasta é uma tarefa socialmente importante, uma vez que essa atitude é sinal do grau de saúde e plenitude de um núcleo social: um grupo sem entusiasmo dificilmente entusiasmará outras pessoas a se juntar a ele, assim como uma sociedade de desanimados não pode entusiasmar ninguém de temperamento alegre.

Viver a vida com entusiasmo significa existir em totalidade e em essência. Vale lembrar que alguns casamentos não deixam filhos no mundo, mas deixam virtudes e caminhos abertos para o entusiasmo e para a esperança: demonstra que viver com entusiasmo todas as etapas da vida é um grande capital psicológico.

Um dos elementos que podem contribuir para manter o entusiasmo é favorecer o exercício da liberdade, de maneira responsável, tanto individual quanto socialmente. Afinal, é difícil viver apaixonadamente sem sentir-se implicado até à essência. E a liberdade humana não é para ser reservada, mas sim exercitada; só é desenvolvida a fundo à custa de progressivos graus de vinculação e de respostas a situações que o ser humano encontra ao longo da vida.

Portanto, saber ser responsável e livre nas pequenas questões de cada dia e nos pequenos detalhes de nossa convivência permite envolver-nos progressivamente em alguns centros de interesse de caráter mais social e comunitário, o que nos leva a viver com entusiasmo tudo o que se faz a cada dia.

6. Difundir civismo e cidadania

Os princípios éticos que fundamentam a conduta cívica e os valores da cidadania são universais e perenes. Para difundir a ética na educação, é necessário lembrar sempre daqueles que são mais importantes para a convivência.

- Solidariedade: é a ternura dos povos.
- O bem da maioria prevalece sobre os interesses particulares: é a força do bem comum.
- Respeitar para ser respeitado: a norma de ouro da ética, o fundamento da reciprocidade.
- Responsabilidade compartilhada: o bem público pertence a cada um dos particulares.
- A Constituição: é o ponto de referência indiscutível do cidadão.
- Respeito às minorias: uma obrigação de todos.
- A maioridade de um país: é o grau de responsabilidade que o povo outorga a si mesmo. .
- Acesso à educação: um direito de todos.
- Colaborar em momentos de crise ou perigo coletivo: um dever dos cidadãos.

Como educar para conviver?

Conviver significa viver em profundidade, descobrir a riqueza da inter-relação pessoal, descobrir no tempo a dimensão da amizade e do companheirismo. O trato pessoal em escala de comunicação é indispensável para se ter uma convivência harmoniosa. A convivência é uma tarefa, uma obrigação e um compromisso que requer tempo e amadurecimento. Aprende-se a conviver convivendo, assim como se aprende a esquecer esquecendo.

Viver em harmonia com os demais depende de uma série de fatores que podem e devem ser melhorados na área da *personalidade*, do *caráter* e da *educação*; se começarmos por esta última, as outras duas certamente também melhorarão.

Para melhorar a convivência

Vejamos algumas atitudes positivas, que ajudam a construir uma convivência sadia e satisfatória, e aquelas atitudes que chamamos de "negativas" porque precisam ser evitadas ou minimizadas quando se deseja melhorar os relacionamentos sociais, educando para conviver.

Atitudes positivas à convivência

◊ *Conhecer a si mesmo um pouco melhor*, e assim levar-se menos a sério. Procurar descobrir as qualidades que possui — para apoiar-se nelas — e os defeitos mais arraigados, para corrigi-los e anulá-los. Uma pessoa que não se conhece e não se aceita como é, que pensa que só possui qualidades positivas, é um ser em permanente desequilíbrio interior, suscetível, teimoso — porque, se age com boas intenções, acredita que tem sempre razão — aparentemente incompreendido e muitas vezes arrogante e orgulhoso no trato.

❖ *Desenvolver capacidade para aprender*, para conhecer coisas novas e para modificar atitudes. Os "imobilistas" vivem da autocomplacência ou então são torturados por um profundo complexo de inferioridade que os impede de rever suas propostas. Normalmente essa atitude é provocada pelo medo da incerteza do imprevisível.

❖ *Valorizar e apreciar as qualidades dos outros*, em vez de se fixar apenas nos defeitos, nos erros, naquilo que eles não fazem bem. Isso requer generosidade e esforço, pois nem sempre "nos apetece" fazê-lo com determinadas pessoas.

❖ *Apresentar uma compreensão empática*, o que exige colocar-se no lugar do outro. Assim, em nossas conversas, não faremos queixas ou críticas, e, ao mesmo tempo, viveremos o seguinte objetivo: falar sempre bem dos outros e, quando isso não for possível, calar-se.

❖ *Não sentir-se inimigo de ninguém*, pois podemos não concordar com as convicções dos outros, sem chegar a partilhá-las nem aceitá-las e, ao mesmo tempo, encontrar vários pontos de coincidência no relacionamento com essas pessoas.

❖ *Respeitar os demais* da mesma forma que desejamos ser respeitados e valorizados. Essa atitude chega a ter manifestações muito pequenas e materiais — uma gentileza, um sorriso, uma cortesia, conceder a palavra ou permitir a passagem etc. —, cuja raiz última está no valor que damos às pessoas com quem estamos lidando.

Atitudes negativas a uma convivência saudável

➡ *Dar a impressão de que consegue viver apesar dos outros*. Algumas pesssoas relacionam-se como se estivessem superando um obstáculo terrível; parece sempre verem diminuídos seus direitos pelos direitos dos outros. Essa atitude se exterioriza em uma relação fria, distante, tristonha e mal-humorada.

➡ *Encastelar-se na pequenez dos rancores ou nas parcialidades mesquinhas*. Esse tipo de atitude envolve de amargura o trato mútuo.

➡ *Alimentar o egoísmo*. É uma atitude que nos impede de ser compreensivos para com os defeitos dos outros e também em relação aos atritos próprios da convivência contínua; leva ao oposto da confiança mútua.

➡ *Permitir a ociosidade*, pois o ser humano ocioso pode tornar-se até estúpido. E os ociosos acabam sendo subjugados por seus instintos.

➡ *Envolver-se no comodismo*, que leva a pessoa a atender, primeiro, o seu próprio bem-estar; é sinônimo de egoísmo.

➡ *Entregar-se à ira*, porque é um sentimento perigoso e pode nos levar a cometer atos dos quais nos arrependeremos sempre tarde demais. É possível aprender a controlar a ira... para não sermos controlados por ela.

➡ *Permitir a grosseria*, que pode se manifestar de tantas formas que às vezes nem nos apercebemos delas... mas os outros sim.

> ### Algumas manifestações de grosseria
>
> - gestos nervosos e descontrolados;
> - linguagem ofensiva, carregada de frases ferinas e/ou irônicas;
> - "jogar indiretas" com a intenção de machucar; a cara feia;
> - as desconfianças, os ciúmes e as lamentações;
> - negligência e descuido no vestir, à mesa, no esporte e na conversação;
> - aspereza na maneira de cumprimentar, de falar, de fechar as portas etc.;
> - vulgaridade nos temas de conversação, na maneira de vestir e no vocabulário;
> - intemperança, que consiste em uma desigualdade de humor e na maneira de tratar as outras pessoas;
> - falta de tato, que não se deve confundir com sinceridade nem com simplicidade, que sempre são atitudes amáveis;
> - agressividade generalizada.

Normas para evitar dificuldades de convivência

- Não descuidar da aparência e do asseio pessoal.
- Evitar qualquer comportamento grosseiro.
- Saber escutar e dialogar.
- Cuidar das maneiras, evitando gritos, gestos, frases agressivas ou depreciativas, e qualquer falta de respeito para com o outro.
- Evitar reagir à agressividade com mais agressividade.
- Saber esperar e buscar o momento oportuno para cada coisa.
- Cuidar dos pequenos detalhes, evitando os que não têm importância e que irritam muito o outro.
- Ser suficientemente compreensivo(a) e tolerante.
- Evitar discussões, desqualificações, críticas e agravos repetitivos e desnecessários.
- Promover a alegria e o sentido do humor.
- Evitar atitudes excessivamente dominadoras, possessivas ou ciumentas.
- Procurar conhecer mais o outro e deixar-se conhecer por ele.

Material pedagógico

Texto para jogral

CONVIVER PARA APRENDER

- ✗ Se convivermos com a crítica, aprenderemos a condenar.
- ✗ Se convivermos com a hostilidade, aprenderemos a brigar.
- ✗ Se convivermos com o medo, aprenderemos a ser apreensivos.
- ✗ Se convivermos com a comiseração, aprenderemos a sentir pena de nós mesmos.
- ✗ Se convivermos com o ridículo, aprenderemos a ser tímidos.
- ✗ Se convivermos com o ciúme, aprenderemos a nos sentir culpados.
- ✓ Se convivermos com o estímulo, aprenderemos a ser confiantes.
- ✓ Se convivermos com a tolerância, aprenderemos a ser pacientes.
- ✓ Se convivermos com a aprovação, aprenderemos a ser realistas.
- ✓ Se convivermos com o elogio, aprenderemos a apreciar.
- ✓ Se convivermos com a aceitação, aprenderemos a amar.
- ✓ Se convivermos com o reconhecimento, aprenderemos que é bom ter uma meta.
- ✓ Se convivermos com a honestidade e a justiça, aprenderemos o que significam a verdade e a eqüidade.
- ✓ Se convivermos com a amizade, aprenderemos que o mundo é um lugar agradável para se viver.
- ✓ Se convivermos com a serenidade, nossos companheiros viverão com a mente em paz.
- ✓ Se convivermos em verdadeira comunidade, teremos um exemplo de como é o céu.

(J. Maurus)

Questões para reflexão pessoal

1. Em que você fundamenta a convivência nos seus ambientes familiar, escolar, de trabalho, de lazer?

2. Que compromissos precisa tomar para melhorar sua convivência?

3. Como você é nas relações com os demais: otimista ou pessimista; delicado e discreto; simpático e sincero; sóbrio e simples?

4. Você é mais exigente com os outros do que com você mesmo?

5. Do que você se despojou para navegar mais rápido no mar da vida: seus ideais, sua vontade de procurar a verdade sempre e em tudo, seu anseio de lutar pela justiça, seu entusiasmo? Qual desses despojamentos você precisa recuperar mais urgentemente?

6. Há obstáculos que o(a) impedem de se abrir a uma convivência harmoniosa e equilibrada? Quais são?

7. Elabore os compromissos que o(a) levariam a acolher este desejo: "Que minhas mãos fiquem gastas de tanto apertar outras mãos e partilhar".

2 SOLIDARIEDADE

Partilhar com os menos favorecidos os benefícios da vida é um verdadeiro sinal do amor; quem não proceder assim não ama. Por isso, é quase impossível escrever livros que não estejam relacionados com a justiça, a paz e a solidariedade. Como assistir às trágicas e violentas imagens da guerra sem um nó na garganta e sem sentir náuseas diante de tanto egoísmo, ódio e incompreensão? Quando terá fim esse sonho ruim que nos mantém com o coração inquieto e o medo à flor da pele? É preciso dar início a uma pedagogia da solidariedade, que comece nos corações de cada ser humano e que continue nos lares, nas escolas e na rua.

Um princípio moral e um espaço para o amor

A solidariedade não é uma faceta a mais da caridade e sim parte de sua essência. Os outros não nos são alheios, não são simples objetos aos quais devemos ajudar; são parte de nós mesmos, desse corpo gigante formado por aqueles que acreditam no amor desprendido.

Os caminhos da solidariedade têm muitas direções. Não nos levam só às pessoas que nos são mais simpáticas ou às que podem satisfazer nossos desejos. Também chegam àquelas que mais precisam de nossa ajuda: os pobres, os marginalizados, as vítimas da injustiça, os velhos, os doentes, os jovens, as crianças.

Parafraseando o livro dos Provérbios, irmão ajudado por seu irmão é como uma cidade forte, e as querelas são como os ferrolhos de um palácio. Por isso, aplicar os parâmetros da solidariedade a um mundo doente representa o amanhecer de uma justiça que consegue fazer com que a luz do amor beije as feridas abertas pelo ódio e pela incompreensão, para curá-las de modo definitivo.

Podemos encontrar, bem perto de nós, motivos mais do que suficientes para solidarizar-nos com o sofrimento alheio. Quem não adivinha todos os dias os ardores da dor marcados na carne e no espírito de um irmão? Quantas vezes observamos uma mão estendida que procura desesperadamente amor, compreensão, ajuda?

Há um poema malauiano bastante adequado para refletir sobre essas questões. Diz o seguinte:

> Eu tinha fome e fundastes um clube com fins humanitários no qual se discute a falta de alimentos.
>
> Eu vos agradeço.
>
> Estava na prisão e fostes à igreja para pedir por minha libertação.
>
> Eu vos agradeço.
>
> Estava nu e examinastes seriamente as conseqüências morais da minha nudez.
>
> Eu vos agradeço.
>
> Estava doente e caístes de joelhos para agradecer ao Senhor por ter-vos dado boa saúde.
>
> Não tinha um teto para morar e pregastes-me os recursos do amor de Deus.

Vós pareceis tão piedosos, tão próximos de Deus! Mas eu ainda tenho fome, ainda estou sozinho, nu, doente, prisioneiro e sem teto.

Sinto frio...

Então, por que continuamos a "procurar Deus fora do homem"? Para que servem tantas palavras bonitas, gestos que impressionam, lamentações sugestivas, quando o ser humano, nosso irmão, continua sofrendo os arranhões da injustiça? Quando conseguiremos que Deus faça parte de nosso dia-a-dia, sem evasões inúteis nem queixas estéreis?

É possível que tenha chegado a hora de deixar de lado as lamentações, inclusive as promessas, e de entrar nos becos da injustiça para libertar, de dentro, o ser humano injustamente oprimido. Deus criou os bens para todos e deseja que todos desfrutem deles com uma atitude de ação de graças. Deus fez o ser humano livre e quer que ele use essa maravilhosa liberdade de maneira construtiva. Deus destinou o homem a construir um mundo melhor com uma ação construtiva; por isso, quer trabalho para todos. Deus vem para libertar o homem da dor e deseja que haja hospitais, médicos e remédios para todos. Deus nos fez irmãos, solidários e acolhedores, para que formemos, entre todos, um paraíso de fraternidade universal.

Para chegar até Deus é indispensável ter passado antes pela porta de cada ser humano. Voar por regiões etéreas de um espiritualismo descarnado poderá nos dar alguns momentos passageiros de satisfação, mas não conseguirá satisfazer nossa ânsia infinita de total felicidade.

Cada um de nós é responsável por mais justiça no país, mais solidariedade, mais paz. Podemos pedir a Deus ajuda, força, estímulos, mas somos nós que devemos aliviar a dor e a injustiça.

O significado do termo

A palavra "solidariedade" vem do latim *solidus*, que designava uma moeda de ouro sólida, consolidada, não variável. Daí derivam os termos soldo, soldado, soldar, consolidar, solidez e, a partir da metade do século XIX, solidário e solidariedade. O termo "solidariedade" alude a uma realidade firme, sólida, poderosa, valiosa, alcançada pela junção (soldagem) de seres diferentes. Tal junção constitui uma estrutura, a qual é fonte de solidez, dinamismo e leveza. Um edifício imenso, se estiver bem estruturado, não pesa, é acolhedor. Uma sinfonia muito extensa, se bem montada, tem um dinamismo interno que a faz manter-se viva o tempo todo e capaz de despertar entusiasmo e não tédio. Uma multidão de pessoas devidamente organizadas é inexpugnável, devido à energia e à firmeza que possui.

Na vida social, consegue-se um tipo de estrutura sólida, dinâmica e leve por meio do vínculo solidário de cada pessoa com as demais e com o conjunto. Os seres humanos fazem esse vínculo porque sabem que não são meros indivíduos (seres isolados dos outros, independentes, autônomos), mas pessoas (seres abertos ao meio ambiente por necessidade constitutiva, uma vez que são seres de encontro).

Todo ser humano se desenvolve criando vínculos com outras realidades e estabelecendo formas de vida comunitária.

Esse vínculo é formado quando as diferentes pessoas assumem os mesmos valores. Nada pode nos unir tanto quanto o compromisso de cada um com algo valioso. Pensem nos músicos tocando numa orquestra: é admirável a unidade com que agem em relação ao ritmo, ao tom, à intensidade... ficamos atônitos diante da harmonia que surge, como um milagre, do conjunto das várias vozes. A que se deve essa maneira harmoniosa de dirigir? O maestro não os empurra; sugere-lhes o caminho a seguir. O caminho é a interpretação fiel da obra. Esta encerra um grande valor. É esse valor que une os intérpretes. Portanto, todos são solidários porque respondem ao chamado de um valor. A solidariedade caminha com a responsabilidade, e esta depende da sensibilidade para os valores.

Para ser solidária, cada pessoa deve responsabilizar-se por conta própria pela riqueza que os valores encerram — ou seja, pelas possibilidades que lhe abrem para sua vida — e assumi-los. Os valores não se impõem; atraem, pedem para ser realizados. Devemos ouvir o chamado do valioso e assumi-lo de modo lúcido e voluntário. Esse chamado é "a voz da consciência". A solidariedade só é possível entre pessoas que sentem na consciência — em sua interioridade — o apelo de algo que vale a pena e acreditam nele. A solidariedade só é possível entre pessoas que "têm consciência" e se unem por sua vontade a algo valioso. Quando a realidade valiosa sofreu grave perda, a voz da consciência aviva nosso sentimento de solidariedade, ou seja, de compromisso ativo e sacrificado. A solidariedade manifesta-se no testemunho de adesão, devido à esperança de que é possível salvar o valor ameaçado.

Solidariedade significa generosidade, desprendimento, espírito de colaboração e de participação. E a generosidade opõe-se ao egoísmo, assim como a magnanimidade é contrária à pusilanimidade e à estreiteza de objetivos. Por exemplo, um homem generoso desprende-se magnanimamente do que é seu com o afã de cooperar e de participar na formação de vínculos de convivência. Uma mãe esgota-se cuidando do filho doente e nem por isso se sente generosa. É porque o verdadeiro amor cria entre os que se amam um espaço agradável, no qual se supera a diferença do meu e do seu. Nesse espaço não se dá, partilha-se; nesse espaço é que mora a solidariedade.

Fundamentos da solidariedade

A solidariedade pede um encontro consigo mesmo, uma conversão pessoal que supere o egocentrismo e o individualismo. Ao ir em direção ao outro, a pessoa se converterá radicalmente; não poderá dar um passo se não tiver começado a se converter, porque ir em direção ao outro exige muito desprendimento. Abrir-se ao outro exige esvaziamento, assim como viver para o outro exige morrer para si mesmo.

Coloque-nos a caminho. Vamos tornar a nossa personalidade peregrina, com tudo o que isso representa de desacomodação, procura, surpresa, crescimento, confiança e esperança.

1. Sair de si

Sair de si é a primeira expressão necessária para descobrir os valores na nossa vida: sair de casa, sair dos nossos recintos e acomodações, sair dos nossos preconceitos e ideologias, sair dos nossos interesses, preferências e confortos, rotinas e mediocridades. Despojar-se de todas as suas seguranças. Sair para o futuro, como Abraão, como os reis magos.

Sair de si. Abandonar as preocupações. Afinal, são tantos problemas que bastam e sobram! Por que uma pessoa ainda tem de se preocupar com os problemas dos outros? Chega de complicações, um basta para essa história de que está desempregado(a), de que o casamento não vai bem, de que o filho é usuário de drogas, de que recebeu um diagnóstico de uma doença incurável, de que não sei onde há gente que está morrendo de fome, de que vai muito mal nos estudos, de que não se entende com os próprios pais, de que foi abandonado(a) pela namorada... e sei lá quantas coisas mais.

Sair também de nossas ocupações habituais. Ficamos tão ocupados com nossas coisas que não nos resta tempo para os demais. Nem mesmo para a nossa própria família. E quando chegamos em casa, a única coisa que desejamos é ver televisão, relaxar e descansar.

Você se lembra do quanto Marta estava ocupada e preocupada? Tanto, que mal cumprimentou o Mestre nem dedicou-lhe um minuto para reavivar a amizade. Cristo caminhara até Marta, mas Marta não deu um passo até Cristo. Estava ocupada demais com a casa. Cristo havia entrado na casa de Marta, mas Marta não entrou na casa de Cristo. Estava preocupada demais com suas coisas. Tantas, até a agonia e a angústia. E Jesus a corrige. Muita pressa, Marta, mas uma coisa só é necessária. E sabe o que é? É o encontro; o necessário não é a comida, mas a comunhão.

2. Caminhar para o outro

Depois de abrir a nossa porta e ver o que existe do lado de fora, comecemos a caminhar. Depois de ver uns e outros, vamos ao encontro deles. Mas é preciso *saber ver*. Lembra-se do príncipe Sidharta Gautama quando resolveu abrir as quatro portas do seu palácio? Viu com a mente e com o coração. Viu os outros; viu os doentes e miseráveis; viu o sofrimento; sentiu-se responsável e então pôs-se a caminho. Lembra-se também de quando o padre Damião ou Raul Follereau viram os leprosos? Não deixaram de caminhar para eles; um, até tornar-se leproso; o outro, até sacrificar tudo por eles.

Seria preciso lembrar aqui tantas histórias que foram verdadeira peregrinação e que começaram com um olhar: são Vicente de Paulo quando viu os pobres; Luther King, quando viu a escravidão dos seus irmãos de cor; monsenhor Romero, quando viu o sofrimento do seu povo; os jesuítas de El Salvador, quando viram a causa de tanta miséria. Que peregrinações as deles! Outros, em compensação, abriram a porta, olharam e ficaram em casa. Tristes histórias, como a do jovem rico, a de Kevin Carter, talvez a sua e a minha.

Caminhar para o outro significa começar *a conhecê-lo*; não só saber seu nome, mas toda a sua verdade. Não é nada fácil. Passamos anos convivendo com uma pessoa e não a conhecemos. "Tanto tempo com você e ainda não me conhece?" Não é fácil, porque nos deixamos levar pelos preconceitos, pela superficialidade, pelo que dizem.

Depois, é preciso *reconhecê-lo*, o que significa compreensão e estima. É preciso aceitar e valorizar a pessoa como ela é. Temos de saber que ela é diferente e nos alegrar por isso. É a acolhida mental. Difícil também aceitar a diferença, sobretudo quando ela desestabiliza ou nos supera. É mais fácil deixar-se levar pela inveja, pela crítica ou pelo choque direto.

Outro passo seria deixar-se *interpelar*. O outro tem coisas para dizer ou para ensinar ou para pedir a nós. Escutemo-lo. Davi deixou-se interpelar por Natã. O príncipe Naamã, por Eliseu. Pedro deixou-se interpelar por Paulo e Paulo pelo jovem macedônio, quando estava em Trôade. Bartolomeu de las Casas deixou-se interpelar pelo sermão do padre Montesinos e Pedro Claver, pelos negros escravizados. E, tantos e tantos outros, pela palavra dos que sofrem e que suplicam, sempre, pela palavra interior de Cristo.

Sejamos vulneráveis e deixemo-nos interpelar, ou julgar, ou ensinar pela palavra, pelo silêncio, pela dor do outro.

Para refletir

Você se encontra com o outro quando sente, sofre e se alegra com ele.

Quando faz suas as coisas do outro, como se fossem "sua própria carne".

Você se encontra com o outro quando sabe partilhar com ele seus bens e seus talentos, quando partilha com ele o que você tem e o que você é, quando pega a carga dele e a carrega junto.

Você se encontra com o outro quando vocês juntam seus sonhos e capacidades, quando trabalham juntos em um mesmo projeto, quando lutam pelos mesmos ideais, quando cultivam esperanças comuns.

> Você se encontra com o outro quando vocês amam em amizade limpa, em doação desinteressada, de forma criativa, em união progressiva, até à verdadeira comunidade.
>
> Você encontra com o pobre quando começa a ser pobre e a viver com os pobres e a lutar com eles e a esperar como eles. Este é o encontro total.
>
> Que você tenha um bom encontro com a solidariedade, irmão. Não é um caminho de rosas. Vai precisar de muita decisão e de muito coração. E vai precisar, sobretudo, de que alguém, o outro invisível, o acompanhe e lhe dê a mão. Sem sua ajuda maravilhosa será impossível. Mas valerá a pena. Se você chegar à meta, encontrará Cristo ressuscitado.

3. Viver o agora

A juventude nos fala de um tempo especialmente favorável, um tempo de bênção e de graça, propício para a superação e o crescimento. É o agora; não podemos perder de vista esse tempo, não podemos deixar passar as oportunidades benéficas. *Carpe diem*: aproveitemos a oportunidade e a sorte.

Os tempos de graça que nos coube viver não podem ser desperdiçados; têm tamanha intensidade que podem converter-se em um quase-sacramento temporal. Isso não é de estranhar, porque toda a vida do ser humano, e especialmente a do jovem, está orientada para viver em plenitude os valores do espírito. E o compromisso cristão, como todos os compromissos, não se reduz a um momento pontual, à chama de uma campanha ou de uma moda; são realidades dinâmicas que incluem uma longa preparação e alguns compromissos posteriores. Os compromissos e as responsabilidades solidárias realizam-se e se estabelecem na vida.

Há um sentido pedagógico em pensar o agora. Mas Cristo nos ensinou a não absolutizar nada além de Deus; nem o tempo. Não existem dias, lugares ou coisas mais santas do que outras. Todo tempo pode ser favorável, todo dia pode ser domingo, toda hora pode ser de graça. E pode ser Natal cada vez que nascer uma criança ou que algo nascer nas pessoas, sem ser preciso esperar pelo dia 25 de dezembro. E Páscoa pode ser todas as vezes que nos amamos, que algo ressuscita em nós e todas as vezes que um homem de fé "passa" para o Pai, e a Paixão se repete todos os dias. E todas as semanas podem ser santas. E a Quaresma renova-se em cada luta libertadora, em cada esforço superador, em cada gesto de solidariedade.

Quando é tempo favorável? Um homem sábio e santo respondeu de modo acertado ao rei que procurava a melhor maneira de governar. Queria saber o tempo oportuno para cada negócio, as pessoas mais necessárias para ajudá-lo e a obra mais importante a empreender. Os conselheiros haviam lhe dado todo tipo de resposta. O santo ermitão respondeu-lhe com a própria experiência. Disse: "O tempo mais oportuno é o momento presente. O homem mais necessário é aquele que está com você ou que está esperando por você. A obra mais importante é aquela que você tem em mãos".

A obra mais importante é aquela que nós estamos fazendo agora (desde que a façamos bem e que façamos sempre o bem). As outras coisas, "importantíssimas", podem esperar. A pessoa mais necessária é aquela que está junto a nós física ou espiritualmente; é aquela que faz cobrança e que neste instante espera por nós e precisa de nós. Os outros também são importantes e também serão necessários, mas no devido tempo. E o tempo oportuno é o agora.

É fácil cair na tentação de fugir do presente com sonhos do futuro ou lembranças do passado. Porém, dessa forma, como disse Pascal, não vivemos nunca e sempre estamos esperando para viver. Também os psicólogos, como o dr. Wayne, repetem sem cessar que colocar-se em contato com seu *agora* representa a essência de uma vida positiva... que não existe outro momento que se possa viver...que o *agora* é tudo o que existe e o futuro é apenas um outro momento presente a ser vivido quando chegar. E não podemos nos esquecer de que a ilusão sempre pode ser renovada, como neste pensamento de uma escritora inglesa:

"Em outros tempos, o mês de novembro era o meu favorito: brumas, suaves trinados de pássaros... Agora, sou feliz porque tenho doze meses favoritos".

Vivamos o agora e com toda a intensidade. Certamente encontraremos uma paz agradável e uma surpresa renovada. Não cairemos na rotina e não entraremos em estresse. Cada um de nós encontrará a si mesmo e descobrirá o mistério do outro. Tudo pode ser novo. Tudo será gratificante. E não duvidemos: tornar-se-á muito mais fácil para nós a oração, a abertura a Deus.

4. Contribuir para uma vida mais harmoniosa

Eu não me dei a vida; mas posso embelezá-la ou enfeiá-la. Isso, sim, depende de mim. A beleza da minha vida é o resultado do meu saber viver. Mas, por desgraça, em nossa sociedade, muitos de nós se empenham mais em preparar as crianças e os jovens para ganhar dinheiro — quanto mais melhor —, do que para saber viver, para conseguir embelezar suas vidas, para ser feliz e poder dar felicidade a todos à sua volta.

Os bons educadores procuram oferecer aos jovens uma escala de valores que determinará boa parte das decisões do adulto de amanhã. É uma longa escala[1]. No entanto, afirma-se com freqüência que estamos vivendo

---

[1] Em outro livro, eu me propus a listar os valores que estão recuperando o seu lugar na família, na escola e na sociedade; registrei nada menos que 253 valores. Cf. IZQUIERDO MORENO C. *El mundo de valores*. Venezuela, Paulinas, 1998.

uma crise de valores ou, quem sabe, uma perda, que na crise talvez estejamos perdendo alguns valores que seria conveniente lutar para mantê-los. Pode ser. Mas, por outro lado, é utópico afirmar que o melhor que poderia acontecer com o dinheiro é que ele desaparecesse, que pessoas deveriam ser capazes de trocar gratuitamente todos os serviços de que necessitam. O que podemos fazer é tentar construir uma sociedade mais justa, eqüitativa, solidária, desinteressada e desprendida. E isso, temos certeza, não se consegue fazendo do dinheiro o valor máximo. Na verdade, o que acontece é que, como já disse T. Fuller, os seres humanos utilizam a pedra para provar o ouro, mas o ouro é a pedra de toque para provar o humano.

Fiquei gratamente surpreso ao ouvir alguém dizer que haveria um congresso para tratar e talvez promulgar os deveres do homem. É curioso pensar como somos sensíveis ao valor dos nossos direitos, mas não tão facilmente ao dos nossos deveres, que também são um valor; com isso, nos esquecemos de que, freqüentemente, o *valor direito* e o *valor dever* são correlatos: a um direito seu corresponde um dever meu e a um direito meu corresponde um dever seu. Quando uma pessoa sabe viver simultaneamente os direitos que defende e os deveres que cumpre, está embelezando sua vida e o ambiente social em que vive; está contribuindo para uma convivência harmoniosa, agradável a todos os que compartilham de sua vida; é ser gerador de felicidade.

Certa vez, uma pessoa amiga, encontrando-se a passeio por uma cidade de montanha, viu quando um carro tentava sair de uma rua secundária para entrar numa principal. Meu amigo percebeu que o motorista não tinha visibilidade para a manobra; então, pegou para si o pequeno incômodo de orientá-lo para que pudesse seguir seu caminho. Com isso, conseguiu que um sorriso de agradecimento aflorasse aos lábios do motorista, pela atenção recebida: uma pequena gentileza, uma vida mais bonita para os dois. E o preço pago foi só o esforço mínimo de olhar em ambas as direções e indicar que o caminho estava livre. Não faltam oportunidades como essa para embelezar nossa vida e contribuir para a felicidade de todos os que nos rodeiam. Basta sermos sensíveis aos outros, às suas necessidades e direitos.

As tarefas existenciais

O projeto humano de vida pressupõe um compromisso pessoal, um desenvolvimento criador e libertador voltado para o "por-vir". O projeto não envelhece, renova-se a cada dia quando o ser humano dá sentido à sua vida por meio de um compromisso com a comunidade. A maioria realiza-o primeiro no trabalho, na amizade, na convivência, nas relações sociais e posteriormente no casamento e na família. E, se tem fé, frente a Deus. Estes são os espaços fundamentais da vida do homem: em relação a si mesmo, aos demais e a Deus. Assim tornemos a vida humana completa em suas três dimensões:

- desenvolvimento de nossas qualidades;
- preocupação com o bem dos demais;
- orientação a Deus.

Crescer nas três dimensões, por igual, é formar uma pessoa completa. Nenhum trabalho e esforço é insignificante para este desenvolvimento da pessoa. Para adquirir maturidade é preciso exercitar-se no diálogo com os demais e, para esse diálogo, temos de aceitar nossas limitações, escutar, respeitar o que diz e pensa nosso próximo, saber encontrar a presença e a graça de Deus em todas as coisas humanas, pequenas, cotidianas, naquelas que agradam e nas que incomodam, olhando a vida com otimismo através da mensagem cristã.

Uma corrente de solidariedade une todos os seres humanos e os torna membros de uma mesma família (*mater et magistra*). Ninguém pode chegar à perfeição total a não ser em comunhão com seus semelhantes. Toda a família humana encontra-se ligada por uma tarefa conjunta: trabalhar pelo bem comum de toda a humanidade. E cada um dos seres humanos, especialmente os seres de fé, tem três tarefas existenciais: uma é pessoal, a outra é comunitária, e a outra é salvadora e libertadora.

A convivência humana é, antes de tudo, viver com entrega, solidariamente. Quem não for capaz de dar-se, de sacrificar-se, de entregar-se, não será jamais capaz de conviver em plenitude.

Tarefa pessoal

O ser humano é capaz de possuir-se, de realizar-se com sua inteligência e liberdade; é capaz de conhecer e amar; é capaz de relacionar-se, de comunicar-se com os demais; mas não nasce pronto: tem de fazer a si mesmo. Precisa lutar para se humanizar, para se personalizar, ir em busca de sua perfeição integral.

A convivência humana é, antes de tudo, viver com entrega, solidariamente. Quem não for capaz de dar-se, de sacrificar-se, de entregar-se, não será jamais capaz de conviver em plenitude.

Tarefa comunitária

O ser humano é sociável por natureza, porque somente vivendo comunitariamente ele consegue realizar sua tarefa pessoal. Isso nos indica em toda a sua amplitude que a tarefa fundamental do ser humano consiste em poder existir em comunidade, em saber conviver.

O ser humano não é algo fechado em si mesmo, como afirmam as doutrinas individualistas, mas também não se resume a uma simples entrega impessoal à comunidade, como sustentam as doutrinas totalitárias. O ideal para a convivência humana, para incrementar e potencializar a solidariedade está em saber viver em profundidade suas tarefas existenciais.

Vale aqui lembrar a frase: "Procurei a Deus e não o encontrei, procurei a mim mesmo e também não me encontrei, procurei meu próximo e encontrei os três".

Tarefa de libertação solidária

Além da tarefa comunitária, o ser humano tem sua existência comprometida com uma espécie de salvação. No entanto, a tarefa de salvação humana não se identifica só com o sentido religioso da expressão, pois a salvação de Cristo é a libertação radical de toda indigência, miséria, pecado, exploração e injustiça.

Portanto, a libertação humana consiste em maior realização do ser humano e na criação de uma sociedade nova, na qual o homem tenha-se libertado de toda forma de escravidão. Libertação como conquista pessoal da própria liberdade e exercício dessa liberdade para dentro e para fora. É uma tarefa de libertação integral e de promoção da pessoa em todas as suas dimensões. É a comunhão dos humanos entre si e com Deus.

Como educar para a solidariedade?

O jovem precisa alcançar sua perfeição pessoal no seio da comunidade humana, porque é, a um só tempo, um ser pessoal e um ser comunitário. Isso nos mostra, em toda sua amplitude, que a tarefa do jovem consiste em fazer-se em comunidade, em saber conviver, em ser ser solidário.

Na verdade, o fundamento de educar para a solidariedade está em desenvolver a noção de que tudo o que existe no ser humano nos mostra que ele não é um ser fechado como um círculo, mas aberto como um ângulo. Que é um ser feito para a troca, para o encontro, para o diálogo com as coisas, com o mundo, com as pessoas e com Deus. Que a pessoa humana não pode realizar seu destino na solidão, mas sim com as demais. Que Deus não criou o ser humano em solidão, mas em comunidade pessoal: criou homem e mulher.

A narração do Gênesis é um bom exemplo do estado de vazio e de solidão, da sensação de ser inacabado experimentada por Adão, o homem, diante da criação, antes que Deus pusesse diante dos seus olhos a mulher, o complemento que lhe faltava para sua perfeição humana.

É importante mostrar ao jovem que o ser humano não é um ser solitário, e sim, solidário, que sua vocação tem um caráter essencialmente social, que não pode alcançar a perfeição fechando-se em si mesmo, mas na comunhão com os demais seres da sociedade humana. Comunhão de homem e mulher, de pais e filhos, na sociedade familiar, na sociedade eclesial; comunhão no grupo étnico, na nação, na humanidade.

Todas as sociedades são constituídas por uma série de valores físicos, intelectuais, culturais e religiosos que o jovem assimila e com eles pode crescer e se desenvolver até à perfeição. No entanto, uma grande tendência do mundo moderno é perder o sentido comunitário, o sentido humano nas relações sociais. O ser humano de hoje algumas vezes se dilui e se perde na convivência, fechando-se em si mesmo, sem um olhar amplo para a sua comunidade social. O jovem precisa aprender a viver em sociedade, a olhar para a sociedade, a ver nela pessoas que pode amar e não objetos dos quais deve se servir para seus interesses egoístas, como pregam algumas propagandas.

Freqüentemente os educadores lamentam a falta de valores éticos em nosso mundo e na vida social, e as conseqüências dessa situação em todas as áreas da vida, desde a deterioração do caráter das pessoas até à diminuição da qualidade de vida. Mas, serão capazes, esses mesmos educadores, de analisar de que maneira seus comportamentos práticos geram valores ou se, ao contrário, dificultam sua difusão? É importante que, como ponto de partida, nós, educadores, recuperemos a vontade de querer a solidariedade e, principalmente, de viver a solidariedade tanto familiar quanto socialmente. Este é o mais eficiente caminho da verdadeira educação para os valores.

Você é solidário quando...

- vê com toda a clareza que o amor aos demais define realmente sua personalidade;
- afirma e vive que estar engajado num voluntariado social é a maneira prática de viver a solidariedade;
- está convencido/convencida de que a solidariedade será palavra vazia se você não fizer alguma coisa pelos outros;
- considera que *entregar-se* e *preocupar-se* com os demais é o outro lado do seu *eu*;
- tem as mãos sempre abertas para ajudar e servir aos que estão marginalizados e marginalizadas da grande dignidade humana;
- descobriu que foi criado/criada para viver para os demais, ou seja, viver em solidariedade;
- expressa sua solidariedade sintonizando as alegrias, esperanças, tristezas e angústias de seus colegas, também adolescentes;
- compromete-se a erradicar as escravidões e marginalizações do seu ambiente familiar, escolar e social;
- percebeu que a maior prova de solidariedade que você pode dar a uma pessoa é dar a vida por ela;
- considera Jesus de Nazaré como a pessoa mais solidária que já existiu neste mundo, pois Ele deu a vida por todos nós, para fazer-nos filhos e filhas de Deus e seus amigos...

Se tudo isso é vida em seu coração, você já é, ou virá a ser, uma pessoa solidária. Com toda a certeza!

Material pedagógico

Textos para análise em grupo

- Ler silenciosamente cada texto, procurando identificar sua relação com o valor solidaridade.

- Analisar os textos com o grupo e redigir uma moral para cada um.

Texto 1:

A VELHA E A CEBOLA

Era uma vez uma velha muito má, que morreu. A mulher havia realizado uma única boa ação na vida. Chegaram então os diabos e a jogaram no lago do fogo. O anjo da guarda, que estava lá, porém, pensou: Qual terá sido a boa ação dela de que eu poderia me lembrar para contar a Deus? Então, teve uma idéia e foi dizer a Deus:

— Uma vez, ela arrancou uma cebola de sua horta e deu-a a um pobre.

E Deus respondeu, complacente:

— Pegue essa mesma cebola e jogue-a no lago, de maneira que ela possa segurar-se nela. Se você conseguir tirá-la do lago, ela irá para o paraíso; mas, se a cebola se quebrar, então ela terá de ficar onde está.

O anjo correu para o lugar onde estava a mulher e lhe estendeu a cebola.

— Pegue, mulher, segure firme, vamos ver se consigo tirá-la daí.

E começou a puxar com cuidado. Quando já estava quase saindo, os outros pecadores que estavam no lago do fogo perceberam e começaram todos a se agarrar à cebola, querendo também sair. Mas a mulher era má e os chutava, gritando:

— O anjo vai tirar a mim e não a vocês; a cebola é minha, não é de vocês!

Mal acabou de pronunciar essas palavras quando a cebola se partiu ao meio. E a mulher voltou a cair no lago do fogo e lá está queimando até hoje.

E o anjo partiu chorando.

(F. M. Dostoievski)

Texto 2:

Ah! Senhor, como estamos derrubados os dois!

Kati tem a alma partida. Partiu-se numa noite de vinho e solidão. Kati amaldiçoou a vida enquanto guardava no bolso vazio uma nota de mil pesetas*. A partir de então, Maria é um canto perdido pelas esquinas escuras do bairro chinês de Bilbao. Os homens alugam seu corpo a preço de mercado, enquanto ela espera que alguém dispa sua alma e, vendo sua infelicidade, leve-a para casa a fim de cuidar de suas feridas com curativos de carinho.

Luísa é o anjo da guarda das prostitutas do bairro chinês de Bilbao. Leva na mão a espada que o arcanjo são Gabriel lhe emprestou para defender o paraíso dos direitos e da dignidade das pessoas, e, em seus olhos, olhares de compreensão e ternura. Ela nunca fez o papel de anjo exterminador, mas tirou muitas mulheres da prostituição. Só usa a espada em caso de legítima defesa dos garotos e garotas da rua. Seus direitos, enquanto pessoas, estão pelo chão.

O céu de Bilbao é uma pesada camada de anidrido carbônico. Kati está na esquina, como sempre. Luísa cumprimenta-a.

— Como vai, Kati?

— O que você acha? Esperando para ver se este é meu último dia.

Kati está há dezessete anos esperando que algum homem se apaixone por ela e a tire da rua, em definitivo.

Kati fica um instante em silêncio e continua:

— ... mas, depois de todos esses anos, só se o próprio Deus viesse me tirar daqui.

Luísa compreende e se afasta, pensando que nem todas as pessoas tiveram as mesmas oportunidades na vida. A vida não é justa com muitas pessoas.

Maria está abatida e doente. Maria sonhou muitas vezes que um homem bom chegava à sua esquina e a pedia em casamento. Mas já faz alguns anos que Maria parou de sonhar.

---

* Cerca de 7 dólares (N.T.).

Hoje, Maria não desceu à esquina; foi para a casa das freiras oblatas. São vizinhas suas. Não está com vontade de conversar. Só quer rezar. Entra diretamente na capela. O crucifixo se despregou e está caído no chão.

Maria comove-se e reza em voz alta:

— Senhor, como estamos derrubados os dois... mas você terá quem o levante, enquanto eu não.

Luísa escuta a queixa, aproxima-se na ponta dos pés e, abraçando Maria, diz:

— As mesmas mãos que vão levantar o Cristo ajudarão você a se levantar...

Grossas lágrimas rolam pelo rosto de Maria, ao comprovar que Deus acudira em seu auxílio. Luísa também fica com os olhos úmidos.

Maria ficou para jantar com as freiras e lhes contou a triste história de sua vida e todas se empenharam em procurar um final feliz para ela.

Luísa não conseguiu dormir naquela noite, pensando em Kati, em Maria, no Cristo casualmente caído no chão e na alma partida de todas as prostitutas do bairro chinês. Será verdade que as prostitutas os precederão no Reino dos Céus? Mas Luísa, que conhece as prostitutas — e conhece os homens que as usam —, sabe que isso é verdade.

(Julián del Olmo)

Texto 3:

O padre Damião

Com os marginalizados

Em 15 de abril de 1889, há mais de cem anos, morria o padre Damião, leproso entre os leprosos abandonados na ilha de Molokai (Havaí), onde ele mesmo havia se isolado, voluntariamente, durante 16 anos. E já fazia quatro que ele sabia estar afetado por esse mal incurável.

Nessa ilha havia por volta de oitocentos leprosos, deportados pelo governo havaiano para essa espécie de prisão natural. Recebiam alimentação, roupas e alojamento, mas essa ajuda deixava muito a desejar. O mais terrível é que não encontravam saída para sua situação e viviam em meio a um grande desespero por culpa dessa doença horrível e repugnante, sem cura possível, rompidas todas as relações afetivas com seus entes queridos e sentindo-se desprezados e excluídos da sociedade.

O mesmo cachimbo

Damião foi morar com os leprosos, enterrar-se com eles. O coração do padre Damião enterneceu-se ao ver toda aquela miséria. Uniu-se àqueles seres sofredores e marginalizados para prestar-lhes assistência, ficar com eles, falar e comer com eles, partilhar a vida com eles. Disse, claramente: "É repulsivo vê-los, não há dúvida, mas eles têm uma alma resgatada ao preço do sangue do Salvador. Também ele, em sua misericórdia, consolou os leprosos. Se não posso curá-los, disponho de meios para consolá-los. Acredito que muitos, purificados da lepra da alma pelos sacramentos, sejam dignos, um dia, do céu".

Sua grande palavra: *consolá-los*. Aproxima-se de seus corpos e de suas chagas tanto quanto possível, para que suas almas possam sentir a própria dignidade e valor, taxadas a tão alto preço, escondidas sob o invólucro desesperado daquela doença.

Russel Apple, historiador dos Parks Services, descreve como se apaixonou por Damião

Porque tocou-os, abraçou-os com o cumprimento havaiano tradicional, conversou com eles em sua própria língua, tratou de suas feridas, amputou seus dedos e seus pés quando foi preciso, partilhou o mesmo cachimbo, comeu do mesmo prato, riu com eles, brincou com seus filhos doentes, não demonstrou nenhum sinal de repulsa diante de suas deformidades. Damião foi aceito pelos doentes de lepra como um deles.

Jamais um homem branco havia sido um deles.

(Adaptação)

3 TOLERÂNCIA

A dimensão moral da educação refere-se a uma maneira humana de agir, baseada na maior intimidade que o homem tem e que é vivida nas diferentes situações da vida, pelas quais cada um se realiza na consecução de uma meta. Para conseguir essa dimensão, o educando deve tomar suas próprias decisões, exercitar a liberdade e assumir responsabilidades.

Tolerância, respeito, convivência e democracia, junto com força, vontade, amor à verdade e defesa enérgica dos valores humanos são outras das grandes antinomias pedagógicas do nosso tempo na educação para a paz e na luta contra a violência e a intolerância.

Os pais e todos os educadores têm de contribuir para ensinar os adolescentes a:

- *refletir* para chegar a conhecer os princípios gerais da ética e dos valores que permitem um desenvolvimento humano e social digno;
- *analisar* criticamente a realidade cotidiana à luz de certos valores e de certos bens;
- *incentivar* a consecução de hábitos em relação aos valores.

E tudo isso em um contexto de educação na liberdade e para a liberdade, a tolerância e a solidariedade.

O sentido da tolerância

A tolerância é uma atitude pela qual tendemos a compreender os erros, falhas, limitações, defeitos etc. de outras pessoas, evitando contínuas reprovações ou brigas. Ser tolerante significa poder escutar opiniões contrárias com uma atitude de respeito para com as pessoas que as expressam. Compreender os equívocos dos outros, sem recriminá-los automaticamente. Saber conviver com os defeitos de outras pessoas sem precisar apontá-los o tempo.

Compreender os comportamentos das outras pessoas nem sempre significa aprová-los ou justificá-los, mas apenas encontrar uma explicação razoável para eles. Essa explicação pode evitar que sejam mal interpretados ou dramatizados, recebendo mais importância do que na verdade têm, e com isso algumas vezes podem ser aceitos, suportados, tolerados.

As pessoas equilibradas costumam ser tolerantes. Assumem suas próprias falhas e limitações assim como as dos demais, o que não significa que não tentem superá-las; ao contrário. Têm pontos de vista amplos e abertos a possíveis mudanças de argumentos e não tentam impor as suas opiniões à força, mas limitam-se a contrapor seus argumentos no momento oportuno. Ser tolerante, sobretudo em questões pequenas, é próprio de pessoas maduras que sabem distinguir entre o fundamental e o acessório, que se mostram firmes nas questões nucleares, mas que não pretendem dos outros, nem delas próprias, uma perfeição impossível.

Às vezes, confunde-se tolerância com permissividade. A permissividade consiste em justificar, permitir e aprovar tudo. Ser tolerante não significa não expressar os próprios pontos de vista, não denunciar fatos graves ou não apontar injustiças ou erros sociais. Pelo contrário, a tolerância ajuda a compreender os fenômenos humanos com mais objetividade e obriga a assumir uma posição ativa para conseguir evitar os erros e suas conseqüências — se interiorizar essa idéia, não só suportarei posições diferentes da minha e permitirei que as exponham, como também ser-lhes-ei grato e lhes darei total atenção. Com isso, a discussão jamais degenerará em disputa.

Discutir provém do latim *quatere*, que significa movimentar a peneira para separar o trigo da palha. Disputar não é tentar persuadir e convencer, mas simplesmente vencer. Uma verdadeira discussão sustenta-se numa atitude de tenacidade na defesa das próprias convicções. Qualquer disputa é impulsionada pela teimosia em sustentar opiniões, mesmo que infundadas, como questão de honra pessoal. A tenacidade caminha com o entusiasmo, o qual é fruto do encontro. Em clima de encontro age-se com flexibilidade de espírito, porque impera a simplicidade e a confiança mútua. A teimosia é provocada pelo orgulho e pelo fechamento egoísta nas próprias posições. Se, após uma discussão, uma das partes convence a outra, isso não significa que venceu; ambas ficam irmanadas no campo da verdade compartilhada com felicidade. A teimosia não permite que se crie um ambiente comum de busca; ao contrário, fecha cada um em seu eu isolado e produz cisão, discórdia (literalmente: separação de corações).

O empenho soberbo de impor-se aos demais provém da falta de equilíbrio interior entre a tendência primária de afirmar o próprio eu e a abertura colaboradora aos outros. São duas fontes de energia que devemos integrar, combinar adequadamente. "Combinar" em latim é *temperare*, de onde vem "temperar", no sentido de moderar, harmonizar. Daqui deriva-se o termo "têmpera". Pessoa de boa têmpera é aquela que sabe unir suas diferentes energias por meio do impulso que procede do ideal da unidade, da solidariedade, do amor generoso ou oblativo. Mostra má têmpera quem age de maneira destemperada, intempestiva, desmesurada, desequilibrada. Mesurado vem do termo latino *mentiri*, medir. Ser mesurado é ser comedido, no sentido de ter medida. A medida ou norma de conduta é dada ao homem pelo autêntico ideal de sua vida. Homem desmesurado é aquele que opta em virtude de seus apetites imediatos, não do dever de realizar o ideal. Essa incapacidade de distanciar-se de seus apetites demonstra uma falta de liberdade interior, de concórdia consigo mesmo, de paz espiritual.

A atitude pacífica está ligada à paciência ou à adaptação aos ritmos naturais, à indulgência, à benevolência, à capacidade de trabalhar intensamente sem agitação, de vibrar com os problemas sem pressionar o espírito, de realizar todo tipo de atividades com o ritmo sossegado exigido pelos processos criativos. A agitação tensa não nos permite ser ponderados, dar o devido peso a cada pensamento e a cada ação. Por não ter noção de peso, ficamos alterados diante de qualquer contrariedade. Então, ao perder a harmonia da conduta, tiramos a beleza de nossa vida. Afinal, a destemperança não é bonita, porque é desarmoniosa.

Tolerância, a rainha das virtudes

Para educar na convivência, na paz e lutar contra a violência, é preciso tolerância. Por isso a tolerância transformou-se, hoje, na rainha das virtudes. Qualquer discussão difícil termina atualmente no diagnóstico decisivo: "Você não é tolerante!" Se a tolerância é a capacidade de aceitar o outro, abrindo-nos a formas de viver e de pensar diferentes das nossas, então, sim, é uma virtude. Mas, às vezes, parece obrigação imposta pela consciência coletiva de não fazer julgamentos, ou seja, de não ter nenhuma opinião sobre o comportamento dos outros. Mas a tolerância continua sendo, sim, a atitude mais razoável do ser humano e a mais necessária, em termos cristãos, para resolver conflitos entre indivíduos, grupos e povos.

No entanto, então, o que se entende mesmo por tolerância? Podemos dizer que é a abstenção do emprego da coação — sobretudo externa — com relação a manifestações de ideologias diferentes. Às vezes, confunde-se tolerância com relativismo, com ceticismo e com indiferença. Dificilmente pode-se construir uma verdadeira educação para a paz nesse sentido: uma paz fundamentada em verdades falsas é uma paz falsa e efêmera. Se aspiramos a uma educação para a paz sólida, não podemos deixar de concluir que não basta fundamentar o diálogo da paz apenas no princípio da tolerância.

Acredito que o legítimo sentido comum é um sólido alicerce de bom senso que rege a nossa existência. Além de ser uma das bases fundamentais para se aprender a ser tolerantes, faz com que nos comportemos como pessoas sensatas e responsáveis, ao mesmo tempo que nos abre as portas para saber conviver com os demais e para penetrar na profunda sabedoria do coração.

A tolerância é uma virtude difícil; nosso primeiro impulso, até mesmo o segundo, é odiar a todos que não pensam como nós. De fato, a tolerância, entendida como respeito elegante e cordial para com os outros, não é nada fácil, pois nossa primeira reação natural é a de rejeitar todos aqueles que não pensam da mesma forma ou que nos contradizem.

A tolerância saudável exige humildade, porque só os humildes sabem reconhecer o que de valioso e bom existe nos outros, embora pensem de maneira diferente e tenham um credo e uma filosofia diferentes. A intolerância ou intransigência, ao contrário, está relacionada ao orgulho, à crença de que só nós temos a exclusividade da verdade e do bem.

Sejamos tolerantes com os que divergem de nós em estilo de vida, ideologia e religião; também neles há elementos de bem e de verdade que vale a pena respeitar e valorizar; e, além disso, se conseguirmos estabelecer com eles um frutífero diálogo, poderemos sair humana e moralmente muito enriquecidos.

É provável que tenhamos bastante claro o que é intolerável, ou seja, não aceitável, por não respeitar alguns dos direitos e deveres fundamentais de qualquer ser humano. Nem toda ofensa ocorre necessariamente de maneira agressiva e violenta, pois sempre houve muitas formas sutis e encobertas de torná-la realidade. Mas, no mundo de hoje, há cada vez mais desigualdades e injustiças de todos os tipos e em todos os níveis (local, nacional e internacional).

A verdadeira tolerância não é sinônimo de permissividade, de vale-tudo ou de relativismo. A verdade é única, mas ninguém tem monopólio sobre ela. Cada um de nós tem seu modo pessoal de se aproximar dela, de buscá-la, e, quando a partilhamos, deve ser como uma sinfonia composta de incontáveis notas.

Tolerância também não é um modo de evitar complicações, o que além de tudo seria falta de solidariedade e egoísmo. Todos devemos colocar as capacidades e as qualidades que possuímos a serviço dos demais. Podemos acreditar que o mundo não vai mudar e de fato não mudará se todos nos fecharmos em nós mesmos e ficarmos à margem.

Tolerância também não é indecisão, e muito menos mediocridade. Não é deixar passar as coisas por medo ou covardia diante da necessidade de tomar uma atitude concreta diante de um gesto ou medida com o qual não concordamos.

E aqui vale lembrar que um dos riscos que corremos é viver uma tolerância *virtual*, conforme a tendência contemporânea dominante de adorar as formas e ignorar as essências. Uma tolerância *light* nessa sociedade em que cada vez mais dominam o açúcar sem calorias, o sal sem sódio, o efeito sem causa, a guerra sem inimigo, as paixões sem objeto, o sexo sem contato, o escravo sem dono, o mundo indiferente.

A tolerância como direito

A tolerância é uma virtude e um grande valor para se viver em sociedade, mas também é um direito que precisa ser respeitado. A Organização das Nações Unidas proclamou o ano de 1995 como o Ano da Tolerância. Não se pretendia festejar, mas fundamentalmente propor um tema de reflexão e de compromisso político e social, embora também pessoal. Não se trata de celebrar a tolerância que conseguimos nas sociedades plurais do mundo ocidental, mas de convidar-nos a refletir, de forma a reconhecer que na realidade não somos tão tolerantes quanto acreditávamos ser e que estão surgindo fenômenos preocupantes que ameaçam uma convivência aberta e plural: o fundamentalismo religioso e a xenofobia.

Um dos significados mais completos de tolerância define o termo como tendência a admitir modos de pensar, de agir e de sentir diferentes de um indivíduo ou de um grupo determinado. Mas o significado de "tolerar" como "assentir tacitamente" pode identificar tolerância com permissividade. E foi assim entendido o termo "tolerância" durante muito tempo e, inclusive, classificado como um "mal menor permitido".

O conceito de tolerância tem uma série de pressupostos: envolve uma relação de bilateralidade e o caráter reprovável da opinião ou prática do que está sendo tolerado. Isso requer uma causa ou razão que justifique a atitude permissiva do tolerante. Nesse sentido, permite-se um mal, porque não permiti-lo provocaria um mal maior. Esse conceito de tolerância, entretanto, é muito pobre e por isso algumas pessoas identificam tolerância com "deixar passar tudo", com "vale-tudo". Mas, em seu sentido moderno, tolerância não mais é sinônimo de permissividade indiferente, ou de passividade diante do mal, ou de erro em razão de um bem maior. É, antes, uma disposição ou atitude decidida de prestar atenção ativa em opiniões, crenças, valores e comportamentos diferentes dos nossos, considerando que eles podem ter uma parte de verdade ou que os nossos podem não conter toda a verdade.

O contexto moderno da tolerância é a conseqüência racional de uma "convivência pluralista". À medida que indivíduos de diferentes religiões, diferentes raças e diferentes ideologias políticas convivem numa sociedade, todos têm seus direitos enquanto cidadãos. Nessa perspectiva, tolerância não é algo que se permite, mas algo que se exige; não é uma virtude, mas um direito. É uma atitude ou disposição social cuja finalidade é conseguir o bem comum. E este não pode ser determinado com base em uma única doutrina ou ideologia — cada cidadão considerar apenas a sua, nem com base nos interesses de um único grupo, mas de todos.

A tolerância, assim entendida, é o componente moral essencial da democracia. Significa que, numa determinada sociedade, os indivíduos, em seus comportamentos livres, agem de modo razoável ou baseiam-se em razões para manter determinadas opiniões, crenças ou valores. Essa maneira moderna de conceber a tolerância também tem algumas bases:

- abertura do pensamento para as crenças, valores e comportamentos diferentes dos nossos;

- aceitação de que os outros podem questionar nossas crenças, valores e comportamentos;

- predisposição ao diálogo tanto na busca do bem comum quanto na resposta eficaz a objetivos comuns;

- tendência a propor as questões como problemas abertos, não em termos de absoluta disjunção, mas suscetíveis a múltiplos enfoques;

- aceitação — não simplesmente permissão — como razoáveis as diferentes maneiras de pensar e de se comportar, sempre que correspondam ao critério jurídico comum que a comunidade livremente escolheu.

O critério legal e o critério social da tolerância

A tolerância apresenta-se em duas vertentes, a das leis de uma sociedade e a dos comportamentos individuais ou sociais. Nos dois casos, é preciso que haja maturidade, tanto social quanto política.

Em um estado democrático, moderno, as leis não podem nem devem discriminar alguns cidadãos com relação a outros. Nesse sentido, as constituições dos estados modernos afirmam a igualdade de direitos e a ausência de discriminação por razões de raça, religião ou sexo. Mas há uma grande distância entre o texto da lei e sua aplicação.

De qualquer maneira, a tolerância não é só uma questão de leis, mas sobretudo de formação da pessoa e da sociedade na convivência cidadã plural. Essa formação exige essencialmente duas coisas. A primeira é da ordem do conhecimento: conhecer o universo dos valores do outro. A segunda representa um valor estritamente moral: o respeito.

O que realmente incentiva a intolerância é o medo, é sentir-se ameaçado. Por isso, os intolerantes estimulam o medo, vinculando ou exagerando a relação entre determinados delitos e os grupos sociais que pretendem excluir. Criam-se lendas que satanizam o grupo social, a religião ou a raça com expressões generalizadas e injustas: os judeus são... os ciganos são... os protestantes são... ou os marroquinos... Tudo isso para identificar o mal com o grupo e difundir o medo social. Só o conhecimento dos costumes ciganos ou muçulmanos ou o conhecimento da religião muçulmana etc., numa perspectiva positiva em seus valores, permite dissipar o medo e estabelecer a convivência enriquecida na diferença. O respeito é uma virtude moral que se aprende apreciando a dignidade do outro enquanto pessoa, confiando no bom senso do outro e em seus valores, mesmo que sejam diferentes, porque são valores válidos em si.

Fundamentos da tolerância

No livro *O ser e o nada*, Sartre descreve a tolerância como um comportamento de má fé: mais que um verdadeiro reconhecimento do outro como tal, é uma estratégia que evita o conflito. Seria apenas mais um caso de dissimetria, da própria liberdade em dificuldade. Quem é educado para só ver o mal fora do próprio grupo, da própria religião ou da própria ideologia está pouco preparado para a tolerância. Nesse sentido, a atitude tolerante é uma atitude de má-fé: só quando os detentores do poder e do saber consentirem em limitar suas pretensões absolutistas a tolerância passará de um sentido negativo para um sentido positivo, que abrirá um novo espaço, no qual poderá inscrever-se como direito.

Assim, como disse Sartre, a tolerância é a revelação de uma liberdade em dificuldade porque é o reconhecimento da liberdade do outro.

Historicamente, é no encontro entre os domínios religioso e político que se localiza a questão da tolerância. Os Estados da cristandade edificaram-se em primeiro lugar como estados confessionais (*uma fé, uma lei, um rei*). O exclusivismo e o autoritarismo em matéria religiosa fundavam-se sobre a idéia de que a verdade tem direitos sobre o espírito e de que é um dever imperativo.

A intolerância é uma miséria moral, que acaba prejudicando quem a pratica pela pequenez medíocre que a sustenta. Talvez não tenhamos percebido com clareza o quanto a cegueira da intolerância nos impede de ter a possibilidade de uma vida mais rica e mais ampla. A via moral é outra: quebrar o nevoeiro da própria identidade, abrir portas e deixar que ecoem as mil vozes que nos chegam. Aí está o valor humano de múltiplas expressões, a variedade de tantas cores, o espantoso milagre de outras vidas. Ficamos surpresos com a irrupção de outras vidas? Não terão algo de fascinante, justamente por serem outras? Não ampliam assim a própria vida quem jamais pensou chegar tão longe, tão longe até estar fora de si mesma, nos outros? A vida humana pode ser um oceano. Infelizmente, muitas vezes é um charco.

A tolerância não se reduz a um sentimento de cordialidade ou simpatia pelos outros. É, sobretudo, uma conduta moral reta e sustentada. Podemos subir alguns degraus nessa ascensão moral para o valor do diferente que aparece em nossa vida. Um primeiro degrau: respeitar o outro em suas crenças, idéias e cultura. E aqui talvez valha a pena resgatar o sentido principal da palavra tolerância — suportar. Pode-se fazer declarações de respeito ao outro quando não nos afeta. O verdadeiro respeito aparece naquilo que nos afeta. Esse é o teste da verdadeira extensão da nossa tolerância.

Mais ainda: respeitar nos leva a acolher, a abrir as portas da nossa vida, criando um espaço hospitaleiro e cordial, agradecendo que alguém apareça em nossa casa. Além disso, tolerar é aprender. Não aprendemos com aquilo que já somos ou sabemos. É na outra pessoa ou coisa que reside a fonte do verdadeiro ensinamento quando nos convida a ir além de nós mesmos e do nosso mundo particular.

E, por fim, o mais importante. Tolerar é amar. Amar o diferente precisamente porque é diferente. Porque não é como eu. Não é assim que se ama de verdade? É o grau máximo: amar alguém como se fosse um dom que vem a mim e me mostra outro caminho e outra vida em comum.

O problema da tolerância só existe em questões de opinião; por isso aparece com tanta freqüência. Afinal, quase sempre a nossa ignorância é maior que nosso saber e o que sabemos depende, direta ou indiretamente, de alguma coisa que ignoramos.

A tolerância universal seria, sem dúvida, moralmente condenável: porque esqueceria as vítimas, abandonando-as à própria sorte, deixando que seu martírio se perpetuasse. Tolerar é aceitar aquilo que poderíamos condenar, é deixar passar aquilo que normalmente se impediria ou combateria. Significa, portanto, renunciar a uma parte do nosso poder, da nossa força, da nossa cólera...

Assim, toleram-se os caprichos de uma criança ou as posições de um adversário. Isso é virtuoso apenas à medida que a tolerância se imponha ao interesse pessoal, ao sofrimento próprio, à própria impaciência. Só estamos sendo realmente tolerantes quando a ação é feita por outra pessoa e vai contra a nossa vontade. Não existe tolerância quando não se tem nada a perder e muito menos quando se pode ganhar tudo, simplesmente por agüentar, isto é, sem fazer nada.

Tolerar é assumir; a tolerância por menosprezo ao outro não é tolerância. Tolerar o sofrimento do outro, tolerar a injustiça que não nos atinge, tolerar um erro que nos beneficia não é tolerância, é egoísmo, indiferença ou coisa pior.

No entanto, tolerar Hitler, por exemplo, seria ser seu cúmplice, no mínimo por omissão, por comodismo, e essa tolerância já seria colaboração. Melhor o ódio, melhor a ira, melhor a violência do que a passividade diante do horror, do que essa vergonhosa aceitação do desumano... Uma tolerância universal seria a tolerância do horror: cruel tolerância...

A tolerância só é válida dentro de certos limites, necessários para salvaguardá-la e para preservar suas condições de existência. É o que Karl Popper chama de "paradoxo da tolerância". De acordo com ele, se formos absolutamente tolerantes, inclusive com os intolerantes e não defendermos a sociedade tolerante contra os ataques destes, os tolerantes serão aniquilados e, junto com eles, a tolerância[1]. Esse paradoxo só vale enquanto a humanidade for o que é —conflitiva, passional, sem pudor—, o que torna possível e necessária a tolerância. Por outro lado, uma sociedade na qual fosse possível a existência de uma tolerância universal não seria humana e não precisaria de tolerância.

Ao contrário do amor e da generosidade, que não têm limites intrínsecos nem outra finitude a não ser a nossa, a tolerância é essencialmente limitada: uma tolerância infinita seria o fim da tolerância... Então, surge a pergunta: "Não existe liberdade para os inimigos da liberdade?". A resposta não é tão simples; uma virtude não pode entrincheirar-se na intersubjetividade virtuosa. Ou seja: quem só é justo com os justos, generoso com os generosos ou misericordioso com os misericordiosos não é nem justo, nem generoso, nem misericordioso.

Também não é tolerante quem só tolera os tolerantes. Afinal, a moral não é um mercado ou um espelho. É ver-

---

[1] Cf. POPPER, Karl. *Sociedade aberta e seus inimigos*. Belo Horizonte, Itatiaia, 1974.

dade, sem dúvida, que os intolerantes não teriam direito a que se praticasse a tolerância com eles. Mas, onde é que já se viu uma virtude depender do ponto de vista de quem não a possui? Já disse Comte-Sponville:

> O justo deve guiar-se pelos princípios da justiça, não pelos lamentos dos injustos. Embora não seja possível tolerar tudo, pois seria condenar a tolerância à perdição, também não se pode renunciar à tolerância para com aqueles que não a respeitam[2].

Nesse sentido, tolerância é o novo nome da paz. Com ela pode-se conseguir tudo. Sem ela não se consegue nada. Daí que, ao brado lançado por Paulo VI de "guerra nunca mais", devemos hoje acrescentar um outro: "intolerância nunca mais, nem discriminação, nem rejeição". Não sejamos como Caim, que não só não soube ser o guardião do seu irmão, como também se sentia incomodado, não o suportava e por isso o matou.

Muitas vezes não sabemos por que não gostamos de determinada pessoa... certamente por preconceitos sobre os quais nunca refletimos; ou porque a diferença nos causa medo. Temos medo do diferente, do diverso, porque somos egoístas e só gostamos do nosso próprio reflexo. Esquecemos que o outro não só nos enriquece, mas também é o único caminho de acesso ao Outro, ao Absolutamente diferente, ou seja: a Deus. Quem se fecha ao outro, ao diferente, fecha-se ao encontro com o Outro, com o próprio Deus.

PARA REFLETIR SOBRE O ESPÍRITO TOLERANTE DE JESUS

Jesus não disse: Esta mulher é fútil, ignorante, avoada. Está marcada pelo atavismo moral e religioso de seu ambiente. *Ele disse*: É uma mulher! Pediu-lhe um copo de água e começou a conversar com ela (Jo 4,1-42).

Jesus não disse: Eis aqui uma pecadora pública, uma prostituta atolada para sempre no vício. *Ele disse*: Ela tem mais oportunidade de entrar no Reino de Deus do que aqueles que confiam em suas riquezas ou se amparam em sua virtude e em seu saber (Lc 7,36-49).

Jesus não disse: É uma adúltera. *Ele disse*: Eu também não a condeno. Pode ir, e não peque mais (Jo 8,36).

Jesus não disse: Esta que quer tocar na minha roupa é uma histérica. *Ele escutou-a, falou com ela e a curou* (Lc 8,43-48).

Jesus não disse: Esta velha que põe algumas moedas no tesouro do Templo é uma supersticiosa. *Ele disse* que aquela viúva pobre era admirável e que seu desapego deveria ser imitado (Mc 12,41-44).

---

[2] COMTE-SPONVILLE. A. *Pequeno tratado das grandes virtudes*. São Paulo, Martins Fontes, 1998.

Jesus não disse: Estas crianças só fazem bobagens. *Ele disse*: Deixem que as crianças se aproximem de mim e procurem parecer-se com elas (Mt 19,13-15).

Jesus não disse: Este homem é um funcionário corrupto que se enriquece bajulando os ricos e oprimindo os pobres. *Ele convidou-se* à sua mesa e deixou claro que com Ele a salvação entrara naquela casa (Lucas 19,1-10).

Jesus não disse: Este centurião pertence às forças da ocupação. *Ele disse*: Eu declaro a vocês que nem mesmo em Israel encontrei tamanha fé (Lc 7,1-10).

Jesus não disse: Este sábio não tem os pés no chão. *Ele abriu-lhe caminho* para que voltasse a nascer do Espírito (Jo 3,1-21).

Jesus não disse: Este indivíduo tem estado fora da lei. *Ele lhe disse*: Hoje mesmo você estará comigo no paraíso (Lc 23,39-43).

Jesus não disse: Judas, você me traiu. *Ele o beijou e disse*: Amigo, com um beijo você me vende? (Mt 26,50).

Jesus não disse: Este fanfarrão me negou. *Ele disse*: Pedro, você me ama? (Jo 21,15-17).

Jesus não disse: Os sumos sacerdotes são juízes injustos, este rei é um títere, o procurador romano é um covarde, esta multidão que vocifera contra mim é uma gentalha, estes soldados que me maltratam são a escória social. *Ele disse*: Pai, perdoa-lhes! Eles não sabem o que fazem (Lc 23,34).

Jesus não disse: Não há nada que preste neste rapaz nem naquele. *Atualmente Jesus também não diria:* Este é um integrista, um progressista, um da esquerda, um fascista, um ateu, um separatista, um comunista. Para Ele todos nós somos sempre amados por Deus, a despeito do nosso jeito e das nossas ações. Ninguém respeitou tanto os outros quanto Jesus. Por isso é o Filho único Daquele que faz brilhar o sol sobre os bons e os maus (Mt 5,48).

(Dom Alberto Decourtrau, arcebispo de Lyon)

Raízes da intolerância

Um olhar retrospectivo sobre as últimas décadas e outro ainda mais impressionante sobre os anos finais de um século e de um milênio, explicam por que a Organização das Nações Unidas, atendendo à proposta da Unesco, declarou o ano de 1995 como o Ano Internacional da Tolerância: exatamente porque todos nós temos consciência de estar vivendo em uma cultura da violência, em grande parte fruto do choque de intolerâncias.

A raiz mais íntima e profunda da intolerância é o egocentrismo, do qual se origina o egoísmo, isto é, a hipertrofiada exaltação da própria dignidade e o menosprezo da dignidade alheia.

Em segundo lugar vem a intolerância vinculada a crenças religiosas. A história demonstra que as pessoas que foram intolerantes no âmbito religioso caíram em integrismos e fundamentalismos, geradores, por sua vez, de terríveis violências.

Um terceiro tipo de raiz da intolerância é o integrismo étnico que ocorre em todas as raças. Às vezes, imagina-se que esse integrismo é típico da raça branca, ou da raça negra, ou da raça amarela, mas a realidade é que, ao longo da história, têm ocorrido manifestações do mesmo, com maior ou menor intensidade, em todas as raças. E, como se não bastasse, o integrismo de umas etnias contra outras, na África subsaariana, na África negra, as lutas e as intolerâncias levam a morte às tribos, cujos exemplos palpáveis e concretos são os episódios do Sudão, de Ruanda, da Somália, de Burundi, do Zaire etc.

Uma quarta raiz da intolerância é o "hipernacionalismo". Urge distinguir o legítimo sentimento nacional, entendido como vínculo afetivo, e até ôntico e telúrico, com a terra onde se nasceu, com a língua que se fala etc. Seria injusto e absurdo negá-lo. Mas a exacerbação, a radicalização do nacionalismo está sendo, em muitos lugares, uma das causas mais graves da intolerância, não só nos países em vias de consolidação, mas também naqueles historicamente consolidados onde estão nascendo hipernacionalismos irredentos.

É preciso refletir a fundo sobre tudo isso, como já disse Ruiz Giménez, para superar fenômenos de dor e de morte, como é o caso do terrorismo, que nos repugna, que todos condenam, ética e juridicamente, mas para o qual temos de procurar soluções. As intolerâncias recíprocas só reforçam a violência, até a morte.

Finalmente, é preciso dizer que, além dessas quatro grandes raízes de intolerância, há resíduos ou restos de outras intolerâncias no seio das sociedades civis. São, talvez, intolerâncias relativamente menores, mas que geram conflitos dolorosos. Esse é o caso da intolerância entre os sexos. Por motivo de sexo são geradas intolerâncias e de certa forma *guerras*. São intolerâncias que desfazem casamentos, desfazem famílias. A Igreja admitiu que a incompatibilidade de gênios é uma das causas para a legitimação da separação dos cônjuges. Começa-se com a falta de compreensão, de diálogo, com cada um enclausurado em sua própria verdade, sem querer aceitar a verdade do outro, chegando até à morte, como estamos presenciando tristemente em nosso tempo.

Outro subtipo de intolerâncias nacionais são as protagonizadas pelos partidos políticos. Por elas se desfaz o diálogo, se desfaz a democracia. Dir-se-á, com razão, que nos regimes autoritários não existe esse tipo de intolerância porque não existem partidos políticos no sentido genuíno, mas sim um partido único, que é encarnação da intolerância máxima.

Como educar para a tolerância?

Praticar a verdadeira tolerância envolve esforçar-se por encontrar uma solução pacífica às diferenças. É viver uma coexistência intercomunitária e multicultural. É uma atitude que exige ações visíveis e concretas.

Para se conseguir uma cultura da tolerância no espírito de todos e de cada um e na vida social e política o educador precisa:

- educar as crianças e os adolescentes em um espírito de compreensão e abertura aos demais, em sua cultura e em sua história, bem como em sua humanidade fundamental;
- ensinar que é importante rejeitar a violência e usar meios pacíficos para resolver os desacordos e os conflitos;
- incutir nas gerações vindouras sentimentos de altruísmo, de abertura, de respeito ao outro e de solidariedade;
- adotar uma atitude desprovida de arrogância nas relações entre gerações, sexos, indivíduos, comunidades, entre ser humano e natureza;
- aperfeiçoar os sistemas e os programas educativos para preparar as gerações futuras a viver em sociedades em transformação e multiculturais como as nossas.
- dar a cada filho ou aluno, o mais cedo possível, uma preparação intelectual que lhe permita formar opiniões livres, humildes e responsáveis;
- abordar de maneira distinta a ética e os valores transmitidos pelas diferentes religiões;
- incentivar o conhecimento mútuo entre as nações mediante as expressões artísticas contemporâneas, para evitar os preconceitos persistentes e os estereótipos crônicos;

É importante saber distinguir tolerância de passividade, imprudência ou comodismo. O apelo à tolerância em todos os campos (político, religioso, social etc.) está na ordem do dia. Em virtude de uma tolerância mal compreendida, pretende-se que as pessoas e a sociedade admitam simplesmente e tenham por válidas idéias e comportamentos que, de tão insólitos e absurdos, vão contra toda a lógica, são em si mesmos falsos ou lesivos ao direito alheio.

Nesse campo, como em tantos outros da vida, é preciso ter as idéias bem claras, para agir corretamente e não pecar nem pela intolerância nem pela ingenuidade. Por exemplo, as pessoas devem ser sempre respeitadas, embora o mesmo não seja verdadeiro para suas idéias e seus comportamentos. As idéias podem ser falsas e os comportamentos incorretos ou ofensivos para os demais. Nesses casos, não há tolerância que chegue. Pelo contrário, estaríamos consentindo com o erro e sendo cúmplices do procedimento ruim alheio.

Por outro lado, todo mundo tem direito de opinar sobre qualquer assunto. Mas isso não quer dizer que esteja certo e que as suas opiniões sejam verdadeiras. A verdade não é imposta pela força, e sim pela razão. Em todos os campos do saber há *verdades objetivas* (leis físicas, invariáveis, dogmas etc.) e *verdades subjetivas* (opiniões pessoais, mutáveis, relativas etc.).

Material pedagógico

Decálogo para reflexão em grupo

1. A difícil arte da tolerância consiste em aprender, com as falhas alheias, a natureza exata dos nossos defeitos.
2. Em lugar de intransigência, tolerância. Significa que há lugar para todos, porque precisamos uns dos outros.
3. A tolerância não é uma ciência lógica que admite distinções e réplicas; é a arte e a virtude da vida que nos eleva proporcionalmente à nossa renúncia própria e à aceitação dos outros.
4. Disse-me um sábio: se quiser aprender a conviver, semeie-se você também inteiro; assim terá tolerância e será um com todos.
5. Nem um só sopro de bem-aventurança pode viver em um espírito gelado pela intolerância.
6. Ouvi de um sábio que me explicava a tolerância: quando as searas maduras balançam, uma espiga não pergunta à outra quantos grãos ela tem.
7. A agressividade individual e social só se suaviza e se educa com a tolerância.
8. Um sábio muito simples descreveu-me a tolerância: Se eu trocar sua tristeza pela minha alegria, você terá duas alegrias — a de não sentir tristeza e a minha alegria. Mande para mim a primeira e a tristeza terá partido para sempre.
9. Alguém disse para si mesmo: Se pisarem no seu calo é porque você o tem. E assim aprendeu a ser tolerante.
10. Os muros e o telhado da boa convivência foram feitos de tolerância, para que nem a tempestade nem as goteiras pudessem apagar o fogo da fértil amizade.

(Julio Montes Saiz)

Poema para declamar

Seu Cristo é hebreu.
Sua pizza é italiana.
Suas férias são internacionais.
Sua democracia é grega.
Sua língua é latina.
Seu café é brasileiro.

Seus números são árabes.
Seu carro é japonês.
Seu relógio é suíço.
Sua cerveja é alemã...
e...
Seu vizinho é o único estrangeiro?

(Anônimo)

4 DIÁLOGO

O significado da comunicação

Em termos etimológicos, comunicação significa colocar em comum. É entrar em contato com o outro para dar e receber uma informação ou uma série de informações do mundo exterior ou das vivências da própria pessoa. A comunicação é, pois, uma mudança de significação entre duas ou mais pessoas.

A comunicação exige intercâmbio, influência mútua. Além de informação ou instrução, produz também um efeito retroativo que chamamos *feedback* ou retroalimentação. Representa sempre uma reciprocidade que não pode ser rompida; caso contrário, um indivíduo estaria transformando o outro em paciente dos seus comunicados. O que caracteriza a comunicação é que ela é diálogo, assim como o diálogo é comunicativo.

O fundamento da comunicação é a necessidade de libertar-se da solidão, que impede a pessoa de realizar-se instintiva, afetiva ou intelectualmente, como se cada ser fosse incompleto. Essa mesma exigência de complementaridade e de intercomunicação configura o casal humano como um projeto de vida em comum. Por isso, se a comunicação é um elemento essencial para a vida social, é fator fundamental para a vida e para a relação de casais, para a amizade, para o trabalho e para a vida.

Para o casal, a comunicação em forma de diálogo é um processo de autoconhecimento e de conhecimento um do outro; é um caminho para a descoberta da verdade e para a comunhão interpessoal.

A comunicação é tão essencial para a vida quanto o amor ou a liberdade. Comunicar-se é deixar de ser estranho um para o outro. O homem vive em sociedade e necessita comunicar-se com os demais para trocar com eles todo tipo de informações. A comunicação está ligada à felicidade ou infelicidade de uma pessoa. Pense em qual é seu nível de comunicação e vai descobrir qual é seu nível de felicidade.

A comunicação é uma necessidade básica, tão essencial quanto a necessidade de amar e ser amado/amada, de construir algo e de dar significado a tudo que nos cerca. A comunicação é um valor essencial e um meio pelo qual os adolescentes podem ser atores e autores de seu projeto pessoal. Querem tornar-se independentes da família e da escola, necessitam exercitar a convivência em grupo, como forma de desenvolver seu processo de socialização ou de realização pessoal *por e com* os demais (o grupo ou amigos). Os jovens vêem, com toda clareza, que a comunicação interpessoal é o meio ou o veículo para tornar realidade esse processo. Sentem necessidade de se comunicar e, quando não conseguem sintonizar-se com outra ou outras pessoas, sua psicologia fica frustrada e traumatizada. Conscientizam-se, cada vez mais, de que não podem viver sem se comunicar e que a comunicação é sinônimo de vida, pois morrerão se não se comunicarem. A cada dia que passa, compreendem melhor a necessidade da comunicação interpessoal para que se desenvolvam as sementes da perfeição física e espiritual que o Criador colocou em seus seres. Com a comunicação e pela comunicação, despertam para esse maravilhoso mundo interior adormecido, onde encontrarão apoio e explicação para a sua definitiva personalidade.

A comunicação interpessoal

O que se entende por comunicação interpessoal? A comunicação interpessoal é uma doação mútua ou recíproca, feita por intermédio da palavra, do gesto e do amor, entre duas ou mais pessoas, para assim formar a personalidade de cada um. É como uma luz que ilumina o mundo particular dos que se comunicam, doando-o a seguir, reciprocamente, como força potencializadora para poder realizar seu projeto pessoal e individual. Conforme as pessoas se comunicam, enriquecem a si mesmas e enriquecem as outras pessoas, pois projetam-se umas nas outras.

Quem se comunica comigo tenta dar-me algo que eu não tenho e espera que eu também lhe dê experiências que essa pessoa não tem. Então, comunicar-se não signfica "lançar palavras e informações ao outro", mas partilhar em reciprocidade, por meio da palavra ou do gesto, vivências e experiências. E que valor tem para uma pessoa o fato de comunicar-se com as demais? Provar para si mesma que é uma pessoa, pois é próprio desta relacionar-se e comunicar-se com os demais. Ao comunicar-se manifesta que é pessoa sociável, isto é, que deseja se integrar e que precisa dos demais para realizar o seu projeto pessoal de vida.

Estas podem ser algumas das vantagens de se comunicar: é por intermédio da comunicação que as pessoas fazem amizades e podem acolher e ajudar os demais, além de sentirem um verdadeiro companheirismo e a alegria de aprender uns com os outros. Ao comunicar-se, estão aprendendo coisas novas e descobrindo com maior facilidade suas próprias qualidades e defeitos. Libertam-se de complexos e podem transformá-los em algo positivo. Com a comunicação e por causa da comunicação as pessoas podem sentir-se livres, felizes e com uma profunda alegria inundando todo seu ser.

Segundo Carl Rogers, quem não tem uma boa comunicação interna, ou seja, um saudável equilíbrio interior que o faça estar em paz e seguro de si mesmo, será incapaz de comunicar-se e de se relacionar normalmente com o mundo exterior. "A pessoa emocionalmente desequilibrada, a neurótica, encontra-se em dificuldades, porque sua comunicação interna deixou de funcionar bem e, como conseqüência disso, sua comunicação com os demais acabou prejudicada".[1]

---

[1] ROGERS, C. *Tornar-se pessoa*. 4. ed. São Paulo, Martins Fontes, 1991.

Necessidade da comunicação

Comunicar é trocar mensagens, impressões. É falar ou escrever para alguém que está em sintonia com essa mensagem. Comunicar é escutar, ler e olhar para compreender, para aprender algo novo. Nessa perspectiva, parece bastante claro que o homem ou a mulher que pensa que não tem nada a aprender com os outros ou que acredita saber tudo está incapacitado para qualquer processo comunicativo e se isola do viver humano com todas as conseqüências disso.

Gursdof, para quem comunicar-se é uma necessidade essencial do ser humano, afirma que para subsistir espiritualmente, o ser humano precisa não só de pessoas que o cerquem, mas também de relações próximas; precisa viver em íntima comunicação com alguns dos seus semelhantes. Os encontros representam chamados à existência, os quais libertam a vida pessoal do torpor ou da asfixia de uma experiência fechada em si mesma. A comunicação representa, assim, uma das exigências fundamentais do homem, tão essencial quanto a fome no campo fisiológico.

Em entrevista com o doutor David Clayson, chefe do Departamento de Psicologia do New York Hospital, perguntei-lhe qual era, na sua opinião, a causa da grande quantidade de loucos soltos em plena rua em uma cidade como Nova York. Sorrindo muito, por causa da expressão "loucos soltos", o doutor Clayson respondeu que uma das causas mais importantes, na opinião dele e pela experiência vivida todos os dias no Centro Médico, era o estado de falta de comunicação a que o ser humano é submetido nas macrocidades superdesumanizadas pela industrialização e pelo automatismo. Parece que nessas sociedades importa bem pouco o ser humano. A empresa está interessada em seu trabalho e não em seus problemas. Que mundo!

A falta de comunicação traz graves conseqüências:

- bloqueia o interior da pessoa e esta se angustia com seus problemas porque não pode comunicá-los, nem expressá-los, por falta de interlocutor;
- deteriora o clima familiar, aparecendo o mau humor, o nervosismo e a agressividade;
- leva a procurar outras pessoas e outros lugares para poder ser ouvido e acolhido;
- costuma ser o começo e a origem de rompimentos entre amigos, de casamentos desfeitos e do desapego e afastamento da própria família;
- deixa a pessoa que não dialoga indefesa diante dos seus próprios problemas e dos problemas externos.

Existem apartamentos-jaulas, escritórios-jaulas... onde tudo é projetado do ponto de vista econômico, como valor supremo, e onde a incomunicabilidade é cada vez maior. Atualmente, verifica-se um movimento muito forte entre os jovens (e entre os menos jovens) que se afastam do seu grupo-origem (família, comunidade, equipe) e tentam formar um outro, novo e diferente, no qual possam se comunicar em profundidade e sem medo. Deve haver um motivo para isso! Talvez seja porque em sua família (ou comunidade ou equipe...) há tempo para tudo, menos para a intercomunicação humana.

Obstáculos da comunicação

Apesar da necessidade comum e essencial da comunicação e da intencionalidade sincera dos indivíduos em consegui-la, encontram-se inúmeros e variados obstáculos em sua realização, tanto no plano geral da sociedade, quanto no plano do relacionamento amoroso e no da amizade. A constatação da existência de bloqueios que impedem a franca comunicação e a remoção desses obstáculos constituem um aspecto-chave para as relações humanas. É possível identificar cinco tipos de obstáculos à comunicação:

- *Obstáculos sociais:* os dados chegam porque o código de transmissão de qualquer mensagem internacional é comum para emissor e destinatário. Como todo código está inserido numa determinada cultura e espaços sociais, há uma dificuldade de comunicação intercultural entre diferentes classes sociais ou *status* sociais. Isso ocorre porque não só o vocabulário, mas também os gestos e as expressões são diferentes e impedem a captação da mensagem.

- *Obstáculos intelectuais:* são todos aqueles relacionados com o capital intelectual. O problema, dessa vez, localiza-se na falta de signos para expressar a mensagem; ou o repertório de signos é diferente para o emissor e para o receptor. Assim, por exemplo, a linguagem do médico é incompreensível para o paciente, ou o vocabulário do cientista é desconhecido para o leigo.

- *Obstáculos psicológicos:* são todos os condicionamentos provenientes do caráter, dos sentimentos, das motivações. No relacionamento entre as pessoas, exercem enorme influência a atitude de umas diante das outras, a imagem que uma faz da outra, os preconceitos e os estereótipos, os sentimentos de acolhida ou de rejeição, o grau de maturidade dos dialogantes. Além desses obstáculos gerais, é preciso considerar outros bloqueios que interferem na comunicação em termos de casal, tais como os diferentes tipos de relacionamento que um cônjuge adota para com o outro.

- *Relação de autoridade:* a posição autoritária e de domínio de uma pessoa diante da outra aumenta a dependência da que está sendo dominada e impede ou diminui consideravelmente a comunicação entre elas. Esse tipo de comportamento ajusta-se ao esquema de "monólogo vertical descendente". Costuma ser o empregado no sermão sem resposta, na aula, nas ordens de comando... Assim, refere-se às relações superior–subordinado, iniciado–não iniciado, competente–incompetente, sábio–ignorante.

- *Interferências sociais:* atualmente, fatores sociais como a confusão e a troca de papéis na família, os conflitos de normas e valores, as pressões exercidas pelos papéis e pelo *status* também condicionam, de forma notável, a comunicação. Os valores de ontem, que desaparecem entram em conflito com os valores de hoje que estão surgindo. As incumbências e as funções de cada membro familiar não são claras.

Não são raras as situações em que o marido procura encontrar uma mãe na esposa e compete com os filhos. Ou em que a mulher procura um pai no marido e se comporta como menina.

A incomunicabilidade na área profissional é percebida com maior força à medida que aumenta a vertigem da vida moderna, a divisão social do trabalho e a profissionalização da mulher. Os cônjuges vivem em mundos diferentes, com problemas diferentes. O cansaço causado pelo trabalho e a apatia doméstica fazem ninho no lar.

Os meios de comunicação de massa, a televisão, a imprensa escrita, o rádio... interferem intrusamente no diálogo do casal. Os dois procuram a distração em separado, fora do lar, seus confidentes são externos, enquanto a monotonia, a indiferença e o silêncio invadem a vida doméstica.

Níveis de intersubjetividade

A comunicação pessoal pode realizar-se em níveis muito diferentes de intersubjetividade, desde a transferência de simples dados estatísticos da realidade externa até a intercomunicação vivencial dos estratos mais profundos da personalidade. Nem todas as mensagens são da mesma ordem intencional ou nascem de idêntico nível emocional de quem as emite, nem todas pretendem atingir o mesmo nível de interiorização de quem as recebe.

- *Nível de comunicação informativa ou superficial:* simplesmente transmite-se uma informação da realidade externa. No casal, este tipo de comunicação ocorre quando os cônjuges contam um ao outro o que viram e ouviram ou fizeram durante o dia ou por um período de tempo. Só dizem coisas como narrações ou como um telejornal. Não conseguem nenhum conhecimento da vida pessoal e interior do outro. É um nível de comunicação superficial. Não há praticamente intercâmbio pessoal intencional. A forma que se costuma empregar neste nível de comunicação é a conversa. Cerca de 9,12% dos casais mantêm esse tipo de comunicação.

- *Nível de comunicação racional ou formativa:* não se transmitem apenas notícias ou acontecimentos, mas também julgamentos sobre eles. Acrescenta-se uma carga de valores ou crenças aos fatos. Representa uma mensagem intencional e uma certa manifestação pessoal, embora não necessariamente se verifique uma projeção da personalidade nem a intimidade da pessoa. Os julgamentos emitidos podem ter sido tomados de outras pessoas e sequer assumidos pelo interlocutor, mesmo que pretenda influenciar o outro. Nesse tipo de comunicação costuma ser empregado o discurso ou discussão; em geral é adotado pelo casal sempre que um dos parceiros pretende justificar perante o outro um determinado comportamento ou tenta conseguir do outro um jeito específico de pensar e agir. Costuma ser uma comunicação voltada para a conquista da estabilidade e da integração do casal por meio da criação de uma base ideológica ou valorativa comum. Transmitem-se as razões e os porquês das coisas e apresentam-se comportamentos para conseguir a adesão do outro. Cerca de 48,9% dos casais mantêm habitualmente esse nível de comunicação.

• *Nível de comunicação emotiva ou de sentimentos:* transmitem-se os próprios estados de espírito, sentimentos e pontos de vista, tudo o que está relacionado com a intimidade pessoal. Não só as manifestações externas, mas também a realidade profunda da personalidade. A comunicação de sentimentos expressa a condição existencial da pessoa, seu "ser em si" e seu "ser em relação". Responde à pergunta: "Como eu me sinto?" ou "Como tal acontecimento, julgamento ou situação faz com que eu me sinta?" Há uma auto-revelação, que é transmitida ao outro exatamente como vivida na realidade. Exige a abertura da pessoa e a transparência das camadas mais profundas do ser. A forma que costuma ser empregada para esse tipo de comunicação é o diálogo.

Para facilitar a comunicação

Em primeiro lugar será preciso fazer um esforço para constatar os bloqueios que impedem a franca e livre rede de comunicação e a redução dos obstáculos advindos dos diferentes campos, social, intelectual e psicológico, dos quais já falamos.

Um dos melhores meios de facilitar a comunicação é esforçar-se para reduzir a distância entre a imagem de si mesmo (o que eu sou) — a pessoa — e a imagem do papel social exercido (o que desejo parecer) — a personagem. O mesmo é válido para o outro interlocutor. Em outras palavras o esforço de autenticidade de um dos dialogantes exerce um papel de incitação a uma autenticidade semelhante no outro. Esse duplo acesso à autenticidade, com todas as dificuldades que pode representar, é que vai modificando a atitude defensiva, permitindo o *feedback*, sem o qual não existe verdadeira comunicação. A comunicação requer uma reciprocidade que não pode ser rompida. Para superar os obstáculos e facilitar a comunicação entre casais e também nas amizades e relações pessoais, é preciso potencializar ao máximo a atitude de compreensão e aceitação.

Para a comunicação de sentimentos é bastante útil, para não dizer imprescindível, a linguagem não-verbal. Dialoga-se com o olhar, com o sorriso, com o tom de voz, com os gestos e com o silêncio. Este tipo de linguagem é algumas vezes mais necessário e reconfortante do que a palavra porque expressa com mais clareza a atitude interior.

A confiança é a chave da comunicação no casal. Confiança não é procurar o apoio ou o conselho do cônjuge. Não significa "liberdade para criticá-lo e moldá-lo de acordo com meu capricho". Confiança é a decisão essencial de partilhar sentimentos e afetos, com a segurança de que o outro vai tentar "compreender meus sentimentos e identificar-se com eles".

Fundamentos do diálogo

Diálogo interior

Toda pessoa precisa manter sempre um diálogo consigo mesma. Não deve parar de se fazer perguntas e de tentar respondê-las, porque esse diálogo é muito importante para preservar a dimensão da própria interiorização pessoal. Deve dialogar consigo mesma a respeito das grandes questões existenciais: "De onde eu venho? Para onde vou? Qual o sentido da minha vida? O que posso fazer pelas outras pessoas?" São perguntas que precisa fazer com freqüência, tentando respondê-las no mais íntimo do seu ser, pois é esse tipo de diálogo que traz mais sensibilidade, profundidade e serenidade ao coração.

Quando a pessoa não é capaz de manter um diálogo interior consigo mesma, sente-se dispersa e fragmentada, a superficialidade apodera-se da sua vida e logo experimenta a amargura do vazio. Para manter vivo e fresco esse diálogo interior, as pessoas precisam encontrar espaços de silêncio, de reflexão e de oração. Sem esses espaços, o diálogo interior fica bloqueado.

Diálogo a serviço da comunicação

A vida é um diálogo permanente. De onde provém a importância do diálogo, para que seja um objetivo tão básico em toda pedagogia? A resposta é evidente: não existe vida sem diálogo, uma vez que a vida é fundamentalmente diálogo.

O amor e a sexualidade são em si e em tudo diálogo. De fato, viver é dialogar e pelo diálogo chegamos aos outros, desde que o ócio, a doença e o trabalho fatigante não nos separem dos demais e nos deixem incomunicáveis durante um certo tempo.

A educação para o diálogo realiza-se simplesmente com conversas entre os esposos e com os filhos, sobretudo a respeito de assuntos que possam servir para o enriquecimento pessoal deles e para criar um clima de confiança total na comunicação entre pais e filhos.

Naturalmente, subentende-se que o diálogo se realiza sempre no nível da posssível compreensão, de acordo com a idade dos filhos. Levando em conta esse nível de compreensão, é impensável que no seio familiar não haja diálogo sobre qualquer assunto, inclusive o sexual, uma vez que a família deve ser sempre o ponto de partida de qualquer comunicação interpessoal.

Entre os membros de uma família, nada pode ficar sem ser comunicado; todos precisam estar sempre abertos ao diálogo. Só assim os filhos, na vida adulta, serão pessoas dialogantes e não lobos solitários que não se comunicam com os demais e vivem à mercê de seu eterno solilóquio. Isso exige uma relação transparente e, em especial, nunca enganar os filhos. Algumas vezes os pais procuram esconder seus sentimentos ou problemas dos filhos, mas na verdade não o conseguem, porque os filhos percebem. Por conseguinte, quando os pais tentam ocultar suas preocupações ou conflitos dos filhos, estes sentem-se fora do núcleo familiar, o que destrói seus desejos de pertencer a um grupo social.

Embora um casamento sólido seja o melhor presente que se pode oferecer a um filho para ajudá-lo a amadurecer, é normal que de vez em quando ocorram pequenos problemas entre os cônjuges; mas os filhos, vendo que os pais voltam a se unir depois desses contratempos, tiram disso elementos positivos para sua educação e sua formação integral.

Educamos os filhos quando falamos o que sentimos, na linguagem deles, quando lhes damos a oportunidade de formularem suas próprias perguntas, quando respondemos com honesta simplicidade e sempre partilhando com eles tudo o que possam compreender.

Assim, eles perceberão que os bons e profundos contatos no relacionamento humano têm de ser trabalhados à medida que os inevitáveis momentos difíceis vão surgindo.

Diálogo não-verbal

Existe uma forma de diálogo que pode ser um excelente instrumento de comunicação: o diálogo não-verbal. Um beijo, um aperto de mão, um tapinha nas costas, um abraço, um carinho... em alguns momentos podem dizer muito mais do que a palavra mais bem escolhida. O sorriso, por exemplo, como disse Guy de Larigaudie, é um bom meio para criar uma alma amiga, mas não o sorriso irônico e gozador, que é um ângulo dos lábios que julga e reprova e sim o sorriso amplo, limpo; o sorriso à beira da risada.

Diálogo do corpo

O corpo é um meio privilegiado de comunicação, porque as pessoas não são realidades etéreas e sim corpos físicos, embora estes sejam a moradia da alma. Nesse tipo de diálogo é que reside a importância da sexualidade para a comunicação interpessoal do casal: o corpo expressa o amor de maneira plástica e eleva o diálogo à categoria máxima.

A comunicação pelo corpo coisifica-se e perde todo seu valor quando não ocorrem as outras comunicações, pela palavra e pelos atos, com sentimentos e olhares. Sinto-me um objeto a mais na casa; sou como o coador de café, que se usa e joga fora, disse uma mulher.

E as experiências pré-matrimoniais: será porque ainda não se dividem dinheiro, casa, dificuldades e angústias... que o diálogo do corpo costuma, mais tarde, fracassar? Na verdade, só quando se partilha toda a vida, em tudo o que ela tem de bom e de ruim, para o melhor e para o pior, é que a comunicação pelo corpo adquire seu sentido mais profundo. Precisamos do beijo suave da ternura. Mas de uma ternura humilde, sem afetação, delicada como o silêncio, grande como o firmamento, clara como a luz do dia, acolhedora como uma mãe. Hoje, talvez mais do que nunca, as pessoas sentem na carne a profunda dor da solidão, têm fome de comunicação, procuram desesperadamente por alguém que tenha tempo e paciência para ouvi-las. No lar, a televisão e o vídeo, os meios de comunicação em geral, estão inibindo e limitando, com uma facilidade e simplicidade espantosas, a comunicação pessoal entre marido e mulher e entre pais e filhos.

O que é preciso reforçar e evitar no diálogo

Atitudes positivas que facilitam o diálogo

✓ Ir ao encontro do outro com entusiasmo renovado e não se deixar levar pela monotonia.

✓ Aceitar a si próprio como é, sem esquecer que sempre é possível mudar e melhorar.

✓ Deixar-se ajudar. Esta posição sempre cativa o outro.

✓ Ser coerente, transparente e simples ao comunicar alguma coisa.

✓ Aceitar o companheiro como é, com suas luzes e suas sombras. Pelo menos como ideal, esta atitude é importante.

✓ Compreender o outro naquilo que diz e naquilo que não pode ou não sabe dizer; aquilo que está por trás de suas palavras.

✓ Ter espírito de tolerância e um certo desprendimento das próprias certezas.

✓ Saber encarar com simplicidade os próprios erros e limitações.

✓ Lembrar que o otimismo, a alegria e o bom humor são sempre ingredientes saudáveis para o diálogo e a comunicação.

✓ Saber esperar: Dar tempo ao tempo é o melhor remédio contra todos os males, dizia Cervantes.

✓ Ter em mente que o silêncio oportuno pode ser fecundo e esclarecedor.

Atitudes negativas que dificultam o diálogo

✗ Desconhecimento do outro e a falta de confiança podem provocar ciúmes, pré-julgamentos, mal-entendidos, reservas...

✗ Caráter orgulhoso e autosuficiente bloqueia a pessoa e produz uma série de complexos: sentimento de inferioridade, de agressividade, e decepção...

✗ Uma postura crítica e negativa diante do outro cria um ambiente de pessimismo e de falta de esperança.

✗ A condenação e a intolerância abatem psicologicamente o outro e não lhe deixam ar humano para respirar.

✗ Não pedir ajuda e orientação a outras pessoas qualificadas.

✗ As manias, as compulsões, a autoescuta, repetir mil vezes as coisas...

✗ A forma e o jeito de dialogar. O diálogo costuma falhar, não pelo conteúdo, mas pela forma: os berros, as ironias, as segundas intenções, as meias verdades...

Aprendendo a dialogar em dez conselhos

Muitos conselhos poderiam ser dados para se conseguir o qualificativo de "pessoa com quem se pode falar", com quem "dá gosto conversar". Aqui vão alguns:

1. *Saber que opinião é opinião*: respeitar uma opinião como tal não significa que todas as opiniões tenham o mesmo valor, pois um especialista em determinada matéria tem um conhecimento muito mais profundo sobre ela do que alguém que acabou de ler um artigo no jornal sobre o assunto. Não esquecer que existem opiniões e... opiniões!

2. *Não discutir*: é uma decisão prática e essencial para a convivência; não pretender impor-se aos demais com a dialética, pois, ao agir assim, é possível encontrar pessoas que não conseguem ceder sem se sentirem humilhadas, como se perdessem o prestígio por admitir que o outro está com a razão; é como se, em vez de uma conversa amigável entre amigos, estivesse duelando com um adversário.

3. *Evitar os preconceitos*: pré-julgar é o melhor caminho para deformar a realidade das coisas; não se sentir incompatível com ninguém, ter liberdade de espírito e uma atitude aberta são fundamentais para favorecer o diálogo.

4. *Expor a opinião própria de maneira positiva*: especialmente quando se tratar de algo mais do que a simples opinião, falar sem polemizar, sem humilhar, deixando ao outro uma saída honrosa para que possa reconhecer, sem dificuldade, que estava equivocado, que lhe faltava formação ou informação.

5. *Não impor o próprio conhecimento:* deixar que o outro fique com a convicção de que descobriu por conta própria uma nova verdade é especialmente importante quando se trata de um assunto que, por conhecermos bem, tentamos fazer com que os outros também o vejam a partir do nosso bem fundamentado ponto de vista. Trata-se de ajudar o outro a ponderar, calmamente, as questões propostas durante a conversa.

6. *Facilitar a fala dos demais*: quando os dois interlocutores falam bastante em uma conversa, é comum ambos ficarem com a impressão de que o diálogo foi muito interessante e que dá gosto "repetir a dose". Além disso, só saberemos manifestar o interesse que temos pelos demais se lhes dermos oportunidade de expor seus pontos de vista.

7. *Saber escutar*: esse conselho não é tão fácil de seguir quanto parece; tem de ser feito de maneira inteligente, procurando compreender. Para isso, é preciso aguardar que a exposição do outro termine, ter certeza de que entendemos os seus pontos de vista, procurando não interrompê-lo com uma interpretação pessoal do que estava tentando dizer.

8. *Estar dispostos a nos enriquecer com as opiniões alheias*: com todos se pode aprender alguma coisa quando se tem vontade de trocar conhecimentos, e não apenas expor os próprios.

9. *Não rotular ou enquadrar o interlocutor*: a atitude estéril, porém cômoda, de colocar etiquetas e não mudá-las em alguns pequenos marcos dão lugar ao preconceito e impedem de agir com a inteligência, com a paz e a serenidade que facilitam a convivência e, nesse caso, também a justiça.

10. *Saber falar*: embora algumas pessoas o façam com mais desenvoltura que outras, não é tão difícil saber falar quanto parece; além disso, é possível ser um bom conversador quando se levam em consideração algumas normas de conversa.

NORMAS PARA UM BOM CONVERSADOR

- Para que a conversa seja fluida, simples, temos de evitar a afetação, o uso de vocabulário especializado e de palavras difíceis.

- Antes de censurar ou criticar o que o outro está dizendo, especialmente se não tiver muita certeza, convém avisar: não tenho certeza absoluta, mas acredito que...

- Modular a voz, saber pronunciar cada frase com a entonação adequada ao tema ou ao momento, evitando a monotonia daquele que conta uma piada da mesma maneira que narra um fato funesto.

- Evitar falar aos gritos, impondo pelo volume da voz o que talvez as outras pessoas não queiram ouvir; por outro lado, sempre é incômodo e desagradável um tom excessivamente alto.

- Controlar as efusões excessivas, a agressividade, a grosseria e a vulgaridade da gíria, a não ser que se saiba como e quando convém utilizá-la para enfatizar uma questão.

- Evitar o uso de palavrões até mesmo em uma conversa informal com os amigos. Denotam pobreza expressiva de linguagem, embora em algumas ocasiões possam definir muito bem um assunto. De qualquer maneira, seu emprego excessivo manifesta grosseria e rudeza de espírito.

- Evitar os cacoetes, essas repetições inconscientes de certas palavras, pelo incômodo que causam no interlocutor. Não é difícl perceber em si mesmo os cacoetes que costuma empregar e esforçar-se um pouco para evitá-los. Vocábulos como "né", "entende", "tá", "certo", "então" denunciam dificuldade para se expressar, sobretudo ao expor um tema, e costumam irritar bastante os ouvintes.

O poder da palavra na educação

A palavra, enquanto manifestação expressiva de nosso pensamento livre, é um dom maravilhoso. Sua ambivalência, porém, é clara e manifesta, tanto quanto expressou o escritor Aldous Huxley ao afirmar que, graças à palavra, somos capazes de mostrar-nos superiores aos animais selvagens, mas também graças à palavra muitas vezes afundamos ao nível dos demônios.

A palavra é o fio de ouro do pensamento, dizia Eurípedes. A palavra é como uma árvore: planta-se e ela cresce, amadurece e dá frutos. Quando esterilizamos a palavra, bloqueamos a vida. O grande patrimônio da humanidade é a palavra. A palavra foi o grande veículo de expressão e de comunicação entre as pessoas no decorrer dos tempos. Por meio da palavra estou em contato com os meus leitores. De geração em geração, cada povo deixou sua marca e transmitiu seu patrimônio cultural mediante a palavra. Inclusive o próprio Deus, quando quis vir à terra e ficar entre os homens, não hesitou em fazer-se Palavra.

A palavra é como uma força capaz de atrair e dirigir outras forças espalhadas pelo universo. Transforma-se em discurso para convencer multidões, em conversação para dar sabor à mesa, em sussurro para falar de amor, em carinho quando brota espontânea de lábios que amam, em notícia quando procura comunicação, em ofensa quando quer arranhar a pele sensível do outro, em oração quando tenta transpor as fronteiras do humano.

Tem-se usado a palavra para construir a vida ou para destruir a força da cordialidade. Com a palavra podemos rezar, abençoar, cantar, estimular, ensinar, celebrar. A palavra também serve para amaldiçoar, ofender, destruir, condenar. As palavras pronunciadas pelo padre colocam Deus ao alcance da mão, perdoam pecados, aliviam dores, suavizam temores. Quando pronunciadas pelos pais, surgem a fecundidade, a saúde, a felicidade dos filhos.

O poder das palavras destrutivas é assustador. De fato, uma maldição pode provocar esterilidade, infecundidade, doença e todo tipo de desgraças. As ofensas geraram uma boa parte das guerras que surgiram nos corações dos homens. Diz um provérbio hindu: "Crânio de homem, o que te causou a morte?", e o crânio responde: "Minha palavra". O ensinamento é bem claro: a palavra é uma força que pode gerar o bem e o mal, a saúde e a doença, projetar alegria e tristeza. Depende de nós usarmos de forma adequada esse tesouro que temos e que bem poucas vezes valorizamos devidamente: a palavra.

É preciso que todas as pessoas, em especial os responsáveis pela formação das próximas gerações, cuidem com esmero da palavra e se esforcem para empregá-la sempre de modo adequado. O grande escritor, filósofo e místico maiorquino Ramón Llull dizia que a palavra cortês é sinal de pensamento nobre. Pois nossa palavra pode ser um valioso veículo de amabilidade, bondade e sabedoria; pode consolar, ajudar e orientar o jovem. Por outro lado, essa mesma palavra, mal empregada, pode ofender e provocar um mergulho na degradação mais espantosa. A palavra é sempre uma espada de dois gumes: pode curar ou matar.

Vamos aproveitar o maravilhoso dom da palavra para crescer e amadurecer como pessoas, e para transmitir aos jovens idéias nobres e sábias. Que nossas palavras sejam manifestações da riqueza e profundidade que temos interiormente. Usá-la mal seria desperdiçar a faculdade mais especial com que Deus nos presenteou.

A palavra é um dom

É bastante sugestiva a conclusão de Miguel de Unamuno sobre a palavra, quando ele diz que nossa ruína é falar muito e fazer pouco, mas o que na verdade nos arruína é falar mal, pois falar bem é uma forma de fazer; as palavras de vida e de substância são ações.

Nossa sociedade necessita de palavras de vida e de substância, ou seja, de palavras que expliquem e esclareçam as coisas; que orientem e animem as pessoas; que consolem e confortem os abatidos; que abram um horizonte de sentido; que semeiem a esperança num futuro melhor.

Sobram palavras inúteis, vazias, impertinentes, o palavreado vão que não leva a nada e que não é útil a ninguém. Para Unamuno, o que na verdade nos arruína é falar mal, pois falar bem é uma forma de fazer. Usemos o maravilhoso dom da palavra em benefício do próximo. As palavras adequadas, certeiras e sábias são realidades muito positivas das quais devemos cuidar com esmero.

Empreguemos com sabedoria o dom da palavra, um dom repleto de possibilidades freqüentemente mal aproveitadas.

A arte de bem escutar

O sábio grego Epíteto afirmou, no século I, que assim como existe a arte de bem falar, existe também a arte de bem escutar e que nas escolas de oratória ensinava-se a primeira, mas em nenhuma escola se ensinava a segunda. Pois, bem, ainda hoje a arte de bem escutar está abandonada; não é ensinada em nenhuma escola e, não obstante, é tão ou mais importante que a arte de bem falar.

A arte de bem escutar exige aprendizagem, paciência e sabedoria do coração. É uma arte que também requer bondade, humildade e abertura ao outro. Quem acredita que sabe tudo, quem não precisa nada de ninguém, não escuta. E, não escutando, empobrece-se porque é incapaz de captar aquilo que o interlocutor expressa de valioso. Vale lembrar que a arte de bem falar pode ser aperfeiçoada e aprofundada pela prática da arte de bem escutar. Quem sabe escutar o outro com atenção consegue falar melhor, de maneira mais adequada, mais precisa, mais serena e, por último, mais sábia.

Pratiquemos diariamente a arte de bem escutar e nos tornaremos mais receptivos, mais sensíveis, e ao mesmo tempo estaremos enriquecendo-nos com o que o interlocutor nos oferece com sua palavra.

A importância de bem pensar a palavra

Um dos sete sábios da Grécia, Tales de Mileto, que viveu entre os séculos VI e V antes de Jesus Cristo, afirmou que falar demais nunca é sinal de prudência, e que cada um deve pensar e cuidar bem de cada uma de suas palavras e fugir dos faladores cujas línguas estão sempre em movimento.

Pensar e cuidar bem de cada uma das nossas palavras... que sábio e prudente conselho! No final do dia, quantas palavras ditas sem pensar, sem cuidar; quantas palavras vãs, sem conteúdo! Se pensássemos e cuidássemos mais das palavras, evitaríamos muitos desgostos e nossa paz interior cresceria dia após dia.

No entanto, saber pensar e cuidar das palavras é uma arte que exige constante aprendizado e grande domínio da vontade. Quem pensa e cuida bem das palavras está sendo respeitoso e gentil com o próximo e em seu mundo interior certamente há ordem e tranqüilidade.

Uma palavra impensada pode trazer a discórdia, uma palavra cruel pode destruir uma vida, uma palavra amarga pode atrair o ódio, uma palavra violenta pode ferir e até matar, uma palavra delicada pode suavizar o caminho, uma palavra alegre pode iluminar o dia, uma palavra oportuna pode diminuir a tensão, uma palavra amável pode curar e atrair bênçãos.

A palavra é uma mediação do diálogo que deve ser cuidada com esmero, do contrário pode ser muito perigosa, pois um diálogo com palavras não pensadas pode ser vazio apenas, mas quando tem palavras que incomodam ou ofendem, pode acarretar sérios desgostos.

O educador, em especial, tem de usar palavra que não se adiante ao pensamento, pois o pensamento sem a palavra tem consistência, ao passo que a palavra sem pensamento não tem. Ao dirigir-se aos jovens, precisa fazer de seu pensamento o leme do trabalho e de suas palavras pensadas e cuidadas o veículo de um diálogo de construção e de sabedoria.

DECÁLOGO DO EDUCADOR PARA CONSTRUIR O DIÁLOGO

1. *Ser coerente.* Os três elementos da mensagem, conteúdo (o quê), objetivo (para quê) e forma (como) precisam seguir o mesmo propósito.

2. *Não falar do passado.* Evitar referências, normalmente acusadoras, ao passado. Propor os conteúdos no presente e dirigidos ao futuro.

3. *Ser específico(a).* Prescindir de comentários vagos e imprecisos e transmitir ao educando o que deseja que ele faça, em termos de comportamentos observáveis.

4. *Ser breve.* Procurar um equilíbrio entre falar e escutar, evitando divagações e repetições.

5. *Não usar termos absolutos.* Expressões do tipo "nunca" ou "sempre" não permitem flexibilidade nem a matização do que se pretende comunicar. São mais justas e eficientes as expressões do tipo "pode ser", "algumas vezes" ou "com certa freqüência".

6. *Não emitir juízos de valor.* Eliminar comentários do tipo "você deveria" ou "você sabe perfeitamente que". Longe de serem eficazes, acabam irritando, despertam sentimentos de injustiça e de revolta que levam o educando a elaborar atitudes defensivas contrárias ao diálogo.

7. *Ser flexível.* Qualidade essencial nas relações humanas, que morrem pelo fixismo e pela rotina. No diálogo informal, a flexibilidade manifesta-se quando quem errou reconhece o erro, pedindo desculpas e manifestando que a opinião e o projeto do outro são melhores. Não há porque não usar essa postura também na sala de aula.

8. *Ser positivo.* Dizer ao outro as alternativas que prefere; é mais eficiente e edificante para a relação professor–aluno do que dizer o que desagrada.

9. *Escutar sem interromper.* Evitar a disputa pela palavra. Para ser escutado(a) é preciso escutar, sem cortar ou interromper o jovem.

10. *Não abusar da sinceridade.* Sob a desculpa de estar sendo absolutamente sincero, pode-se estar sendo absolutamente desagradável. Há comentários, críticas e verdades que, se não trazem nada de positivo, é melhor o educador não fazer.

Material pedagógico

Parâmetros para diálogo em grupo

1. Comunicando-se em profundidade, o ser humano desenvolve o seu processo de socialização e de realização pessoal.
2. A comunicação faz germinar em todo o ser da pessoa a amizade, a alegria de viver e a liberdade.
3. Quem usa expressões vulgares, entonação hipócrita ou gritos bloqueará sua comunicação com todas as pessoas: amigos, familiares, colegas e professores.
4. Ninguém pode deixar de comunicar-se; senão a neurose, a intolerância, a tristeza, a frustração e a ansiedade tomam conta da pessoa.
5. Por meio do diálogo os outros dizem como a gente é e como deve ser. Por isso é que o diálogo ajuda a construir a personalidade.
6. Uma real troca de idéias é um direito e um dever de todos, especialmente dos jovens que estão construindo a sua pessoa adulta.

Questões para autoconhecimento

1. O que a comunicação exige de você na vida em família e na vida social, com os amigos?
2. Você costuma dialogar calmamente e com clareza com os amigos, com os familiares, nos momentos de lazer? E nos momentos difíceis, quando todos estão sob tensão, você também dialoga calmamente e com clareza?
3. Como você reage quando o diálogo torna-se difícil em função do assunto ou das circunstâncias?
4. O que você entende por diálogo? Quais são as características positivas do diálogo e quais as atitudes negativas que devem ser evitadas? Defina cinco de cada, no mínimo.
5. Na sua opinião, o que os gestos e as atitudes acrescentam ao diálogo? Pode existir diálogo no silêncio?
6. Existem temas tabus em sua família? Quais são? E entre as pessoas de seu círculo de amizade?
7. Quais são os temas sobre os quais você gosta mais de conversar?

8. Que importância você atribui ao diálogo não-verbal em comparação com o diálogo verbal? Cite a importância de um e de outro.

9. Na sua opinião, que características especiais deve ter o diálogo amoroso para que seja gratificante à vida humana?

10. Leia atentamente todas as suas respostas às questões anteriores. Depois, responda:
    Sou uma pessoa que está realmente aberta a qualquer tipo de diálogo com meus semelhantes?

5 CONSCIÊNCIA MORAL

A consciência deve ser o eixo central do comportamento da pessoa, seu caminho, seu guia e o impulso motivador de fazer o bem. A tarefa de formar a consciência moral deve durar a vida toda, uma vez que sempre é possível aprimorar a delicadeza e o trato com os demais e que cada vez mais devemos refletir sobre o que podemos dar aos outros. A consciência nos levará à perfeição pessoal e à solidariedade com os demais. Quando a consciência falha, a desorientação toma conta da vida pessoal e social e afeta seu bom andamento.

Fundamentos

É bastante difícil ficar a sós com nós mesmos, embora esse seja um exercício muito saudável, porque nele não cabem nem a mentira nem o engano. Quando nos aprofundamos no mais íntimo de nossa consciência, o único que conta é a sinceridade. Toda pessoa é sincera quando está sozinha. E são justamente as conseqüências que derivam da sinceridade consigo mesmo que provocam medo.

Não podemos fugir de nós mesmos; seria um jogo inútil e perigoso. É só no mais íntimo de nossa consciência que encontraremos Deus e descobriremos o valioso significado dos demais e de nós mesmos. É só no santuário de nossa própria consciência que nosso eu cresce, amadurece e torna-se capaz de saborear o sentido de sua transcendência.

A consciência é necessária para construir uma sociedade digna do ser humano. O filósofo chinês Confúcio, do século V a.C., afirmava que a consciência é a luz da inteligência para distinguir entre o bem e o mal. Infelizmente, hoje, essa luz está apagada ou quase apagada em muitas mentes que não conseguem diferenciar o bem do mal. É o que Pio XII chamava de "perda de consciência de pecado". Sem distinção entre o bem e o mal, a alma é escuridão completa e o caos moral apodera-se da sociedade.

Manter viva a chama da consciência é a única forma de se conseguir uma sociedade digna do ser humano, na qual os valores fundamentais da ética civil (justiça, honra, verdade, solidariedade) sejam respeitados por todos, tanto os que crêem quanto os que não crêem.

Quando não somos capazes de distinguir, com clareza, o bem do mal, todo o sistema de valores éticos vem abaixo e corrupções de diversas espécies encontram o caminho livre. Conseqüentemente, é muito importante a formação adequada da própria consciência. Sem consciências formadas não podemos sonhar com sociedades justas e solidárias. A consciência é a bússola que nos guia pelo caminho reto, nem sempre o mais fácil, mas sempre o mais adequado para se progredir na sabedoria e no amadurecimento do espírito.

Quando falham os grandes valores éticos, as virtudes ficam perdidas, nesse momento o bom parece bobo e o mau se estabelece. Sem um sólido fundamento de ética civil, a sociedade vem abaixo, o egoísmo e a corrupção tomam conta dela e só interessa acumular a qualquer preço. É impossível viver em uma sociedade assim, pois falha o mais elementar. E o mais elementar é uma consciência reta e os valores da honra e da solidariedade. Sem honra e solidariedade uma sociedade, por mais próspera que pareça, cedo ou tarde acaba desmoronando.

Uma possibilidade de se chegar à verdade

A verdade, adequação do entendimento com a coisa conhecida, é única para cada objeto. O ser humano pode chegar à verdade das coisas e declará-la; é precisamente nessa posse da verdade que reside sua máxima dignidade. Assim, a capacidade de tomar decisões voluntárias, ou seja, livres, assenta-se no conhecimento objetivo da situação sobre a qual se decide: a verdade nos fará livres[1].

Quando decidimos no erro, ou seja, sobre uma base sem objetividade, estamos condicionados por dados falsos que assim conseguem de nós uma escolha forçada: o ser humano que age no erro degrada-se. É exatamente por esse motivo que, para tiranizar um grupo social, procura-se deformar as informações que lhes são transmitidas, orientando os meios de comunicação para essa informação tendenciosa que se deseja impor.

Embora o ser humano possa chegar à verdade, essa possibilidade algumas vezes não é exercida e, outras vezes, falha na sua tentativa. Assim, por exemplo, a limitação pessoal humana faz com que o processo intelectual usado para atingir a verdade seja muitas vezes longo, trabalhoso; a cada um dos passos pode haver a desconsideração de um fato, o desprezo de outros, a paixão etc., o que impedirá a posse da verdade de forma plena. Essa limitação humana é radical e não pode ser ignorada ou desconhecida. Tanto é verdade que nela se fundamenta uma das razões pelas quais se diz que o ser humano é naturalmente sociável: por natureza, precisa dos demais para ser aquilo que pode ser — um adulto são, forte, no aspecto biológico; prudente, justo, sábio e com critério, no aspecto religioso. Essa ajuda que necessita dos demais é um direito para cada pessoa, desde a sua chegada ao mundo.

Em outras palavras, todos têm direito de receber ajuda na trabalhosa busca da verdade, pois todos têm direito de saber a verdade. A esse direito corresponde em mim a obrigação de me formar e nos demais a correlativa obrigação de me ajudar a consegui-lo. Não se trata, portanto, de ser obrigatório receber uma formação, entendido como uma lesão injusta à au-

---

[1] Cf. Jo 8,32.

tonomia pessoal, e sim de que a condição social do ser humano exige, para que ele possa se educar, que beba fora: nos demais, no meio ambiente, nas coisas. O problema está só em escolher a melhor educação em função da verdade e da ordem objetiva.

Formação para discernimento e liberdade

A esse respeito, hoje em dia, é comum proporem-se alternativas radicais que, aplicadas ao tema que nos interessa, poderiam ser assim colocadas: não deve formar a consciência das crianças enquanto não chegarem ao uso da razão, para que possam escolher livremente... ou eu sou o único responsável por mim mesmo diante de Deus, se me formarem a consciência, ela não será mais minha e estarão me alienando... No fundo, a falha destas propostas está num falso conceito de liberdade, pois é possível aceitar, de modo livre e voluntário, uma verdade proposta por outra pessoa, e numa idéia pejorativa do que é a formação.

Formar não é impor normas, nem condicionar o entendimento e a vontade da pessoa, desapegando-a de sua inata tendência à verdade e ao bem, mas sim abrir o sujeito para a realidade, dar segurança a seus passos titubeantes, ajudá-lo a ponderar e a amadurecer seu julgamento e raciocínio. E, conseqüentemente, essa formação fundamentará simultaneamente sua liberdade. Pode-se ler na Declaração *Dignitatis humanae* do Concílio Vaticano II:

> Nos dias de hoje, os seres humanos sofrem diferentes espécies de pressões e correm o risco de perder a liberdade (...). Nessas circunstâncias, o Concílio acha que deve exortar especialmente os que se ocupam de educação, a que procurem formar pessoas reconhecedoras da ordem moral, obedientes às autoridade e ciosas da verdadeira liberdade. Pessoas capazes de discernir o que é certo, de agir responsavelmente, de se esforçar por conseguir tudo que é verdadeiro e justo, e capazes também de agir sempre em comunhão com os outros.[2]

Tudo o que foi dito no plano humano aplica-se igualmente à ordem da graça santificante: com ela é dada ao ser humano uma natureza superior que lhe permite encaminhar-se a dar glória a Deus como seu filho. Esse desenvolvimento até a plenitude de Cristo (cf. Ef 4, 13) deve ser também realizado livremente no âmbito de uma verdade revelada, conhecida pelo racional obséquio da fé, e no seio de uma sociedade — a Igreja — constituída precisamente para isso como corpo social com uma missão de ensino (evangelizadora) e de ajuda (sacramental).

Uma formação religiosa não se opõe à liberdade religiosa, mas sim à ignorância religiosa. E tanto é possível condicionar alguém dando-lhe forma-

---

[2] Concílio Vaticano. Declaração Dignitatis humanae, n. 8. In.: *Vaticano II: Mensagens, Discursos e Documentos*. São Paulo, Paulinas, 1968. pp. 1066-1067.

ção quanto não dando, obrigando-o a optar pela não-educação. Uma coisa que, no plano humano, provoca grandes escândalos, como deixar um acidentado sem atendimento, não impedir um suicídio etc., parece estar na ordem do dia, perfeitamente permitida e justificada no plano intelectual, moral e religioso. Por isso, a formação religiosa é sempre uma colaboração enriquecedora que o cristão recebe para que não se desvie em seu caminho para a plenitude.

No momento atual, é urgente uma educação em valores humanos que possa servir ao cidadão e aos jovens e adolescentes como referência e ponto de partida para a elaboração do seu próprio projeto pessoal, pelo qual se canalize a formação integral de sua personalidade adulta e madura. E, sobretudo, para que o adolescente vá formando sua consciência, como elemento de discernimento e guia para sua conduta. Cabe ao educador, nesse enfoque, estimular constantemente os processos de valorização, para que o educando possa descobrir livremente, sem imposições ou doutrinações, suas preferências no campo dos valores. Educar o processo de valorização significa arbitrar os meios necessários para que os alunos conheçam os próprios valores nas diversas etapas do seu processo evolutivo, sejam sensíveis a reconhecer valores vivenciados e expressados, manifestem preferências com relação aos valores descobertos e adiram àqueles que considerem importantes para dar sentido à sua vida.

A formação da consciência tem de ser complementada com o esclarecimento dos valores, com o desenvolvimento do juízo moral e com a abertura do indivíduo às dimensões sociais para que, superando a tendência de centrar-se em si mesmo, em seus gostos e preferências, abra-se progressivamente à solidariedade e ao compromisso social.

A visão de santo Agostinho, que sintetiza o pensamento filosófico e cristão de seu tempo, considera que nossa adesão a um valor nos liberta do círculo da simples subjetividade, transporta-nos a uma ordem transcendente, independente de nós, de nossos estados de espírito, de nossas disposições e, finalmente, nos recupera em nossa própria realidade humana. Essa experiência representa uma harmonia que só pode desprender-se daquilo que é essencialmente bom e abre diante de nós uma luz nova que permite contemplar o esplendor intrínseco do valor.

Se o mundo dos valores pode servir de guia para a humanidade em suas aspirações de paz, solidariedade, fraternidade e tolerância, pela mesma razão deve servir de guia ao indivíduo em seus desejos e aspirações de auto-realização e de aperfeiçoamento e, sobretudo, em seu anseio de superação pessoal e seu empenho em melhorar. Nesse caso, os objetivos de ação educativa e vivencial dos valores devem ser orientados para ajudar o estudante a aprender a movimentar-se livre, sensata e coerentemente por uma escala de valores, com a mediação de sua consciência como norma máxima da ação. Isso também requer que ele seja ajudado, como já indicamos, em sua experiência pessoal e intransferível dos valores, para que saiba descobrir o bem que acompanha todas as coisas, acontecimentos e pessoas; para que aprenda a valorizar com todo seu ser, a reconhecer com a razão, a querer com a vontade e a inclinar-se com o afeto a tudo aquilo que for bom, nobre, justo e valioso...

O mundo atual exige uma consciência lúcida das novas propostas que a mudança sociocultural introduziu na educação. Ou seja, existe um novo sentido da autonomia da pessoa, um novo impacto e uma crise de relações, instituições e valores tradicionalmente admitidos. E, portanto, existe uma maior urgência de formar as consciências no campo ético-moral.

Numa sociedade na qual os meios de comunicação social imperam, a telinha de tevê, o rádio e a revista em quadrinhos converteram-se nos mestres anônimos de uma pessoa cada vez mais teleguiada. Essa situação exige um novo estilo educacional de criatividade e de valorização da comunicação pessoal, de análise crítica das situações para descobrir a autêntica verdade e superar muitas vezes a manipulação encoberta da publicidade e da sociedade de consumo. A omissão dos pais e educadores em criar um clima de convivência e de comunicação significa deixar o processo educativo em mãos anônimas. O professor fica, assim, cada vez mais limitado a um dos tantos instrumentos que interferem na aprendizagem.

Porém, é no conflito dos valores que o adolescente sofre os maiores bloqueios e onde torna-se mais difícil a educação moral. A sensibilidade das novas gerações não aceita o código moral dos pais. O bem-estar material, perseguido com tanto afinco pelas famílias, não encontra eco nos filhos; as questões de prestígio social esbarram muitas vezes em crianças e jovens que já vivem as aspirações de uma sociedade mais igualitária e fraterna.

Verdade e subjetividade

O *cogito, ergo sum* ("penso, logo existo", de Descartes), teve maior influência na mentalidade moderna do que se costuma supor. Desde Descartes passou a existir a tentação de se aceitar como real apenas o que a evidência interior assegura: existo porque penso e não penso porque existo. Assim, o pensamento individual transforma-se em lei única para todas as ordens. A própria verdade não será mais uma abertura, em maior ou menor grau, ao objetivo real. Ao contrário, se vejo algo, ele será real, objetivo, válido; e, se não o vejo, não será.

Mas não é assim. Deus e as coisas estão aí, e é no ato de descobri-las que eu conheço a mim mesmo. O entendimento segue o ser, não o precede. Como o ser humano não é Deus, o pensamento humano não faz a realidade, e sim apodera-se dela e, ao mesmo tempo, apodera-se de si mesmo. Esse apoderar-se de si mesmo costuma ser chamado de "consciência psicológica", que decorre, como dissemos, do fato de o ser humano ser uma criatura existente, inteligente, que observa o que acontece fora e dentro dele.

A consciência moral

A consciência moral nada mais é que um caso particular da consciência psicológica. Poderíamos defini-la como a possibilidade de ver nossos atos objetivos em relação aos planos de Deus sobre os mesmos. É uma abertura da subjetividade à captação da ordem divina objetiva, uma capacidade de descobrir e seguir a luz normativa da "lei divina, eterna, objetiva e universal pela qual Deus ordena, dirige e governa o mundo inteiro, segundo o conselho de sua sabedoria e de seu amor"[3].

A liberdade humana

Sabemos que a liberdade humana é uma qualidade de todo ser humano, como conseqüência de ser inteligente, que lhe permite querer, ou deixar de querer, aquilo que a inteligência lhe mostra. Por esse motivo, a liberdade só intervém para facilitar ou impedir, pelo menos em parte, esse aparecimento da lei; mas não como se fosse, pois não é, uma faculdade de criar normas. As normas estão aí e o ser humano as vê ou renuncia a vê-las, mas não pode criá-las, pois não serão normas aquelas que o ser humano acredite erradamente que são, por mais convencido que esteja, mas sim aquelas que de fato existirem em conseqüência das relações entre criatura e Deus Criador. A liberdade, em definitivo, deve ser vista como "a energia de incorporar-se ativamente aos planos de Deus"[4].

Possível confusão entre autenticidade e objetividade

Uma definição que desfigura o verdadeiro papel da consciência no agir cristão é a seguinte: se sou autêntico comigo mesmo e Deus é Pai, as normas e os conselhos, por exemplo, da confissão, são desnecessários para me salvar... Existe nessa atitude uma clara confusão entre consciência segura — autenticidade, ter certeza de — e consciência reta ou verdadeira — objetividade, atinar, "acertar na mosca". É esta segunda que precisamos ter, e para isso existe a formação. Limitar-se a desejar uma consciência certa — em outras palavras, pensar que para agir basta ter certeza de que a atuação parece boa — equivaleria a colocar-se no lugar de Deus, que nunca se engana, ou pensar, como Descartes, que a atividade pensante é criadora do objeto, que identifica certeza com verdade. E seguindo por esse caminho

---

[3] Concílio Vaticano. Declaração Dignitatis humanae, n. 3. In.: *Vaticano II: Mensagens, Discursos e Documentos*. São Paulo, Paulinas, 1968. pp. 1047.

[4] Haro, Ramón García de. *La conciencia cristiana*. Madrid, Rialp, 1971. pp. 49ss.

equivocado não é difícil que se chegue a confundir atuação espontânea (autenticidade, autonomia) com atuação objetivamente boa. Seria a absoluta inversão dos papéis, o ser humano no lugar de Deus.

Por outro lado, não podemos esquecer que na definição de consciência fala-se não do fato de ver a lei de Deus, mas na possibilidade de vê-la, da capacidade para descobri-la. As razões para isso são claras:

- os planos de Deus nem sempre são claros: normalmente é assim, para tantos que formam o tecido da vida cotidiana;
- toda capacidade contém uma opção de não realização: ter consciência inclui, portanto, a possibilidade natural de perder a visão da lei, e isso ocorre à medida que a consciência não funcione com plenitude;
- a realidade do pecado original, que torna possível que o fracasso se transforme no caído, em real inclinação a perder a luz da lei: a consciência escurece, fica sufocada. Mais uma razão para se formar.

Em conclusão, é errado apelar, coisa freqüente hoje em dia, ao que algumas vezes denominamos, equivocadamente, sacrário inviolável da própria consciência para fugir do dever de se ajustar a normas objetivas, que talvez se desconheçam e que têm de ser aprendidas. É verdade que é preciso decidir, necessariamente, no sacrário inviolável da própria consciência e que tal coisa reflete a dignidade da pessoa humana, mas isso nada mais é que um momento necessário do ato humano: se o ser humano fizesse algo que não entendesse ou desejasse, inconscientemente, esse algo não seria humano, não serviria. Dizer, portanto, que vai seguir a própria consciência como se defendesse a própria autonomia, alheia a Deus ou aos demais, equivale à ingenuidade de dizer que se assume a responsabilidade por tudo que se faz. Sem dúvida, ninguém nega isso; mas, quando se age bem, quando se obedece ou quando se aceita algo que não foi idéia nossa, também o fazemos sob nossa responsabilidade, por vontade própria; em suma, com consciência.

A esse fato refere-se, portanto, o texto do Concílio Vaticano II anteriormente citado: pessoas capazes de discernir o que é certo, de agir responsavelmente, de se esforçar por conseguir tudo o que é verdadeiro e justo...

Como formar a consciência?

Por que formar

A falta de consciência é como o carcoma que corrói e destrói a convivência familiar e social. Quantas vezes nós mesmos nos lamentamos de não terem cedido o assento no ônibus, de não se respeitar os sinais de trânsito nem a calçada na hora de estacionar, da falta de escrúpulos quando o assunto é ganhar dinheiro, da falta de espírito cívico no cuidado das ruas e praças, da falta de educação, de elegância... Todas essas situações são um exemplo claro de falta de consciência. E o melhor termômetro social para medir a falta de consciência é, de um lado, a grosseria e, de outro, a injustiça, passando pela desatenção, o atropelo, a mentira e o roubo. Porque um ser humano sem consciência é um ser desorientado e desorientador; é um ser fora de si mesmo: um exilado e fugitivo de suas responsabilidades.

Pelo contrário, a consciência é o lar da pessoa, o santuário de sua liberdade, a fonte da verdade e a melhor manifestação de Deus. O ser humano de consciência sabe estar sempre em seu lugar sem se deixar arrastar pelos ventos favoráveis ou desfavoráveis que possam soprar. Por tudo isso, os pais devem formar a consciência dos filhos para que sejam coerentes consigo mesmos e com os demais.

Formar a consciência em sentido cristão é convidar nossos filhos e educandos ao seguimento de Cristo. E seguir a Cristo é aceitar seu Evangelho como norma e referência suprema para a vida. Com base no espírito evangélico, nossos jovens irão descobrindo:

✧ Deus como pai de todos os seres humanos;

✧ o modo de viver a vida a partir de Deus, não a partir dos critérios do mundo;

✧ o amor e respeito aos demais, porque somos irmãos;

✧ o perdão e a tolerância;

✧ a responsabilidade por seus atos e em seu trabalho;

✧ a alegria de servir e colaborar com os demais;

✧ a esperança de um futuro melhor...

Isso posto, torna-se fácil concluir que a formação da consciência é um elemento chave para a formação que todo ser humano necessita a partir do momento em que suas capacidades de conhecer começam a abrir-se à realidade do mundo e das coisas. Essa formação não vai alterar nem esse mundo nem as coisas e tampouco poderá mesmo que queira, alterar a tendência natural do intelecto à verdade e à vontade do bem, mas conseguirá que esses bons desejos não sejam destruídos por erros ou desvios no caminho.

A formação da consciência segue as leis gerais de qualquer formação. Sirva como exemplo a formação profissional, que desenvolve as possibilidades teórico-práticas de um indivíduo numa determinada tarefa, à base de livros, professores, aulas, diálogo, práticas de dificuldade crescente etc., em suma, todos os recursos de uma boa pedagogia.

Entretanto, devido à grandeza da proposta, alguns pressupostos são imprescindíveis no momento de aplicar essas leis gerais de pedagogia para a formação da consciência: o destino final humano, nem mais nem menos; nele joga-se a vida. Pode-se dizer que, neste caso, a necessidade de aprender é ainda maior porque o ser humano chegará a Deus (fim natural: dar-lhe glória com conhecimento e amor naturais) numa natureza super-elevada pela graça, dará glória a Deus de maneira nova, como seu filho (fim sobrenatural: visão beatífica, caridade teologal).

A liberdade religiosa proclamada na Declaração *Dignitatis humanae*, do Concílio Vaticano II, define bem a autonomia da pessoa, a liberdade legítima das consciências: os seres humanos não estão livres de suas obrigações para com Deus (portanto, não se pode falar de liberdade de consciência), mas também não podem ser impedidos, desde fora, de seguirem sua consciência, de agirem humanamente, em matéria religiosa: é preciso defender a liberdade das consciências.

Com isso, fica patente o erro das falsas formulações a respeito da liberdade religiosa que têm estado em voga:

- *subjetivismo moral*, que postula que o próprio ser humano é a sua lei suprema, completamente independente de Deus;
- *indiferentismo*, que diz que o ser humano está liberto do dever religioso e pode dizer arbitrariamente se deve crer ou não;
- *relativismo*, que afirma que verdade e erro podem ser colocados no mesmo plano e que, portanto, todas as religiões são válidas.

Normas pedagógicas necessárias

Esclarecidos os pressupostos básicos, podemos explicitar algumas das normas pedagógicas necessárias para a formação de uma consciência reta. Nenhuma delas pode parecer excessivamente dura, o que significaria voltar, ainda que inconscientemente, a pensar que formar a consciência individual equivale a uma obrigatória concessão, porque não há outro remédio, a um Deus que nos impõe normas. Formar não é colocar os filhos em trilhos que os levem para onde não querem ir. Seria o mesmo que incutir nos cristãos que tudo o que é bom é, em si, desagradável, inumano, pouco interessante, coisa que algumas correntes pedagógicas modernas têm tentado fazer, algumas vezes com sucesso, infelizmente.

Certeza da necessidade de formar

Como primeiro ponto, é preciso que o educador esteja convencido, e que convença aqueles que estão sendo formados, de que receber a verdade de outra pessoa é o único caminho para ser plenamente humanos e cristãos. Quando o Senhor se queixa de que os judeus não estão recebendo sua mensagem, afirma a vontade radical dessa decisão — não querem crer (cf. Lc 13,34) — e não coloca a causa numa dificuldade involuntária; é mais uma conseqüência da livre negativa. "Por que vocês não compreendem o que eu falo? É porque vocês não são capazes de ouvir a minha palavra" (Jo 8,43).

Amizade e confiança

Não se pode também esquecer, que a oposição atual em receber qualquer tipo de formação é em parte justificada pelo temor de que sob essa bandeira deslize a mercadoria corrompida do domínio, a tirania no opinável, a mentira e toda ordem de coação moral; enfim, todas as táticas que esquecem um elemento principal da formação, ou seja, que ela começa pelo coração, desde dentro, que não pode ser imposta. Sua base é a amizade que leva ao conhecimento pessoal e ao desejo de ajudar. A amizade e a confiança merecida devem ser, pois — e este é o segundo ponto — a base de qualquer tarefa formativa.

Responsabilidade pessoal

Tanto na vida espiritual quanto nas opções humanas, há uma ampla margem de originalidade. Não se deve temer, quando se desenvolve a responsabilidade pessoal dos alunos, essa resposta necessária de sua liberdade, que se caia num isolamento interior. Uma formação profunda e cuidada não tem porque levar ao detalhismo, ao escrúpulo, a encerrar-se num esquema rígido de normas opcionais convertidas em obrigatórias.

Linhas diretrizes

O ser humano, como pessoa inteligente e livre, está diante de Deus, a quem pode amar ou ofender; para isso, é necessário que tudo o que ele faça, de agradável ou de ofensivo aos olhos de Deus, seja conhecido e desejado.

A formação consistirá, portanto, em: favorecer em cada filho ou educando, cada vez mais, uma atitude interior para com Deus, acostumando-o a dirigir sua vontade e liberdade para o que agrada a Deus (nobreza de vida); e em mostrar-lhe da melhor forma possível quais são essas coisas que agradam ou ofendem a Deus (clareza de idéias e critérios).

As normas práticas para a formação da consciência podem ser enquadradas em três linhas diretrizes que brotam dos seguintes pressupostos:

a) *Ajudar os filhos a se conhecerem melhor*: para ajudar, pode-se estimulá-los a refletir sobre si mesmos, a fazerem um exame de consciência, para que possam escutar a voz de Deus em seus corações.

b) *Fazer com que o conhecimento da doutrina cristã torne-se vida neles*: para conseguir isso, é necessário transmitir-lhes a doutrina da Igreja. O Magistério da interpretação segura da vontade de Deus. Desprende-se, portanto, a importância do ensino da verdadeira doutrina da Igreja na formação da consciência. Fazer com que os filhos incorporem à sua vida, como uma segunda natureza, os critérios doutrinais da Igreja em matéria de fé e de costumes.

c) *Empregar meios eficazes*: *confissão*, *direção*, *assessoria doutrinal* etc.: por último, pode-se apontar outros meios que ajudem os filhos a apoiar-se sinceramente naquelas pessoas que possam dar-lhes conselhos oportunos, por experiência e por graça ministerial. Que sintam a necessidade de receber ajuda contínua, porque, no fundo, valores humanos e espiritualidade cristã, para quem crê, serão sempre uma mesma realidade. E essa realidade, quando é cristã, será uma realidade de mudança, de redenção e de resgate. Um mistério de morte e ressurreição.

Material pedagógico

Interpretação de texto dirigida

A FORÇA DA CONSCIÊNCIA

Deus me escolheu — que ele me perdoe a pretensão — para guiar as mais humilhadas do meu povo para uma aurora de redenção e liberdade. E não mais poderão duvidar da sinceridade de minhas palavras, porque venho, como elas, da fronteira da desonra e da profanação.

Lembro-me de que, quando freqüentava a universidade para licenciatura em Letras, em Roma, uma velha senhora eslava, professora de literatura, recitava-me estes versos do poeta Alexeje Mislovic: "Você não deve morrer / porque escolheu ficar / na parte do dia".

Na noite em que, por horas a fio, fui destruída pelos sérvios, repetia esses versos para mim mesma, sentido-os como um bálsamo para a alma, quase enlouquecida pelo desespero.

Agora que tudo passou, ao olhar para trás tenho a impressão de ter sofrido um terrível pesadelo.

Tudo passou, Madre, mas tudo começa. Em sua ligação telefônica, depois de suas palavras de ânimo, que agradecerei por toda a vida, você me fez uma pergunta concreta: o que você vai fazer da vida que foi imposta em seu ventre?

Senti que sua voz tremia ao me fazer essa pergunta, à qual não acreditei oportuno responder de imediato; não porque não tivesse refletido sobre o caminho a seguir, mas sim para não perturbar seus eventuais projetos com relação a mim. Eu já decidi. Serei mãe. O filho será meu e de ninguém mais. Sei que poderia entregá-lo a outras pessoas, mas ele — embora eu não o desejasse nem o esperasse — tem direito ao meu amor de mãe. Não se pode arrancar uma planta com suas raízes. O grão de trigo caído no sulco tem necessidade de crescer ali, onde o misterioso, apesar de iníquo, semeador jogou-o para que crescesse.

Realizarei minha vocação religiosa de outra maneira. Nada pedirei à minha Congregação, que já me deu tudo. Estou muito grata pela fraterna solidariedade das irmãs, que num momento como este encheram-me de delicadezas e atenções e, especialmente, por não me terem importunado com perguntas indiscretas.

Partirei com meu filho. Não sei para onde; mas Deus, que quebrou de improviso minha maior alegria, vai me indicar o caminho a percorrer para que se faça sua vontade.

Ficarei pobre, voltarei ao velho avental e aos tamancos que as mulheres usam nos dias de trabalho e irei com minha mãe colher nas matas a resina dos troncos das árvores...

Alguém tem de começar a quebrar a cadeia de ódio que destrói desde sempre nossos países. Por isso, ao filho que vai chegar, ensinarei apenas o amor. Esse meu filho nascido da violência testemunhará comigo que a única grandeza que honra o ser humano é a do perdão.

(Irmã Lucy Vertrusc)

Parâmetros para interpretar o texto individualmente ou em pequenos grupos

1. Quem é o autor(a) do texto? E o(a) narrador(a)?
2. A quem o(a) narrador(a) se dirige?
3. Que decisão essa pessoa narra que teve de tomar?
4. Qual a sua opinião sobre a decisão dessa pessoa? Por quê? Ela poderia ter tomado outro caminho acertado? Qual?
5. Na sua opinião, qual a função da consciência nos momentos em que as situações da vida nos impelem a tomar graves decisões?
6. Quais são, em sua opinião, as pressões sociais mais importantes às quais se vê submetida a consciência hoje? Registre alguns fatos concretos.
7. Escreva um comentário sobre essa afirmação:
A consciência é um valor permanente em nossa vida.

6 BOAS MANEIRAS

A experiência mais prática demonstrou que conhecer e ser coerentes com algumas normas conhecidas e vivenciadas por todos — melhor ou pior, mas conhecidas e valorizadas — constitui uma referência orientadora do ser humano e da sociedade que se deseja. O mal-educado sabe que está omitindo com sua conduta transgressora algo que tem um valor de apreço e aceitação geral. O rude, o caipira, o ignorante e o atrasado sabem que o são e, tendo consciência de sua deplorável condição, talvez decidam corrigir-se. A boa educação, a urbanidade, a cortesia e as boas maneiras são compatíveis com a sinceridade, com a coerência entre o que se é e o que se faz. Um exemplo: o grosseiro, quando faz uma grosseria, é sincero... porque é grosseiro.

Vivemos numa sociedade acostumada a grandes avanços técnológicos e espetaculares descobertas científicas que, com freqüência, deslumbram muitas pessoas, chegando a fazê-las perder de vista o principal: o ser humano.

Para que uma sociedade seja madura, serena e criativa, deve precaver-se desse mal do qual padecem certos ambientes, cada vez mais numerosos, infelizmente, e que deveria ser um sinal de alerta para aqueles a quem a ausência de uma educação séria e profunda, fundamentada no conhecimento e no respeito ao ser humano, provoca uma imersão paulatina na vulgaridade e na grosseria, que são sintomas inequívocos de barbárie cultural: a regressão doentia à primazia dos instintos, à caverna, à selva, à incivilidade.

Fundamentos

Nossa vida desenvolve-se lado a lado com outras pessoas: na família, no trabalho, na escola, na rua, no bairro, nas relações sociais. Convivemos com pessoas de diferentes culturas, formações, temperamentos, posições sociais, credos políticos e aspirações. A convivência impõe-se por si só, e de nós depende sua qualidade, para que as relações dela decorrentes sejam mais humanas.

Existe uma única fórmula para que essa convivência seja aberta, amigável e bem dosada, para que nos sintamos acompanhados e compreendidos qualquer que seja a situação em que nos encontremos: pensar nos demais.

Conviver exige respeitar nossos semelhantes e, para que esse respeito se manifeste, convém que algumas normas de convivência sejam conhecidas e exercitadas com esmero. Conviver com a má educação torna a vida sem graça, grosseira e desagradável.

A cortesia e as boas maneiras são tão necessárias quanto importantes. Por isso, as normas que ajudam a conviver — a boa educação — baseiam-se na consideração e no respeito com relação aos demais.

Bom-tom e *deferência* são noções que, por sua semelhança conceitual, poderiam ser utilizadas como sinônimos. Ambas referem-se aos demais, à cortesia e ao apreço que presidem a vida relacional. Assim, quem tem consideração pelos demais:

> ajuda o necessitado, com o correspondente esforço pessoal e esquecimento de si; esse auxílio traduz-se em aliviar a tristeza do doente, fazer companhia a quem está sozinho, dar atenção ao idoso e às crianças etc.;
> é cortês e gentil, procurando não se exibir nem monopolizar as atenções;
> não incomoda, ofende ou humilha as pessoas;
> mantém decoro no vestir e moderação no comer;
> é comedido ao falar: sua conversa não é arrogante nem tímida, servil ou afetada; é simples, e de nenhuma forma capciosa; não contém termos de duplo sentido que dêem lugar a interpretações errôneas ou ambíguas;
> diz a verdade, pois não há nada mais detestável que a mentira — se a intemperança animaliza, a mentira nos transforma em demônios;
> procura manter o gesto amável, uma vez que a expressão do rosto e de toda a pessoa revela a disposição do espírito — no rosto, não existe indício mais inequívoco que os olhos: um olhar calmo, natural, nem altivo nem fugidio, denota um estado de espírito que influi beneficamente nos demais.

Além disso, é preciso lembrar que, embora em teoria, pode-se aprender bastante nos livros: um jeito de se comportar fica melhor gravado quando o observamos em personagens interessantes. Também pode-se aprender bastante observando o cotidiano; por mais que tenhamos lido ou nos tenham repetido, o exemplo ficará sem dúvida melhor fixado na mente quando virmos alguém ceder o lugar para um idoso, ajudar um cego a atravessar a rua, apanhar o pacote que uma senhora deixou cair... Enfim, o próprio esforço em melhorar já é, de imediato, um incentivo benéfico para os demais.

Estilo e boas maneiras

Diz o ditado que a urbanidade é o perfume da bondade, nos aproxima das pessoas e aplaina o caminho da vida para nós. É verdade que o adolescente gosta de alguns esquemas de convivência racionais, menos rígidos, mais humanos, de acordo com os nossos tempos.

Hoje, não é fácil apontar critérios de comportamento, normas de conduta em um mundo de liberdade sem freios. No entanto, é evidente que devemos manter relações humanas equilibradas, amigáveis, corretas. Será, por acaso, inútil assinalar alguns pontos de referência, alguns estilos humanos que nos permitam manter condutas corretas em nossos relacionamentos?

O estilo e as boas maneiras distinguem um ser humano do outro. Penso numa imagem positiva que permite que nossa personalidade brilhe harmoniosamente. Isso requer nobreza de sentimentos, inteligência prática, autocontrole, retidão de vida, equilíbrio, ordem, cordialidade, respeito para com o outro.

O estilo e as boas maneiras não se aprendem nos livros. Não se ensinam nas salas de aula. Mostram-se, ao contrário, como uma força que brota de dentro, como uma maneira de respirar do espírito, uma elegância vital. É maravilhoso encontrar pessoas de qualidade humana evidente, respeitosas, atenciosas, abertas, cordiais, que cultivam o bom-gosto e rendem tributo à amizade. Essas pessoas nunca saem de moda.

Os modos externos são o selo da personalidade interior. Não aparecem como manifestações de elitismo ou de afetação sofisticada. Tampouco têm sentido, nesse contexto, as manifestações ostensivas de superioridade. A boa e harmoniosa convivência exige muito mais que estar perto dos demais. Representa conhecê-los, compreendê-los, estar junto com eles nos momentos de alegria e de dor.

Devemos lembrar do conselho de santa Teresa de sermos cordiais com todos, mesmo que sejam muito inferiores; não é honra para quem recebe, mas é para quem dá. É importante cuidar da aparência física. De fato, os adolescentes devem aceitar suas características físicas. Mas essa aceitação não pode significar, absolutamente, que vão deixar de prestar atenção à sua aparência externa. A não-aceitação do próprio corpo costuma dar origem a inúmeros complexos e a uma marcante insegurança. A aparência física agradável não significa um privilégio nem uma expressão de sucesso garantido. É apenas uma prova de respeito a si próprio. Todas as qualidades são realçadas de modo positivo por um aspecto físico bem cuidado.

Outro ponto relevante da pessoa é a saúde. Costumamos dar valor à saúde especialmente quando já a perdemos. Entre os pontos mais importantes da existência encontra-se o de manter o corpo são e em forma, mediante os recursos ao nosso alcance: boa alimentação, exercícios adequados etc.

Por que é tão imprescindível lembrar aos adolescentes a importância do asseio? Parece evidente que nesta sociedade todos devem praticar as normas elementares da boa higiene. Muda a moda quanto ao comprimento do cabelo, quanto aos parâmetros de beleza, mas permanece a importância da limpeza. Santa Teresa de Jesus afirmava com razão que em geral pessoa limpa de corpo também é limpa de alma. Ao contrário do que possa parecer, corpo e alma formam um todo harmonioso e equilibrado.

O mesmo pode-se dizer da importância do vestuário. Há hoje uma ampla liberdade na maneira de se vestir. Mas, permanece o cuidado físico, o bom gosto, a harmoniosa convivência. Parece evidente que a roupa consegue favorecer nossa maneira particular de ser. É verdade que o hábito não faz o monge, mas não é menos certo que revela alguma coisa do perfil de nossa personalidade. Enfim, existe uma série de maneiras externas que convém ao menos considerar, apesar de todas as limitações existentes.

A cabeça deve-se manter erguida, o semblante alegre, a postura cordial sabendo que fazemos parte de um coletivo que em conjunto pode tornar o mundo mais habitável. Os berros, as ofensas repetidas, os maus-tratos nunca têm sentido em um ambiente que pretende ser civilizado. Gesticular demais e falar aos gritos costumam causar um efeito bastante deplorável.

Por outro lado as pessoas de estilo, que vão pela vida semeando felicidade e boa disposição, têm uma longa lista de opções que denotam seu caráter e sua boas maneiras, como: cumprimentar cordialmente, saber agradecer, cumprir a palavra, ser fiel aos compromissos, chegar aos encontros no horário marcado, deixar que os outros falem, ceder a cadeira, ceder a vez, chamar as pessoas pelo nome, respeitar a todos, manter a limpeza das ruas, cuidar das plantas, amar os animais, não ferir sentimentos, respeitar opiniões, discordar sem agressividade, evitar fazer barulho sem necessidade, cuidar do asseio pessoal, colocar cada coisa em seu lugar, devolver o que se pega emprestado, oferecer um sorriso, consolar uma lágrima, visitar um doente, evitar comparar as pessoas, comer com educação, dividir com amabilidade, cuidar da higiene pessoal, manter o bom gosto, apreciar a arte, ser verdadeiro(a) nas conversas, respeitar as diferenças individuais e não fazer distinção entre as pessoas.

Eu me basto! Para que preciso conviver?

É um dado da experiência que precisamos dos demais, que temos de conviver, necessariamente. O ser humano vive em sociedade, por mais reduzida que seja, relaciona-se continuamente com os demais e suas ações repercutem nos outros. Por isso, a naturalidade consiste em conviver, em relacionar-se com as pessoas e cuidar de todos os aspectos que tornem mais grata e amável a convivência; o contrário seria antinatural, estranho.

Quanto melhores cidadãos e mais humanos quisermos ser, mais devemos nos relacionar com os demais e manifestar, nessa relação, o respeito que o outro merece, por sua dignidade. Além disso, mesmo acreditando que nos bastamos sozinhos ou que estamos sós — o que não é verdade! —, nosso comportamento deve ser o mesmo. Não podemos manter uma atitude hipócrita: meu comportamento e minha atitude são de uma maneira quando sou visto pelos outros, ou quando preciso deles, e são diferentes quando não preciso de ninguém ou quando estou sozinho. Ora, não importa que alguém me veja ou não; eu sei de mim mesmo, e isso é o que mais importa. Só os esquizofrênicos têm duplicidade de comportamento.

Mesmo quando estamos sós sabemos que no plano das atitudes, bem como no das normas de comportamento social, é muito difícil improvisar: quem não é amável consigo mesmo, quem não descasca a fruta corretamente todos os dias, terá dificuldades práticas — falta de naturalidade — ao comer fora de casa ou na hora de fazer uma visita.

É justamente quando estamos sozinhos ou com as pessoas mais íntimas que devemos cuidar mais do exercício das boas maneiras. É uma boa ocasião para melhorá-las e tornar agradável a convivência com os mais chegados.

A naturalidade — não a espontaneidade pura e simples — salva qualquer situação e, para adquiri-la, devemos praticá-la de modo ininterrupto.

Não há nenhum problema em confiar na própria personalidade para suprir e melhorar as fórmulas de cortesia, mas para conseguir essa espontaneidade é preciso conhecer bem as normas e praticá-las diariamente; assim será fácil e natural viver mais o espírito que a letra das boas maneiras e da convivência.

Para desenvolver boas maneiras em casa e no meio social

Há pessoas que sabem transformar o lugar onde moram em algo muito diferente de um simples abrigo, por mais luxuoso que seja. Sabem tornar agradável e acolhedor o lugar onde se encontram. Alguns detalhes materiais e de comportamento transformam uma casa, um recinto de quatro paredes, num lar.

A família é a primeira escola dos filhos. A família existe como fonte de vida, de amor e de educação. O lar é o marco adequado para forjar o futuro; um lar deve ser um remanso de paz, alegria e entusiasmo para desfrutar a convivência. O lar contém em si uma convivência cordial, é uma comunidade viva e vivente, sob um mesmo teto e lugar, onde as pessoas não só coexistem, mas também há uma comunicação de vidas, interesses e troca de afetos, em paz e em tranqüilidade. Conviver não é viver junto, mas viver intimamente, em simbiose total. Seria a mesma coisa que dizer cordialidade vivente, concórdia de vidas, porque todas essas formas expressam a essência do lar, como uma comunidade unida pelo coração, que une no amor e na paz de comunidade.

O lar é formado por pessoas unidas pelo serviço e pela fidelidade. É um "organismo" moral, com a cabeça e o coração, que são os pais, e com os membros, que são os filhos e os parentes. E o lar vive em unidade, o todo para as partes e estas para o todo. Não pode existir sem essa hierarquia e sem essa unidade. Se as partes-pessoas se quebram ou se perdem, o lar se destrói, inevitavelmente.

O lar não nasce por impulso mecânico natural, da mesma forma que nasce uma família, pelo simples ato matrimonial. O lar é feito, é preciso criá-lo. E para isso são necessários meios naturais de tipo material e moral e algumas virtudes humanas individuais, sociais e cristãs. Quando o lar é nutrido com esses valores morais e espirituais, transforma-se facilmente em fonte de luz e de irradiação de vida, de fé, de amor, de religiosidade, e com uma função educadora inconfundível. O próprio Concílio afirmou que a família é a primeira escola de virtudes sociais, necessária a todas as sociedades.

O ideal é que as pessoas tenham uma idéia clara do que deve ser um lar. É uma pena que, hoje, muitas famílias não vivem esse ideal. O "lar" virou uma pensão, um hotel para dormir, um restaurante para comer e um banco para sacar dinheiro. Se a isso se juntar a agressividade e as discussões constantes e violentas, sobra toda uma filosofia do bem fazer, do bem viver e do desfrutar do lugar mais acolhedor, que enobrece e dignifica as pessoas. Por isso é interessante reviver as idéias fundamentais do que deve ser a vida no lar e as exigências de boas maneiras que devem reinar na convivência.

Quando procuramos aparar as arestas e as asperezas de nosso caráter, começamos a transformar em lar o lugar onde moramos. A boa educação e a cortesia devem ser vivenciadas no próprio lar antes de qualquer outro lugar; quanto mais educados e delicados formos com a própria família, tanto maior será o conforto, a simplicidade e a naturalidade que nele criaremos.

Uma pessoa cordial torna suportável e agradável a vida ali onde ela está. Daí se perceber mais sua ausência do que a sua presença, pois como diz Chevrot, a cortesia evita as relações tensas, difíceis e até mesmo tumultuadas. Os pais, com sua conduta, influenciam decisivamente os filhos, mesmo quando pensam que estes não percebem (por isso é que discutir na presença deles pode trazer conseqüências ruins).

PARA TRANSFORMAR A CASA EM UM LAR

- Sorriso e atenções mútuas criam um ambiente de repouso e paz (que nunca será possível com caras feias, tons amargos, cenho franzido, explosões violentas e ásperas, distanciamento e frieza).
- As palavras gentis e as atitudes calmas suavizam as asperezas de determinados momentos — sempre podemos e devem fazê-lo.
- A admiração e a consideração para com as coisas boas dos outros é um incentivo para todos.
- A boa acolhida deve ser uma atitude constante; devemos sempre supor que as pessoas estão agindo corretamente.
- As críticas, principalmente a pessoas ausentes, devem ser abolidas.
- Não levar em consideração uma falha sem ter provas concretas; mas, se realmente ocorreu, corrige-se o interessado, quando estiverem a sós (não se deve falar sobre falha publicamente, a não ser que seja para encontrar uma atenuante ou compreensão).
- Exercer um julgamento crítico ponderado pelo qual se distingue o verdadeiro do falso, o justo do injusto, o bem do mal.

- Promover o sentido da poupança: saber fazer economia não é avareza, mas perspicácia para gastar apenas o necessário, com sabedoria; a sovinice pode levar a desperdiçar dinheiro quando se compram coisas pelo simples motivo de terem menor preço; e esbanjar significa desperdiçar também o que poderia ser útil a outra pessoa.

- Promover a ordem: investir tempo deixando as coisas em ordem é melhor do que gastá-lo procurando coisas que não sabemos onde deixamos e do que ficar culpando uns aos outros por ter perdido.

Estados de espírito

Há pessoas com as quais dá gosto falar. Ao fim de uma conversa com elas, sentimo-nos melhor, mais calmos, vendo as coisas com outros olhos, sem deixar de considerá-las como são. Em compensação, existem os cabisbaixos, os pessimistas, que estão sempre reclamando, que só vêem os defeitos, o que é preciso melhorar, o que vai mal. Só percebem o lado negativo dos acontecimentos e não tomam conhecimento do que eles podem ter de bom e positivo. Estão alheios à realidade, que tem luzes e sombras porque é real, não é fantasia ou utopia.

É uma experiência facilmente comprovável que:

◊ o otimismo conforta e anima;

◊ o pessimismo deprime — dar, habitualmente, vazão ao pessimismo ou à crítica negativa, embora corresponda a alguns aspectos reais, pode amargurar o caráter;

◊ a alegria é contagiante;

◊ a cara feia de um desmancha-prazeres que impede a comunicação e afasta.

Todas as pessoas devem se empenhar para manter o bom humor. É verdade que as influências externas podem modificar momentaneamente nosso espírito: uma doença, o cansaço, um negócio que não vai bem, a preocupação com um membro da família etc. Mas daí a ser uma pessoa mal-humorada há muita distância. Temos de nos esforçar por recuperar a serenidade perdida e evitar que os outros sofram as conseqüências do nosso estado de espírito.

O bom humor ajuda a encontrar o necessário equilíbrio para:

- não ficar surdos às dores dos outros ou deixar de ver os obstáculos contra os quais deveríamos lutar num dia em que nos encontrarmos com uma alegria esfuziante;

- evitar não encontrar prazer em nada, nem aumentar as dificuldades, nem ficar impacientes, suscetíveis ou insuportáveis quando, pelo cansaço, um dia ficarmos desanimados;

- ajudar-nos a olhar o lado bom das pessoas e das coisas que estão à nossa volta;

- conseguir não maltratar as pessoas que nos cercam, como se fossem culpadas pela nossa decepção quando alguma coisa nos contrariar;
- não nos limitarmos a realçar as falhas ou erros quando tivermos de fazer uma observação a alguém; elogiando o que ele faz bem, estaremos mostrando o que fez mal e acabaremos animando-o — se o fizermos com jovialidade, dará ainda melhores resultados.

O humor, como estado de espírito, não é bom humor se não contiver uma forte dose de ternura, de carinho e de compreensão para com as falhas alheias, já que também temos consciência das nossas próprias falhas. Um humorista — e nós precisamos ser humoristas em nossa vida cotidiana — não pode ser uma pessoa azeda, amargurada. O humor cáustico, o sarcasmo, podem provocar uma gargalhada, mas nunca deixarão na alma a suave sensação de um sorriso. Sorrir e fazer sorrir tornam agradável e suportável o intolerável e odioso das mesquinharias ou grandes insignificâncias da vida corrente.

Amabilidade e discrição

A apresentação agradável é o melhor cartão de visita. E é essa a impressão que transmitem as pessoas amáveis nos modos e discretas no comportamento.

Quando alguém diz que Fulano é uma pessoa desagradável, poder ser que isso nos dê calafrios. Ninguém gosta de ser qualificado assim. No fundo, todos nós gostamos que as pessoas tenham uma boa opinião sobre nós, porque com isso estarão reconhecendo o cuidado que procuramos dar ao nosso físico e ao comportamento, evitando detalhes inconvenientes, extravagantes ou chocantes que destoam em qualquer situação.

A pessoa discreta provoca um clima de serenidade à sua volta porque deposita nos outros sua confiança; e, mesmo quando tem fortes razões para não agir assim, não quebra esse clima, pois sabe reconhecer as qualidades e as limitações da outra pessoa e age com coerência, sem trazer à baila as opiniões contrárias que dela tenha ouvido. Por isso, o discreto zela pela boa reputação do próximo.

Não só é discreto quem não é fofoqueiro, mexeriqueiro ou falastrão. Isso é apenas parte daquilo que *não é*. A pessoa discreta é aquela que sabe discernir, em cada situação da vida, o que é mais conveniente para alcançar um fim nobre. É o ser humano ponderado e sensato que se serve da virtude da prudência para o governo de si mesmo, de seu patrimônio, de sua família e de suas relações sociais.

Discreta e amável é a pessoa que tem o dom da oportunidade, que, entre outras coisas, consiste em:

◆ saber estar e fazer;

◆ falar e calar quando necessário;

◆ ignorar um desprezo;

◆ saber relevar os detalhes de mau gosto e não anunciá-los;

◆ nunca deixar uma pessoa mal por ter cometido, sem querer, uma grosseria.

É, em suma, a pessoa aceita por todos no convívio social e não só pelas pessoas do mesmo nível econômico ou cultural; ao seu lado todos se sentem à vontade, confortáveis, não pressionados por esse falso tom de superioridade do indiscreto. A amabilidade que impera no comportamento do discreto faz com que a pessoa que com ele se encontra sinta-se elevada de posição, colocada no nível dele.

Nas relações sociais, discreto é aquele que sabe valorizar o que é essencial em cada ser humano: é uma pessoa humana tão digna quanto ele, sem que essa condição seja alterada por circunstâncias acidentais de educação, nível social, trabalho etc. Ninguém se sente diminuído no trato com o discreto; discrição equivale a magnanimidade; indiscrição, a soberba, indelicadeza, falta de afabilidade...

A ironia maliciosa não é própria do discreto. Se em meio a gozações — e devemos lembrar que a melhor gozação é a mais curta — for ressaltada uma extravagância ou um erro de alguém, isso deve ser feito de tal maneira que o sujeito da brincadeira seja o primeiro a poder rir dela. Mas nunca com ironia, pois esta sempre dói e deixa feridas ou ressentimentos.

Devemos afastar-nos dos indiscretos que querem saber tudo e perguntam e se intrometem no que não é de sua conta. Procuremos fazer com que reconheçam sua atitude e, naturalmente, não temos de evitar que percebam que nos esquivamos de suas perguntas de forma disfarçada ou... brusca.

Ousadia e timidez

Quando começamos a nos relacionar com outras pessoas ou nos encontramos em reuniões com desconhecidos, é preciso quebrar o gelo que, evidentemente, decorre da falta de intimidade. Essa é uma boa oportunidade para sermos ousados e tomar a iniciativa, sabendo apresentar-nos ou apresentando um tema de conversa.

Para ampliar o círculo de nossos conhecidos, para aprofundar na amizade, temos de dar o primeiro passo de aproximação; isso sempre é difícil e é preciso um pouco de ousadia, de decisão, para começar com naturalidade qualquer relação social.

Devemos ser ousados mas sem confundir ousadia com atrevimento ou impropriedade.

A timidez costuma ser muitas vezes uma manifestação do medo exagerado de não se sair bem. Outras, é produto da ingenuidade de acreditar que as outras pessoas não sentem o mesmo retraimento em determinadas situações. A pessoa acanhada que não se esforça para corrigir esse defeito terminará isolando-se — e ficará isolada e cheia de amargura, representando um peso incômodo em seu ambiente familiar, de amizade, profissional etc.

Simpatia

Nem todo mundo é engraçado, nem é preciso que seja. Também nem todo mundo é espirituoso ou engenhoso, nem goza do dom de "arrastar multidões". Mas todo mundo pode ser simpático quando se propõe a isso.

Simpatia é compreensão. Ser simpático equivale a ter coração. Quem consegue amar apesar dos defeitos, quem pode doar-se inteiramente a um amigo, quem não foge das situações difíceis é simpático. Por isso, costuma-se empregar mais a expressão para mim é simpático, do que é simpático. A primeira faz referência a essa sintonia de afetos, tantas vezes iniciadora de uma verdadeira amizade. A segunda pode referir-se, em contrapartida, a uma simples valorização do exterior, sem maior transcendência que a de um contato que nos é agradável.

Não convém ser um profissional da simpatia, basta sermos apenas simpáticos, naturais. A simpatia, a naturalidade — e não a espontaneidade, que é outra coisa — atraem a boa vontade do próximo muito mais que o melhor dos silogismos ou que o exemplo frio de uma conduta que, mais que aproximar, afugenta. O simpático costuma ter graça humana, qualidade que podemos melhorar sendo amáveis e corretos e nos preocupando com os demais.

Sinceridade

A pessoa sincera atrai, é simpática. Sabemos que um objeto de cor branca é branco e nunca vamos dizer que é preto se não quisermos alterar a realidade. Existem, porém, pessoas que, para manter sua tranqüilidade, em vez de insistir que o objeto é branco preferem dizer que é cinza, embora com uma quantidade tão pequena de preto que poderia se dizer que é branco. Se é cinza, será cinza; mais claro ou mais escuro, porém cinza. Essas confusões com a verdade são artifícios que podem dar espaço a equívocos mais graves, embora, talvez, na verdade ocultem uma fraqueza de caráter e falta de convicções.

Em algumas ocasiões não vemos os fatos tais como são, nem os julgamos com imparcialidade, mas os interpretamos, em geral inconscientemente, sob o impulso dos próprios desejos ou temores, da simpatia ou antipatia, e ainda da tendência de suspeitar que os demais tenham más intenções. O sincero tenta ser imparcial, sereno, vendo as luzes e as sombras, com uma disposição de ânimo que o ajude a não distorcer a realidade, a verdade dos fatos, a não alterá-la. Um caso de distorção da realidade é a bajulação, pois bajular alguém é, fatalmente, enganá-lo.

Uma pessoa sincera é, em primeiro lugar, sincera consigo mesma, e pode ser identificada quando:

❖ procura julgar com objetividade o próprio comportamento;

❖ não projeta nos outros os próprios defeitos, uma vez que os reconhece como seus e não dos outros;

❖ diz a verdade, e não "quase" a verdade;

❖ é autêntica, franca e sincera em todas as suas ações;

❖ confirma com suas ações o que manifesta com as palavras;

❖ chama as coisas pelo nome e não procura palavras que embacem a realidade das coisas, como se quisesse justificar-se;

❖ não se assusta com a verdade quanto a vê;

❖ vive tranqüila porque não esconde dos outros o que pensa, diz e faz;

❖ tem a coragem de olhar para si própria, vê defeitos e virtudes;

❖ não usa a desculpa de que ninguém é verdadeiro para ser ou viver de maneira menos correta;

❖ sabe corrigir-se quando percebe que se enganou.

Iniciativa

Em uma reunião de pessoas que se conhecem pouco, há momentos de silêncio total: ninguém sabe o que dizer. É desconfortável para todos e, quanto mais longo o silêncio, mais incômodo parecerá. Na hora de organizar alguma coisa, planejar ir a um lugar ou começar uma atividade, ninguém sugere nada, não apresenta uma idéia. Então, uma sensação de aborrecimento e desconforto coletivo vai aumentando. Mas, se estiver presente o Fulano de Tal, a dificuldade e tensão não acontecem. Porque Fulano é uma pessoa que tem iniciativa para entabular uma conversa, estabelecer planos. Essa pessoa converte-se em "a alma do grupo".

Sobriedade e simplicidade

A simplicidade sempre é agradável e a sobriedade atrai. O simples e sóbrio é bonito. Vejamos, agora, o significado de "sóbrio" e de "simples", bem como seus sinônimos, para formarmos uma idéia mais completa:

- *sóbrio*: tudo o que é temperado e moderado; podem ser utilizados como sinônimos: frugal, oportuno, mesurado, comedido, proporcionado, sensato, ponderado, prudente...

- *simples*: que não tem artifício; que carece de ostentação e enfeites; que expressa ingênua e naturalmente os conceitos — como sinônimos encontramos: franco, afável, natural, corrente, modesto, espontâneo, transparente, recatado, limpo...

Uma pessoa sóbria é aquela que, ao saber exigir de si mesma no dia-a-dia, não inventa para si mesma — inclusive com motivos imaginários — falsos problemas nem necessidades artificiais, que podem ter origem tanto na acomodação e na preguiça quanto na vaidade e no capricho.

O simples costuma viver o que é comum e singelo, sabendo estar longe da atitude daqueles que procuram, talvez inconscientemente, o ostentoso, o emaranhado, o complicado, as voltas e reviravoltas dos acontecimentos e das pessoas. "Simplicidade" contrapõe-se a "estar por dentro", ao excessivo realismo, a ler entre as linhas e ao pedantismo.

As características da sobriedade e da simplicidade refletem-se bastante na vida social. Atraem e são agradáveis quando aparecem e se manifestam em qualquer momento de nossa vida cotidiana e, quando não estão presentes, por descuido ou falta de hábito, são tão clamorosas quanto desagradáveis e repelentes.

Um bom exemplo é o da pessoa convidada para um jantar, que procura controlar o apetite e só come o suficiente para fazer um bom papel perante o anfitrião. Esse detalhe, que para algumas pessoas pode parecer ridículo, tem, contudo, o seu sentido: sobriedade e frugalidade diante do descontrole e da avidez. No caso contrário, é desagradável a atitude de pessoas que, num banquete, coquetel ou qualquer tipo de comemoração, deixam-se levar pela voracidade. A falta de moderação é deplorável.

Um outro exemplo: quando se vê uma pessoa de aparência emperiquitada, observamos que provoca nos outros a sensação do ridículo e o riso, seja em forma de gargalhada ou de risadinha contida. O contrário desse tipo de atitude (seja da emperiquitada ou de quem riu) é a sobriedade que, no comportamento social, da mesma forma que nas atitudes, prevalece como uma boa maneira de estar entre os outros e com os outros. Sobriedade e simplicidade — na maneira de falar, na maneira de vestir, nos acessórios — são uma manifestação de segurança, de dignidade, de categoria humana e de verdadeira elegância.

Amplitude de visão

À vezes deparamos com pessoas que possuem uma visão um tanto estreita de grupo ou de comunidade de vida. Nessas ocasiões, podemos comprovar como essa atitude "encolhida" origina barreiras e dificuldades de convivência. O desejável é estar aberto a todos e a tudo, abrir os portões, ter todos os amigos e conhecidos possíveis, por mais diferentes que sejam suas características e ideologias. E, também, não ceder a preconceitos de classe ou nacionalidade.

É próprio do ser humano estar aberto a todos os ventos, a toda a humanidade, chegar às encruzilhadas nas quais se desenvolve e manifesta a vida humana com todas suas vertentes e possibilidades.

Existe um conselho triste e mesquinho: amigos, poucos e bons. O adequado é exatamente o contrário: amigos, todos. É natural que nossas relações surjam da família, do emprego etc., e que se desenvolvam nesses ambientes, mas ninguém deve ser excluído do nosso horizonte.

A formação cultural — maior ou menor, de acordo com as circunstâncias, ambientes e possibilidades pessoais — é imprescindível nas relações sociais. Convém saber um pouco de muitas coisas e muito de poucas. Cultura e especialização são compatíveis; caso contrário, cairíamos no diletantismo e na inconstância.

Material pedagógico

Decálogo para reflexão pessoal

1. Ame aqueles com quem convive e procure descobrir Deus dentro deles.
2. Aceite seu irmão como ele é. Ele tem o direito de ser diferente.
3. Não se preocupe com seus defeitos, não os estimule nem ignore. Procure neutralizá-los com a oração e o exemplo.
4. Aproxime-se das pessoas não pelo que possuem, mas por elas mesmas.
5. Seja alegre com o alegre e entristeça-se com o triste. Seja tudo em todos para ganhar a todos (1Cor 9,22).
6. Lembre-se de que no negócio da amizade só os investimentos a fundo perdido são rentáveis.
7. Anime, aplauda, elogie; assim, algo fica.
8. Seja mais propenso(a) a congratular-se com o sucesso alheio do que a compadecer-se com a desgraça alheia.
9. Poucas profissões são tão nobres quanto a de guarda-costas da honra alheia. Exerça-a.
10. Agradeça qualquer favor. E, se puder, retribua.

Pauta para seminário em grupo

1. Identificar os valores que o tema "boas maneiras" desperta na vida cotidiana e que importância têm na vida social.
2. Estabelecer uma hierarquia de valores relativos às boas maneiras.
3. Questionar se as boas maneiras são, hoje, um obstáculo para a liberdade da juventude.
4. Identificar os valores que a questão das boas maneiras traz para a formação dos jovens.
5. Fornecer elementos para diferenciar as aparências sociais falsas das verdadeiras boas maneiras.
6. Expor alguns casos de perda de boas maneiras no convívio social para os participantes comentarem.

7 BONDADE

A bondade, o ser bom, não está na moda! Todo mundo sabe disso — no mundo em que vivemos, claro. As manchetes dos jornais repetem constantemente isso, já que as boas obras e ações, dignas de admiração e de serem seguidas, e o que é construtivo brilham pela ausência. Não se deve simplificar as coisas em termos de boas e ruins; entretanto, o intenso bombardeio de fatos desastrosos, bélicos, fratricidas, corruptos... transforma-se em concepção de vida. O que há para comunicar? Quais são as notícias? Quanto mais dramáticas, mais chamam a atenção, mais vendem, mais estão na moda. Surpreende, por mais que se repita, que a sofisticação dos meios de comunicação e o fácil acesso a eles não se transformem em maior qualidade educativa nem comunicativa; pelo contrário, parece que o excesso de informação e sua efemeridade dificultam o aprofundamento nas matérias, sua pesquisa, seu melhor conhecimento e formação de uma opinião.

"O que você levaria a uma ilha deserta? O que salvaria de um incêndio, ou de um desastre?" A evocação de um lugar desabitado ou de situações-limite é utilizada para realçar produtos indispensáveis... se quisermos andar na moda. E o que acontece quando nos fazemos, de fato, a pergunta? A realidade muitas vezes supera com folga a ficção; talvez por isso damos mais importância ao inventado do que ao real, que acaba parecendo exagerado e anedótico.

A publicidade, por exemplo, é, na realidade, uma alusão incitante. O sucesso dela demonstra que gostamos de nos enganar ou que são tantas as coisas a colocar em dúvida que, por preguiça, nos deixamos levar pelo que todos fazem, entramos "na onda". No entanto, sabemos, ou pelo menos intuímos, que a publicidade não é improvisada e que não é qualquer um que está na moda, exposto à mídia no momento.

Fundamentos do valor bondade

A possibilidade de bem que existe na alma humana é enorme. É verdade que o ser humano é apenas uma pequena pedra em meio ao imenso mosaico do universo, mas esse ser humano tem uma alma maior que o próprio universo, com uma imensa capacidade de bondade que deve constantemente conservar e desenvolver. É verdade que no coração humano convivem possibilidades de bem e de mal e que a liberdade do ser humano debate-se constantemente entre essas duas forças.

Quando observamos a sociedade atual, guiados apenas pela descrição feita dia após dia pelos meios de comunicação, chegamos à conclusão de que o mal possui mais território do que o bem, de que as pinceladas escuras e loucas predominam sobre as claras e pacíficas, de que o negativo parece vencer o positivo. A imprensa não se preocupa em narrar o positivo do dia-a-dia, mas sim o negativo, e o negativo sensacionalista que se destaca fortemente acima do bem. E, não obstante, as manifestações de bem e as possibilidades de bondade que se aninham no coração humano são múltiplas, variadas, enormes. E cada um de nós ainda pode aumentá-las. O importante é acreditar nelas.

Há muita gente boa, simplesmente boa, que está aí, nas cidades e nos lugares. São pessoas de todas as idades e condições sociais, que vivem tanto em bairros humildes quanto em condomínios de luxo, onde só moram os poderosos e endinheirados. Ocorre que a bondade não tem divulgação, não se anuncia, não é noticiável, não produz dividendos... A bondade, que se alimenta da simplicidade, é o signo inconfundível da verdadeira grandeza de caráter, de viver para dar, encontra a felicidade no seu caminhar para o coração das pessoas, semeando sorrisos, alegrias e esperanças e converte sua estadia na terra, na maravilhosa e apaixonante aventura de levar amor, consolo e alívio às dores do corpo e do espírito. Quem vive para dar e para dar-se é bondade, e pratica-a com simplicidade, sem alardeá-la como quem quer aprovação e cumprimentos, em segredo ou às claras, sempre com naturalidade, sem se dar importância, porque entende que as ações bondosas enriquecem mais quem as faz do que quem as recebe. Por isso, o rosto da pessoa bondosa reflete sempre um ar de agradecimento, como se ela estivesse agradecendo o outro por ter-lhe permitido sentir a felicidade incomparável de ser boa. Sem dúvida, a bondade é além de tudo um sinal inconfundível da verdadeira grandeza de alma e de caráter. Romain Rofiand expressa isso de maneira clara e determinante, quando diz que não conhece outro sinal de superioridade além da bondade. Sem grandeza de caráter não existe grande pessoa, grande juventude, nem grande pessoa de ação; só existem ídolos para a multidão, que sucumbem com o tempo.

Bondade, necessidade irmanada com a verdade, a espiritualidade e a beleza. Quando nos referimos à apreciação da beleza como uma necessidade superior que tem de ser saciada pelo ser humano, a bondade é considerada entre essas necessidades que estruturam a *unidade* do ser humano e dão sentido à sua existência. Não existe um caminho para se chegar à bondade, como tampouco o há para a verdade ou a beleza; nós é que devemos converter a nossa existência, o nosso caminhar de cada dia, na verdade, na beleza e na bondade. Como disse Beauchéne, "querer ser bom já é ser bom".

São as atitudes e os pensamentos de bondade com os quais balizamos nossa vida que nos tornarão bons ou maus. Shakespeare não estava tão errado quando afirmou que não existe nada bom nem mau e que é o pensamento humano que o faz parecer assim. Descobrir o lado bom das coisas, estar dispostos a encontrar nas pessoas com quem convivemos qualidades dignas de consideração e apreço, não economizar elogios e expressões de calorosa aprovação com quem mereça, estar sempre abertos à esperança, a encontrar soluções e alternativas em situações difíceis sem perder a calma, viver em constante atitude de serviço para com os mais necessitados e exercitar a generosidade de maneira silenciosa e simples, sem pretensões de notoriedade, constituem as qualidades mais relevantes daquilo que pessoalmente entendo por pessoa bondosa, que exerce a bondade e cuja vida é bondade.

Bondade é amabilidade, paciência, compreensão e concórdia. As pessoas que exercitam a bondade honrarão permanentemente essas qualidades e valores humanos de caráter superior que dão consistência à personalidade e demonstram um alto grau de maturidade mental, psíquica e afetiva. Refiro-me ao respeito, à amabilidade, à paciência, à tolerância, à compreensão e à concórdia. Todas elas representam as bases da bondade, dão-lhe consistência e entidade, dão sentido e coerência à conduta e nos afastam do egoísmo e da superficialidade.

A bondade é como o sussurro cálido e sereno de uma voz amiga sempre pronta a nos proporcionar a segurança e a paz de que precisamos. Bondade é companhia na solidão, alívio nas tristezas, compreensão que convida à tomada de decisões nas dúvidas, luz na escuridão e nos momentos em que não se encontram alternativas, esperança no desespero, alegria em meio a tristezas e desencantos, paciência e compreensão para com as fraquezas humanas e concórdia equilibradora nos acordos e nas discussões apaixonadas.

No entanto, a bondade é maior, mais autêntica, quanto mais profundo e sólido o respeito a si mesmo e aos demais. O respeito é o alicerce, a base na qual se afirmam e a partir da qual se erigem os demais valores, em especial a bondade, que é a síntese de todos eles.

A bondade, além disso, é uma força incontrolável. A verdadeira consistência, a segurança, a eficácia, o último vislumbre de esperança virão sempre de alguém que exercita a bondade, que seja bondade. Lacordaire afirmou com acerto que a melhor coisa para desarmar um ser humano é a bondade.

Ser bom é ter a coragem de colocar amor onde existe ódio. Não permanecer indiferente diante da injustiça e da opressão e não economizar esforços e sacrifícios para levar esperança, alegria e entusiasmo a qualquer ser humano necessitado que encontremos pelo caminho.

Sim, o ser humano bom é aquele que vive por amor, para o amor, exercita o amor e o ensina com o exemplo aos demais, sendo ele próprio basicamente amor. É um semeador de ilusões que estabelece por onde passa laços de união e de entendimento entre os humanos e desmantela, com o ímpeto e o fogo de seu espírito, as redes de ódio, rancor e discórdia.

O ser humano bom possui a arte, o poder e a magia de saber acender uma luz de esperança na escuridão de muitas vidas que antes se debatiam perdidas nas trevas de uma existência medíocre e sem perspectivas. Compartilha tristezas e dor, animando e consolando os deprimidos e devolvendo o sorriso e a alegria a rostos transfigurados pelo sofrimento e pela tristeza.

O ser humano bom compreendeu um dia que viver apenas para si mesmo equivalia a viver na pobreza do espírito, preso à terra, oprimido pela insegurança e pelo medo, sem uma causa nobre que justificasse sua existência. Por isso, desde aquele dia saboreia a cada instante com alegria, pois viver para os demais é não só motivo suficiente e razão de peso que justifica a vida na terra, mas também a mais extraordinária e gratificante experiência humana a que se pode aspirar.

O ser humano bom, ao levantar-se a cada manhã, enquanto a água morna ou fresca do chuveiro lava-lhe o corpo e tonifica seus nervos, ensaia um amplo sorriso de esperança enquanto pergunta a si mesmo a quem levará hoje um pouco de amor e de esperança; como conseguirá ensinar a amar àqueles que não conseguem sair dos tortuosos caminhos do ódio e da maldade; como poderá contribuir com o seu exemplo e sua vida para que os demais se animem com ações boas, generosas e nobres, cultivem os valores de nível superior e se disponham a realizar outras tantas ações meritórias e boas no futuro.

Com a nossa conduta livre, precisamos desenvolver ao máximo a capacidade de bem que há em nós. Fomos criados à imagem e semelhança de Deus; conseqüentemente, nossas possibilidades de bondade e de perfeição são imensas. Não devemos desperdiçá-las. No mais profundo do nosso ser encontramos o genuíno significado de Deus, dos outros e das coisas. Se somos superficiais com nós mesmos, também vamos sê-lo com Deus, com os demais e com as coisas. Mas, se formos profundos com nós mesmos, então Deus, as pessoas e as coisas adquirirão especial importância e terão uma dimensão significativa. Afinal, a riqueza da nossa comunicação com Deus, com os outros e com as coisas depende do quanto somos capazes de nos comunicar com nós mesmos.

A força do amor humano

O amor humano é a mais poderosa das energias. Não existe força atômica que possa conseguir o que um pai e uma mãe conseguem com o amor por seus filhos.

Algumas vezes, ficamos espantados, atônitos mesmo, diante de um gesto heróico de amor humano. Não há nada no mundo com mais força que o amor. É um sentimento tão forte e vigoroso que é capaz de superar qualquer barreira, por mais difícil que seja.

Quando existe amor verdadeiro, nada é impossível, pode-se conseguir tudo, ou quase tudo. O amor é a energia vital mais poderosa que existe. Quando amamos de verdade, a palavra "dificuldade" não existe. Somos capazes de alcançar qualquer objetivo, por mais obstáculos que se apresentem.

O amor é vontade, força, energia, colocada por Deus no centro do coração humano. Deus, que é amor, fez o ser humano partícipe desse amor. Precisamos cultivar com esmero esse amor, pois é presente do Deus-amor; cultivemo-lo em forma de gratidão, de solidariedade, de fraternidade.

A pessoa que não tem interesse por seus semelhantes encontra mais dificuldades na vida e causa as maiores feridas aos demais. Desses indivíduos surgem todos os fracassos humanos. O desinteresse pelos outros é um câncer terrível, que rarefaz o ar da convivência. Muitas vezes não damos a devida importância a esta questão. Achamos que só o que importa é não prejudicar ninguém, mas não somos capazes de captar a grande importância que representa saber interessar-se pelo próximo. O interesse pelas coisas que outras pessoas dizem e fazem é uma forma especial de carinho, a qual, se não usada, acaba fazendo com que as relações pessoais esfriem e pode dar origem a inúmeros fracassos humanos. É o expoente externo de nossa bondade pessoal.

O ser humano bom, em definitivo, está sempre aberto à generosidade, à compreensão, ao perdão, ao sorriso e ao abraço sincero do irmão, ao apoio leal, à ajuda sincera e eficaz, lutando contra a opressão e a injustiça. Por isso, para todo ser humano bom, viver é a mais apaixonante e bela aventura. Quando está envolto numa autêntica fraternidade, desfruta do sentido da vida. Sente-se feliz. Bondade é felicidade e não pode haver verdadeira felicidade sem bondade.

A essa altura, está claro que a bondade e a felicidade não só não se contradizem, como também estão em estreita relação. Não podemos ser felizes e estar bem com nós mesmos, aceitando a própria realidade, se em nosso coração guardamos ódios e rancores que nos desestabilizam física e psiquicamente. A condição *sine qua non* para se alcançar a verdadeira felicidade é dispor de nobreza de espírito e de caráter e ter um coração predisposto ao perdão, à compreensão, à tolerância e ao amor.

Não é possível encontrar, na história da humanidade, pessoas verdadeiramente felizes que tenham praticado a maldade, a malandragem e o desamor. Felicidade e bondade são pássaros da mesma plumagem que sempre voam juntos.

Quando se fala de perfeição pessoal, de autodomínio, de um passo feliz pela vida, acaba-se falando de amor. O amor é a mais poderosa qualidade humana. É o único ponto de contato entre todos os seres humanos. O caminho no qual todos podemos nos encontrar e apoiar, ajudando-nos mutuamente. Todos necessitamos de todos e todos necessitamos de Deus, que é amor. E não basta que o amor brote como chama viva de puro sentimento. Creio que até mesmo os corações mais duros têm às vezes um estremecimento de fácil compaixão ou de falsa emoção. Quando se fala do verdadeiro amor vivificante, fala-se de um impulso interior, ardente e fecundo; de uma constante disposição de alma, vigorosa e eficaz.

Não é uma mera simpatia; pois, afinal, a simpatia não representa nada além do eco compassado da impressão amável recebida. Aproxima-se do egoísmo, posto que só dá quando recebe; ama, quando encontra amor; é complacente com quem desperta complacência... Estamos falando, ao contrário, de uma disposição de alma aberta a qualquer prova, que parte do mais íntimo sem perguntar pela beleza externa, mas criando uma, um modelo habitual de ser e de viver, de um esforço contínuo de iluminar sombras e definir perfis amáveis, de um alegre semear de bem e de paz. Apenas uma só vez nos é permitido passar por esse caminho. Portanto, todo o bem que o ser humano puder fazer deve ser feito nesse momento, pois, por esse caminho, não poderá mais passar.

O certo é que é difícil entender uma disposição habitual para o amor e para a bondade. Se meditássemos, veríamos nossa triste condição e a pobreza de nossos sentimentos. São, em geral, o eco das realidades que vêm ao nosso encontro. Não é nada difícil viver o amor quando tudo nos sorri amavelmente. É fácil e até instintiva a benevolência, quando tudo acontece de forma compassada, em feliz normalidade. Cumprimos com prazer a obrigação agradável ou lucrativa. Sorrimos para o gracejo discreto dos demais. Mas são poucos aqueles capazes de criar amor onde não há.

E é disso que se trata: trata-se de enfrentar com amor todas as situações, sem variar de tom, mesmo que elas sejam variáveis; pois é triste a condição daquele que flutua e muda ao sabor da impressão externa, da situação diversa. É fácil viver, e assim nos mostra o resultado prático, qualquer situação de uma maneira ou de outra; ela não se modifica pela nossa intemperança. Não temos qualquer poder sobre a maior parte das situações em que nos encontramos.

Será sempre mais proveitoso e mais saudável, até mesmo fisicamente, enfrentar com ânimo todas as situações. Modificá-las, se estiver ao nosso alcance. Aproveitá-las, sempre. E nunca permitir que façam mais mal, a nós e aos que convivem conosco, do que aquele que trazem consigo.

Trata-se de encarar cada obrigação como um objeto de arte, segurá-la em nossas mãos como se fosse uma flor, usufruir ao trabalhá-la como se já se estivesse contemplando sua beleza. Não é poesia barata. É uma preciosa realidade. O que se ganha com uma atitude mal-humorada e nervosa? Por acaso ela torna mais agradável a obrigação ou ameniza a situação encontrada? A noite de insônia fica mais curta devido às inúteis lamentações ou às voltas na cama? A carga não fica mais leve ao ser arrastada e nem uma responsabilidade desaparece pela tentativa de livrar-se dela com mau humor.

É mais positivo, mais agradável, mais fecundo e mais saudável fazer as coisas com bom humor, cantando, se preciso. Trata-se de colocar, com nossa bondade, um raio de sol nas coisas. Só assim sairão do anonimato e perderão a vulgaridade. E cada uma delas e todas em conjunto oferecerão à alma mil ocasiões diferentes de prazer, amor e alegria. Está em nós a luz que pode iluminar tudo. Da mesma forma, está em nós a tosca vulgaridade que torna as coisas sem graça, importância ou colorido e deforma o sentido estético da alma. A felicidade está em todos os lugares... porque está em nós, se quisermos.

É uma disposição de nos aproximarmos das pessoas com um sentimento de paz e felicidade, sem esperar o que cada um pode dar-nos. Não é a discussão, nem a melhor lógica, muito menos os gritos e as ofensas, que abrirão para nós o coração das pessoas. Ainda não brotou a luz da menor discussão, embora o aforismo secular o garanta. A única maneira de que se faça a luz é nós mesmos irradiá-la. O único caminho para a paz entre as pessoas é sermos nós portadores de paz. É urgente convencer-se disso. Porque a vida vai passando amarga e dolorosa, sem termos empregado jamais o melhor remédio que possuíamos, bem ao alcance da mão: a bondade.

Em geral esperamos muito dos outros, das coisas, das situações. E reagimos com um fraco eco às impressões que recebemos de tudo o que nos cerca. E não é esse o caminho. A vitória estaria em assumir uma postura mental, sempre a mesma, e impregnar tudo o que nos rodeia com os raios de luz da nossa ânsia de amar, de amenizar a vida, de exercer a benignidade.

A parábola do filho pródigo deveria ser chamada "parábola do amor incondicional". Ou, melhor ainda, "parábola do bom pai". Diante do retorno do filho desgarrado, o pai não reage conforme a lógica humana comum: não pede explicações; não nega o retorno à família daquele que manchara gravemente sua honra, não manda embora quem com tanta pressa dilapidou a grande herança paterna. Vê o lado positivo desse regresso e manda celebrar a maior festa. O pai é a bondade personificada. A atitude acolhedora, benévola e esperançosa expressa-se com toda perfeição no gesto do pai que recebe e acolhe pacificamente o filho.

Bondade, benevolência e acolhimento

Uma postura habitual de boa vontade poderia resumir-se em benevolência. Inclinação a querer o bem, a procurar o bem, a tirar de todas as situações o pouco ou muito bem que encerram. Durante a guerra mundial, Jean Effel consagrou-se como desenhista. Seus desenhos destilavam ironia, ternura, compaixão e graça. Em um deles, vê-se a figura de um aviador que acaba de lançar uma bomba. Um anjinho apanha-a e, batendo as asas, devolve-a ao aviador dizendo: "O senhor perdeu isto?"

Benevolência: ir recolhendo o mal espalhado pelo mundo, responder com um sorriso aos insultos dos demais, impedir que estourem sobre as pessoas as bombas explosivas de tanta amargura, mal-entendido, suscetibilidade ferida e mau humor. A sociedade humana digna desse nome nasce, apóia-se, vive e prospera graças ao amor. Amor é bondade, é perdoar, é esquecer.

Bondade: uma determinada inclinação a fazer o bem unida a uma certa suavidade de caráter e boa têmpera. A pessoa bondosa faz o bem de maneira acolhedora, calma, serena e paciente.

A bondade é uma atitude de acolhimento inspirada no amor. O amor desperta respeito, no sentido profundo de estima do valor que cada pessoa tem simplesmente por ser pessoa. Consideramos boa e gentil a pessoa que se comporta amorosamente com as demais e que só por isso já é digna de ser amada. Esse comportamento representa um valor porque facilita a conquista do ideal de unidade. Pressupõe uma virtude e outorga a quem adota esse valor uma configuração adequada à sua vocação e missão. Com efeito, torna a pessoa afetuosa, afável — é afável (palavra derivada do verbo latino *fari*, falar) a pessoa com quem se pode conversar porque é acessível, simples, comunicativa.

A pessoa bondosa tende a dar e a dar-se com facilidade, espontaneidade e desinteresse. Por isso, seu primeiro gesto é benevolente, mesmo antes de conhecer a pessoa que se aproxima. Vai ao encontro dela e cria rapidamente uma atmosfera de confiança, sem perder a distância própria do respeito. Essa confiança respeitosa é um clima propício para as confidências. Sua afabilidade convida à comunicação. É aberta, o que representa uma atitude generosa, e convida à abertura porque sua maneira de iniciar a relação é inspirada por sua tendência de ver sempre o lado bom das pessoas.

A postura otimista da pessoa bondosa não corresponde a uma comprovação prévia da bondade de cada um; parte da convicção fundamental de que a vida de relação tem um grande sentido e, conseqüentemente, favorecer um encontro encerra um altíssimo valor. Tinha razão Tito, o imperador romano, que considerava perdido o dia em que não havia feito uma boa ação: meus caros, perdi o dia! Em aparente paradoxo, o ser humano ganha a vida quando a entrega e a coloca a serviço do bem de todos, e não exclusivamente ao seu próprio. Esta é uma lei da vida humana, e não só um preceito da moral altruísta.

O ser humano é relacional, vive como pessoa e se desenvolve como tal, criando relações de encontro. Por isso, só estaremos em paz conosco mesmos e seremos felizes quando organizamos nossa maneira de ser de modo aberto, generoso, criador de vínculos estáveis e oblativos. Por essa razão básica, cultivar sentimentos de rancor ou de ódio, que destroem a unidade, tira nossa estabilidade psíquica. Em troca, o formato amável da unidade nos aproxima do estado de felicidade, que corresponde sempre a uma consciência de plenitude; sentimo-nos realizados enquanto pessoas. Essa realização acontece quando criamos, entre nós e os demais, espaços de liberdade, campos de intercâmbio sincero, de ajuda incondicional, de compreensão e, em alguns casos, de compaixão. Nesses campos, o ânimo se engrandece, pois nos sentimos "em casa", agasalhados pelo ambiente, impulsionados a desenvolver-nos na aventura da entrega aos demais. Esse clima de confiança é um estímulo a acolher a vida e os chamados de toda sorte de valores e a realizá-los de maneira comprometida. Esse ambiente de acolhida é aconchegante para o ser humano, que não foi feito para a solidão, mas para se unir com outros a serviço dos grandes valores.

> É célebre o gesto do "Falávamos ontem...", de frei Luis de León, "brasão da língua castelhana", de acordo com Quevedo; "gênio que espanta o mundo", conforme Cervantes. Mas frei Luis era também ser humano violento e apaixonado. Não duvidou, pois, em envolver-se com veemência nas disputas que agitavam a universidade de Salamanca do seu tempo, com o que atraiu a ira de não poucos adversários, que, além disso, invejavam seu talento e valentia. Amante da língua românica, traduziu para o castelhano, a pedido de uma religiosa, o *Cântico dos cânticos*, mas não pôde evitar que uma mão indiscreta difundisse a obra em cópias manuscritas. Como o Concílio de Trento havia proibido verter para as línguas vulgares qualquer texto bíblico, os inimigos de frei Luis não perderam tempo em denunciar o caso ao Santo Ofício. Processado no dia 27 de março de 1572, ingressou nos calabouços da Inquisição em Valladolid, onde permaneceu durante cinco anos.
>
> "Aqui a inveja e a mentira me mantiveram trancado. Feliz o humilde estado do sábio que se retira deste mundo malvado! Com pobre mesa e casa no campo deleitoso, só com Deus se compassa e sozinho sua vida passa, nem invejado nem invejoso."
>
> Assim escrevia, sem raiva, o infeliz agostiniano, nas paredes da cela. Absolvido, finalmente, de qualquer culpa, retornou à cátedra. Não à antiga, que ele recusou, mas a outra, que lhe foi oferecida com a atribuição anual de 200 ducados. A sala de aula, naquele dia, fervilhava. Esperava-se do professor um comentário alusivo ao agravo do qual havia sido objeto. Mas frei Luis frustrou a expectativa. Mansa, calmamente, ocupou seu lugar. Depois, com a mesma tranqüilidade, começou: "Falávamos ontem..."[1].

Como crescer em bondade?

A bondade não está na moda, as boas ações não são notícia. No entanto, em meio à selva impiedosa em que vivemos, onde tudo se justifica em função do poder, da fama e do dinheiro, onde não se economizam fraudes, calúnias, traições, falsidades, abusos de poder, manipulações, chantagens e outras estratégias para o sucesso em sociedade, ainda restam corações humanos bons.

A bondade é um valor importante e sua cotação está sempre em alta porque não é difícil observar em muitos jovens de hoje um renascimento da generosidade, do prazer indescritível de dar e dividir, de viver humildemente e des-

---

[1] Fonte: UNA HISTORIA PARA CADA DIA. Madrid, Susaeta Ediciones. 1985.

frutar das coisas simples da vida. Pessoalmente, percebo uma inclinação ao mundo do espírito, pois a cada dia adquirem maior importância os valores de categoria superior, como a amizade, a generosidade, a autenticidade, a beleza, a alegria e a bondade, entre outros.

Para crescer em bondade, uma boa idéia é iniciar de manhã a jornada do dia com uma frase, esperando que possa transformá-la em realidade: "Vamos ver o que de bom poderei fazer hoje por meus semelhantes!" Começar o dia com essa disposição pode imprimir um novo dinamismo à existência da pessoa. Não há nada que preencha tanto nosso ser quanto a possibilidade de fazer algo positivo em favor dos outros. Um dia poderá ser um gesto heróico, mas em geral são pequenos gestos de cortesia, de ajuda, de amor.

Nossa sociedade seria muito mais humana se no início de cada dia as pessoas se perguntassem o que podem fazer pelas demais. Que boa ação posso fazer hoje?

Sêneca afirmou, com sabedoria, que a natureza não nos dá a virtude de ser bom; que a bondade não é consubstancial à natureza nem nos foi entregue por um passe de mágica; exige vontade e aprendizagem. Por isso, o ser humano precisa se exercitar diariamente na arte da bondade. Mas o que é possível fazer para crescer em bondade e para proporcionar esse crescimento aos jovens? Aqui vão algumas idéias:

- observar os demais com olhos limpos e saber valorizar generosamente o que de bom existe neles;
- exercitar-se no diálogo, saber escutar as razões dos outros e dizer a coisa certa no momento mais oportuno;
- interessar-se sinceramente pelas necessidades do próximo, prestando-lhe a ajuda que pudermos;
- tentar imitar o que vemos de positivo nas pessoas que nos cercam;
- procurar sempre o bem e a verdade com uma atitude sincera e humilde.

Joan Bestard já disse que a vida é curta demais e que devemos fazer o bem sem demora. Quando observamos como o tempo passa rápido e como nossas mãos estão vazias de atos de bondade, damo-nos conta de que urge aproveitar ao máximo o tempo para fazer o bem[2]. Pois bem: sejamos avaros de tempo, mas não para alimentar nosso egoísmo e sim para ajudar os demais. A existência é muito breve para perdê-la inutilmente. Assusta ver a velocidade com que o tempo passa e o pouco que fazemos em favor dos outros; no entanto, essa é a única coisa que conta verdadeiramente se não quisermos experimentar uma amarga sensação de fracasso em nossa vida.

Afinal, nosso destino humano é a plenitude e a felicidade que só encontramos quando somos capazes de amar, de nos doarmos, gratuita e alegremente, a Deus e ao próximo.

---

[2] Cf. Bestard, J. *Creo en el Hombre*. Espasa Calpe, Madrid, 1996. pp. 43-44.

Material pedagógico

Parábola para interpretar

Guias de interpretação

1. Quais são as idéias fundamentais dessa parábola?
2. Podem ser colocadas em prática na vida?
3. Que dificuldades da vida real essa parábola aborda?
4. Enumere três exemplos semelhantes que você conhece.
5. Que valores morais o texto encerra e transmite?

ESPANTALHO

Num povoado distante, vivia um lavrador muito avarento. Sua avareza era tanta que ficava furioso se um passarinho comesse um grão de trigo do chão; por isso, passava os dias tomando conta de sua horta, para que ninguém a tocasse.

Um dia teve uma idéia: "Já sei, vou fazer um espantalho. Assim afastarei os animais da horta".

Pegou três bambus e com eles fez os braços e as pernas, formando o corpo. Uma abóbora serviu de cabeça; dois grãos de milho, de olhos; no lugar do nariz colocou uma cenoura, e no da boca uma fileira de grãos de trigo.

Vestiu o espantalho com algumas roupas velhas e feias e com um golpe seco fincou-o no chão. Mas logo se deu conta de que lhe faltava um coração e pegou o melhor fruto da pereira, enfiou-o por entre a palha e foi para casa. E lá ficou o espantalho balançando ao sabor do vento. Mais tarde, um pardal voou devagar sobre a horta, procurando um pouco de trigo. O espantalho, vendo-o, tentou afugentá-lo com gritos, mas o pássaro pousou em uma árvore e disse:

— Deixe que eu colha um pouco de trigo para meus filhotes.

— Não posso — respondeu o espantalho. Mas teve tanta pena do pobre pardal pedindo comida que disse:

— Pode pegar meus dentes, que são grãos de trigo. O pardal pegou-os e, alegre, beijou sua testa de abóbora. O espantalho ficou sem boca mas muito satisfeito com a sua ação.

Uma manhã, um coelho entrou na horta. Quando se aproximava das cenouras, o boneco viu-o e tratou de assustá-lo, mas o coelho olhou para ele e disse:

— Queria uma cenoura, estou com fome.

O espantalho ficou com tanta pena ao ver o coelhinho faminto que lhe ofereceu seu nariz de cenoura.

Quando o coelho foi embora, teve vontade de cantar de alegria, mas não tinha boca e agora nem nariz para sentir o perfume das flores. Sentia-se, porém, feliz.

Mais tarde apareceu o galo cantando junto dele.

— Vou dizer à minha galinha que não bote mais ovos para o dono desta horta, pois ele nos mata de fome.

— Isso não é direito — disse o espantalho — eu lhe dou a comida, mas não diga nada à sua mulher. Certo? Então, pegue os meus olhos, que são de milho.

— Está bem — respondeu o galo e foi embora agradecido.

Um pouco mais tarde alguém se aproximou dele e disse:

— Espantalho, você que é tão bom poderia me dar uma esmola? O lavrador me expulsou da sua porta.

— Quem é você? — perguntou o espantalho. — Não posso vê-lo.

— Sou um mendigo que pede esmolas.

— Pegue a minha roupa; é a única coisa que posso dar a você.

O mendigo, pegando as roupas velhas do espantalho, foi embora muito satisfeito. Mais tarde o espantalho percebeu que alguém chorava perto dele. Era um menino que procurava comida para a mãe. O dono da horta não quisera ajudá-lo.

— Pegue — disse o espantalho —, dou-lhe minha cabeça, que é uma grande abóbora...

Quando o lavrador foi até a horta e viu o espantalho naquele estado, ficou muito zangado e ateou fogo nele.

Seus amigos, ao ver como queimava, aproximaram-se e ameaçaram o lavrador, mas naquele momento caiu ao chão algo que pertencia àquele fantoche: seu coração de pêra. O lavrador dispôs-se a comê-la, entre gargalhadas, dizendo:

— Disse que deu tudo? Pois esta pêra é minha, vou comê-la.

Mas foi só dar uma mordida e houve uma mudança nele. O espantalho comunicara-lhe sua bondade. Então, o lavrador disse a eles:

— Perdoem-me, de agora em diante eu os acolherei sempre.

Enquanto isso, o espantalho havia se convertido em cinzas e a fumaça chegava até o sol, transformando-se no mais brilhante dos seus raios.

(*Imágenes de la fe*)

Teste de auto-avaliação

- Avalie seu grau de bondade atribuindo um valor a cada uma das afirmações abaixo.
- Use o sistema de notas de 1 a 10, considerando que a nota máxima representa sua total concordância à afirmação.
- Depois, escolha alguém para avaliar você com os mesmos critérios e compare os resultados.

❏ Não dou demasiada importância às minhas boas ações.

❏ Sempre trato as pessoas com afeto e compreensão.

❏ Para mim é mais importante o amor, o poder, a glória e o dinheiro.

❏ Rejeito totalmente a manipulação e o engano.

❏ Procuro ver o lado bom e positivo das pessoas.

❏ Jamais tentei fazer mal ou prejudicar alguém.

❏ Não preciso de motivos ou argumentos especiais para ser bondoso.

❏ Vivo de acordo com minhas convicções e minha consciência.

❏ O respeito, o amor e a generosidade para com os demais presidem todas as minhas ações. Com minha mão dou também meu coração.

❏ Quanto mais contribuo para fazer os outros felizes, mais feliz eu sou.

8 VONTADE

Hoje é possível encontrar nos jovens, com relativa freqüência, algo que se costuma chamar de "filosofia do que eu quero, do que eu gosto": porque não quero, porque não tem graça, porque aquilo é difícil... Por esse caminho vai-se ficando com uma personalidade fraca, caprichosa, frouxa, como um cata-vento que gira conforme o vento do momento, inconstante, incapaz de estabelecer metas e objetivos concretos, à mercê do primeiro estímulo que chega de fora e que faz a pessoa abandonar o que estava fazendo. É a imagem da criança mimada que tanta pena produz em quem a observa. Não ter lutado pelas coisas pequenas dia após dia foi convertendo-a num joguete das circunstâncias: trazido, levado e tiranizado pelo que a cada instante lhe pede o corpo.

O perfil psicológico desse indivíduo é: mimado, malcriado, estragado, incapaz de realizar qualquer tarefa séria, que nunca chegará a conhecer as próprias possibilidades. Em compensação, aquele que tem a vontade educada, depois de uma briga pertinaz consigo mesmo, sabe o que é alegria.

A alegria é uma ponte acima do prazer e abaixo da felicidade, porque quem luta está sempre satisfeito. E o resultado é um ser humano forte, sólido, firme, consistente, que não desanima facilmente. Uma pessoa que subiu no "avião" dos objetivos sabe evitar a dispersão e colocar todo o empenho em realizá-los. E, como pano de fundo, o esforço em tirar o melhor que possuímos interiormente. Em outras palavras, a felicidade é um resultado que consiste em tentar tirar o máximo proveito de nossas capacidades misturando a luta tenaz com a alegria.

A tarefa do ser humano é aperfeiçoar, educar, completar e superar a si mesmo, sempre. E a educação da vontade é a estratégia dessa conquista. Daí a importância de educar a vontade e conduzi-la pelo caminho do esforço, pela estrada que conduz ao melhor desenvolvimento de si mesmo!

Para familiarizar-se com o assunto como um valor de e na educação, a primeira coisa a fazer é definir o que se entende por educação relacionada à vontade e, como síntese, por educar a vontade.

Fundamentos morais e psicológicos da vontade como valor

Educar é transmitir conhecimentos e promover atitudes, é despertar inquietações para saber orientar a vida, é desenvolver valores pessoais e canalizá-los de forma a forjar uma personalidade forte, vigorosa, que não se deixa manipular por nada nem por ninguém. É abrir novos horizontes de vida para alguém com esforço, esperança e entusiasmo — para isso, o educador conta com um caudal imenso de possibilidades a cultivar. Educar a si mesmo é planejar a vida, fazer um projeto de realização pessoal para conquistar o sucesso. Educar alguém é ensinar normas de conduta pelas quais a pessoa vai se tornando dona de uma área específica do saber. Educar é preparar uma pessoa em determinada área, tema ou forma de vida. Enfim, educar é construir, formar, guiar, tirar da pessoa o que ela tem de melhor, aparar arestas e polir.

Tudo isso em termos genéricos. Mas, no momento de aplicar o ensino à vontade, quando se associam ambos os ingredientes, o tema adquire matizes especialmente importantes. Como diz o ditado: "Um caminho não trilhado não chega a lugar algum, um negócio não cuidado não prospera e um ser humano não educado não melhora".

O que entendemos por vontade?

Não é fácil explicar em poucas palavras. Vontade é a faculdade de realizar o que se julga conveniente. O poder da vontade é enorme, o ser humano sempre cumpre o que quer de verdade. A vontade profunda é sempre eficaz. Todo o ideal de uma vida e toda a formação de um caráter dependem da vontade. Sem ela não é possível vencer. Com uma vontade fraca, um educador não consegue forjar a sua juventude, nem realizar esperança e ideais. É preciso que a vontade esteja decidida a triunfar a todo custo. Só assim será possível chegar à conquista de um ideal ou favorecer essa conquista para alguém...

Vontade é a capacidade psicológica que leva o indivíduo a fazer uma coisa prevendo suas conseqüências. Um estudante estuda sem vontade e aproveita o tempo com dificuldade, porque está pensando antecipadamente nas provas e no resultado final, que é poder ou não gozar as férias de verão livre das recuperações. E, quando essa vontade é forte, o trabalho pesado torna-se suave e o rendimento é mais eficaz. Por isso, fortaleça sua vontade no crisol do esforço cotidiano, animando-a com a aspiração sublime de fazer da sua vida uma obra admirável.

As grandes realizações da idade madura são sempre efeito de um grande pensamento da juventude. Nesse estágio, o ser humano é responsável por seu próprio destino. Cada um se torna aquilo que sua vontade desejou ser. Todos temos muita vontade para o que queremos de verdade. Os jovens que reclamam de sua fraqueza de caráter empregam uma energia incrível em tudo o que possa impedi-los de ser livres.

A vida verdadeira, porém, não é o destino. Tudo que nos acontece tem alguma semelhança conosco. Tudo depende de nossa vontade, com ela são possíveis todas as vitórias; sem ela, ninguém jamais conseguirá elevar-se acima das mediocridades à sua volta.

Educar a vontade

Educar a vontade consiste em estimular nossa formação, em proporcionar essa força e essa energia contra as dificuldades, de tal forma que se adquira uma maneira constante de agir de acordo com os princípios morais, que constitui nosso caráter e nossa personalidade. É fundamental ter um projeto pessoal. Não nos esqueçamos de que a vida não é improvisada, mas programada. Ela é organizada para a frente e puxa o ser humano com a força de seus conteúdos. É preciso desejar ser sinceramente bom e prodigiosamente útil.

Educar a vontade é formar a si mesmo com vistas ao domínio seguro sobre si, diante das inclinações tendenciais que lutam contra seu melhor EU. Significa duas coisas: força de vontade e o fato de sua elaboração.

A fortaleza é resistência ao poder natural aumentado pelas influências ambientais e pelas inclinações dirigidas exclusivamente aos valores prazerosos. Exercitar a vontade mediante a negação de si mesmo. Autodomínio diante dos aspectos sensíveis, sentimentos e paixões. Por fim, auto-educação, auto-afirmação como estudante e adolescente, educar-se a si mesmo, que se baseia na incessante abnegação de si, nas diferentes situações de cada dia e em sacrificar-se nas coisas permitidas. Energia para agir e energia para resistir. O adolescente vazio, superficial, passa o dia sem um projeto próprio, dependendo apenas dos estímulos externos, da exaltação do instante, num monumento ao provisório, numa relatividade que não leva a parte alguma.

Educar a vontade, em uma palavra, é saber o que se quer fazer com a própria vida e prover os meios para consegui-lo, sem perder de vista que a vida não é retilínea, mas ziguezagueante e complexa. Metas concretas, realistas;

exigências e aspirações dentro do marco de suas possibilidades. Vivemos um tempo de confusão devido a uma inegável desorientação espiritual e moral. Desconhece-se a missão da vida, porque não é possível compreendê-la quando se prescinde do seu Autor. Só é possível explicá-la partindo de Deus, que, ao formar o ser humano, mostrou-lhe sua missão e seu caminho.

Valor e alcance da vontade

A história do ser humano é a história da sua vontade. Quando dizemos que queremos algo ou que vamos tomar uma decisão, terá sido uma escolha nossa ou apenas uma mera ilusão? São tão freqüentes em nossa vida expressões do tipo "Você não tem força de vontade, precisa decidir por si próprio", "Ele tem uma vontade de ferro" etc., que nunca podemos nos esquecer da vontade.

Os filósofos clássicos falavam de três potências da alma: memória, entendimento e vontade. Entendiam por vontade a faculdade da alma que consistia na tendência ao bem conhecido intelectualmente. Concebiam, portanto, a vontade como uma faculdade que pode ser apreendida pelo entendimento.

A psicologia moderna em geral não aceita a concepção dos filósofos clássicos. Para alguns psicólogos modernos, a vontade dilui-se numa série de fenômenos psíquicos, como os desejos, os impulsos, os instintos ou as tendências. Outros, entretanto, reconhecem na vontade uma autonomia própria e a consideram como algo típico e exclusivo do ser humano.

O fato de que o ser humano pode desejar algo que se opõe ostensivamente aos seus impulsos e tendências ou optar entre diferentes motivos demonstra firmemente a existência da vontade que, considerada como motivação superior, decisão de realização ou faculdade, compreende, de um lado, as tendências e, de outro, a capacidade intelectual com vistas à atuação do indivíduo no mundo.

A vontade caracteriza-se pela consciência explícita da pessoa de que precisa dirigir suas atividades pelo conhecimento, pelos fins a que se propõe e pelos meios com os quais pode contar. Pela vontade, inclina-se para a ação efetiva, sempre orientada para um fim determinado e concreto. A vontade, propriamente dita, surge quando existe plena consciência e domínio das próprias ações.

Análise do ato voluntário

A ação voluntária é sempre precedida de um projeto (comprar um livro, ser aprovado em um exame...) e de meios para alcançá-lo. Esse projeto é uma antecipação do resultado a ser obtido. É a proposta de um fim a ser alcançado, é intencional. Esse projeto surge de acordo com nossos desejos, nossos interesses e nossa força imaginativa. No primeiro nível do ato voluntário existe sempre uma representação antecipativa em forma de projeto. O objeto ou fim da volição não pode nunca ser um objeto, mas um ato, como, por exemplo, comer uma maçã ou estudar matemática. Para que um ato passe a ser desejado, são necessários alguns pré-requisitos:

1. deve ser um ato representado, imaginado ou pensado;

2. deve ser um ato atraente para o indivíduo que o deseja;

3. deve ser um ato possível, já que existem diversos tipos de impossibilidades: lógica (que uma pessoa esteja ao mesmo tempo casada e solteira), física (que um raio de luz não se propague no vazio a 300 mil km por segundo), técnica (jantar hoje na Lua) etc.

4. deve ser um ato futuro.

Quando um ato com essas quatro características ocorre em nossa consciência, já não temos mais um desejo, mas um novo ato psíquico: uma veleidade. Uma veleidade transforma-se em volição quando na consciência do sujeito que possui essa veleidade ocorre mais um elemento: a decisão de tornar real o objeto da veleidade. Esse último aspecto é específico da volição.

Além disso, um indivíduo com vontade acreditará que o ato desejado pode ser realizado por ele no todo ou em parte. Não pode querer o possível que não depende dele. Por exemplo, não posso querer que chova amanhã; embora isso seja possível, não está em minhas mãos fazer nada para que isso se realize. Posso almejar que chova, mas não querê-lo no sentido estrito da palavra. O sujeito da volição não será necessariamente a única causa da realização do que quer. Posso querer que uma amiga toque uma música no piano; minha intervenção pode colaborar para que isso se realize, por exemplo, pedindo-lhe gentilmente. Não é tão importante que o ato desejado seja de fato realizável por quem o deseja, mas sim que este acredite que pode realizá-lo.

A deliberação

O ato voluntário não é apenas precedido de um projeto. O projeto apresenta geralmente dificuldades e inconvenientes. Isso dá lugar a uma discussão ou deliberação, consiste em julgamentos de valor com relação aos motivos para efetivar ou não a ação, ou seja, examinar as razões a favor e contra a ação projetada. É a apreciação dos motivos disponíveis para a execução do ato voluntário.

A decisão

É o elemento mais importante e característico do ato voluntário. A preparação mental culmina na decisão, que pressupõe a determinação da vontade por si mesma no sentido de realizar ou não a ação concreta. Apresenta-se aqui um processo de escolha que acrescenta um novo aspecto à motivação: o caráter de liberdade. E essa decisão leva à autodeterminação, ou seja, à determinação da ação pelo próprio sujeito. O ato de vontade é puramente interior e livre e nem sempre se traduz externamente em obras.

A execução

Outras vezes, no entanto, o ato de vontade só se cumpre por meio de uma manifestação ou realização externa. E, neste caso, é necessário diferenciar um quarto elemento, a execução, que consiste na realização daquilo que a vontade decide executar. É o conjunto de atividades que devem ser desenvolvidas pelo ser humano para cumprir o ato de sua vontade, para conquistar o objetivo a que se propôs ao tomar a decisão.

Pode ser que a execução não chegue a se realizar em virtude da existência de obstáculos alheios à vontade; outras vezes, a execução não tem lugar porque a determinação da vontade consiste precisamente na abstenção de uma determinada ação.

Fatores que interferem na ação voluntária

Além dos elementos que acabamos de enumerar como integrantes do ato voluntário, existe outra série de fatores que interferem no processo e funcionamento da vontade. Os principais são de origem psicológica, afetiva, intelectual, social e cultural.

Fatores psicológicos

O ato da vontade, como ato psíquico, é profundamente afetado por vários elementos que a constituem. A vontade é condicionada por fatores orgânicos e emocionais (ser apaixonado ou linfático influi na decisão). Também depende das motivações apresentadas pela inteligência. Esta age fazendo refletir, julgar, raciocinar, de forma a conhecer melhor o que se quer e prover os meios mais convenientes para consegui-lo. A inteligência ilumina a realidade pretendida, distinguindo o acessório do fundamental.

Fatores de tipo afetivo

A vida afetiva constitui um dos elementos mais importantes do comportamento psíquico. A influência das emoções e da afetividade na ação e na decisão da vontade é muito importante, mas não a ponto de anular a vontade. Os principais elementos de tipo afetivo que agem sobre a vontade são:

As tendências

As tendências constituem um acúmulo de forças propulsoras que devem ser coordenadas, dirigidas e controladas pela vontade. Quando a vontade se impõe no sentido de proibir, as tendências são inibidas e sua força dominada e reprimida.

Os desejos

Os desejos são impulsos conscientes, cujos objetivos são conhecidos por nosso entendimento e por nossa consciência. Sua influência sobre a vontade é evidente, mas esta pode por sua vez dominá-los e dirigi-los. A afetividade abriga o desejo e está no fundo da vontade alimentando-o.

Os sentimentos

São uma das forças mais importantes que impulsionam a vontade. Já foi dito que os sentimentos movem o ser humano. Sua força é de grande importância. Sua ação sobre a vontade é importante, mas não definitiva, uma vez que ela é capaz de orientá-los e superá-los pela sua ação mediadora e, algumas vezes, inibidora dos mesmos.

Fatores de tipo intelectual

A deliberação (ato essencial do ato voluntário) consiste num julgamento prático do entendimento pelo qual a vontade decide agir ou não agir. Isso exige uma representação conceitual da ação. Faz com que o ser humano aja não pela imediatez do objeto material, mas pela projeção de idéias e conceitos que agem sobre a consciência do mesmo.

Fatores de caráter social e cultural

As idéias e conceitos que movimentam a vontade são dados, em sua maioria, pelo meio social e cultural no qual o ser humano vive e age. A educação, a cultura e o meio social são elementos definitivos nas representações e no sistema de ideais e conceitos que acompanham a vontade nas decisões e na escolha de seus fins.

A vontade requer do ser humano capacidade e possibilidade de ação eficiente e prática, com a consciência da própria personalidade, julgamento e análise das circunstâncias da própria vida e um compromisso do eu nas determinações e na decisão de sua atividade concreta. A ação humana tem uma liberdade condicionada, embora suficiente para salvar sua natureza voluntária e responsável. A psicologia não pode desconhecer que a resposta humana é uma resposta responsável.

Inteligência e vontade

A vontade não é uma faculdade independente da inteligência. Cada uma das idéias presentes na memória exerce alguma influência sobre a ação. Portanto, determina um início do querer. Cada idéia é um começo de ação. As boas idéias são o começo das grandes obras. A arte de querer consiste em fixar um objetivo. Querer é convencer-se de uma idéia, e uma só. Decidir-se é concentrar-se nessa idéia e expulsar as demais. Vivemos o que sonhamos. Conquistamos tudo o que desejamos. Por isso muitas pessoas não chegam a nada. Não sabem o que querem, não querem nada.

A inteligência e a vontade, e suas respectivas funções, constituem a coroa e a glória do ser humano. Ser inteligente, ter força de vontade, capacidade de alcançar a verdade e capacidade para amar são o coração de nossa personalidade.

Inteligência e vontade são os dois fatores fundamentais do sucesso. Pela inteligência o ser humano alcançará a perfeição profissional, o conhecimento da fria verdade penetrará o mundo. Pela vontade, o ser humano conquistará a si mesmo. Diríamos que a vontade é mais vital e decisiva. No caminho da vida, ninguém pode parar; é preciso decidir.

A verdade sozinha, servida por uma vontade depravada, causará desastres no ser humano e ao mundo. Uma vontade firme, leal, a serviço de uma inteligência mais pobre, semeará a vida de constantes bens de felicidade. O poder de nossa vontade é imenso. Sejam pessoas de uma só idéia. No estudo, vou aproveitar o tempo, abandonar a idéia de tédio, esforço, cansaço etc.

Antes de tudo é preciso pensar e assim serão capazes de desejar. O impossível é querer com a cabeça cheia de todo tipo de distrações, de objeções. E o melhor é ser sincero consigo mesmo — assim se explicam os progressos morais repentinos. Se a vontade se vê determinada por uma convicção profunda, poderá mudar rapidamente. Demóstenes é um bom exemplo disso, pois, tendo dificuldades para falar, chegou a ser o melhor orador do mundo. Ele colocava pedrinhas sob a língua e assim chegou ao triunfo e ao sucesso.

Componentes da vontade

Os três componentes essenciais da vontade são a ordem, a constância e a disciplina. E entre os três se estabelece uma relação muito estreita.

A vontade é energia, disposição decidida, empenho, entusiasmo, firmeza, tenacidade, insistência que não se curva diante das dificuldades, que cresce diante dos obstáculos. Faculdade de escolher ou rejeitar algo com o fim de governar a vida dirigindo-a para o melhor. Para incentivar a vontade não é suficiente ter boas intenções. É imprescindível encaminhar-se à meta proposta, driblando o tédio, o desânimo, a passividade e a indiferença. Com a vontade não é possível a aflição, a teimosia, o capricho, a leviandade, a ameaça de querer, o impulso anárquico ou instintivo, mas só a firme decisão de agir e alcançar a meta.

A vontade parte do esforço perseverante, que não esmorece ou desaba diante dos primeiros contratempos. A ignorância e o erro aumentam as fontes de obstáculos colocados pelo entendimento à frente da vontade. É preciso conhecer a si mesmo, calcular com exatidão o poder e a liberdade de ação de todas as nossas faculdades, examinar com sinceridade os verdadeiros motivos que impulsionam nossa ação.

Sem o autoconhecimento é impossível cultivar a vontade. Mas os obstáculos podem estar também na própria vontade. A vontade foi mais ferida que o entendimento. Há mais alunos com dificuldades no estudo por falta de vontade do que por capacidade intelectual. Dois males fundamentais afetam a vontade: a inconstância e a fraqueza. Há vontades que sabem querer, mas essa força sucumbe rapidamente diante das dificuldades. Não basta querer; é preciso continuar querendo com o mesmo entusiasmo com que se começou a querer.

Só se pode considerar derrotado aquele que vira, covardemente, as costas. No caminho da vida, não fracassa aquele que cai, se em seguida se levanta. Fracassa aquele que, caído, deixa-se atolar nos charcos do caminho para não voltar a caminhar. São os alunos que estão sempre começando e que não progridem, nunca dão o primeiro passo com decisão, sempre o mesmo horizonte impreciso, a mesma vontade, a mesma inconstância.

Cada novo ano escolar acrescenta fraquezas e desorientações ao que passou e é sempre a vontade o brinquedo das mesmas tendências, dos mesmos erros, de idênticos equívocos.

Haverá algo que cause maior mal à vontade e à vida do que a fraqueza do querer? Por falta de esforço, existem milhares e até milhões de pessoas doentes do espírito que não querem reconhecer isso; doentes de rotina, de mediocridade, de passividade, de improvisação, sem forças para vencer, sem alegria.

A vontade não é só propulsora e motor da ação. Serve também de freio e de contenção a todas as tendências que podem dificultar ou frustrar a realização das ações voluntárias. Pela tenacidade e pela firmeza da vontade, o ser humano pode resistir e superar tudo que se opõe à realização dos seus propósitos, inclusive os obstáculos que parecem mais insuperáveis, como os físicos e fisiológicos. Demóstenes (como indicamos anteriormente), sendo gago, passou para a história como o mais famoso orador; Beethoven, apesar da surdez, continuou compondo músicas.

A escolha do mundo em que vamos nos realizar também é obra da vontade. São decisões voluntárias que nos levam a aceitar ou rejeitar um mundo, mudar os elementos do mundo em que nascemos e criar outro mais adequado à nossa própria realização. Tudo de grande que existe é filho do esforço, da constância perseverante que não desfalece e que, estribada na força de vontade não se deixa pulverizar por nada nem por ninguém; é como a rocha de granito que enfrenta ventos e chuvas.

A vontade é a capacidade indispensável ao desenvolvimento mental e um fator primordial para se vencer na vida. Também é a parte essencial para o exercício correto da mente; por isso é que determina o domínio da mente.

A resposta final para todos os nossos problemas, grandes ou pequenos, encontra-se em nosso interior. Como seres conscientes e livres, temos o poder de escolher o que teremos e o que seremos. Porém, para que o grão de milho nutritivo, transformado em alimento, chegue a nós, é preciso trabalhar e se esforçar. Sem vontade, não existe esforço.

O maior prejuízo de um jovem é o sentimento de fragilidade e de inadaptação; o medo de acreditar que ele não possui um preparo adequado para enfrentar os desafios que se apresentam. Mas, se estiver convencido de que dentro dele existe um poder infinito e criador, conseguirá vencer. Inclusive, poderá mudar sua maneira de ser e suas atitudes de forma radical.

> COMECE OUTRA VEZ
>
> Embora sinta o cansaço,
> embora o sucesso o abandone,
> embora o erro o machuque,
> embora uma traição o fira,
> embora uma esperança se apague,
> embora a dor queime seus olhos,
> embora ignorem seus esforços,
> embora a ingratidão seja o pagamento,
> embora a incompreensão congele o seu sorriso,
> embora tudo pareça nada...
> comece outra vez!

Método de educar a vontade

Não é difícil chegar ao remédio e ao método de uma reta educação da vontade. Mas é preciso esforçar-se, superar e vencer a si próprio.

A vida está em movimento; e esse movimento requer superação e conquista. Quem se abandona à inércia e à preguiça degrada-se. Nada é mais humilhante que ceder às impressões do nosso apetite sensível, da nossa acomodação ao gosto do momento e aos caprichos pessoais.

Uma advertência aos educadores: deve-se tornar a vida da criança ligeiramente difícil, combativa, se quisermos que ela triunfe com glória quando chegar à vida adulta. Os atletas, os esportistas dedicam-se com afinco à dura tarefa dos treinamentos, de forma que o esforço mantém vigorosos os músculos e flexíveis os membros para o salto ou a corrida. A vitória será disputada em poucos dias; mas antes terá havido todo um árduo trabalho de disciplina e ensaios, tão difícil quanto a própria disputa final de um campeonato. E toda vitória dependerá da sabedoria e disciplina que presidiram os treinamentos do atleta.

É preciso treinar a vontade para o esforço, para vencer. Simplesmente ensinar a querer superar-se. Ninguém pode negar-se à ação. A preguiça é covarde e a comodidade que pode nos oferecer é o veneno que lentamente esgotará nossa vida racional. O esforço vale mais que a própria vitória e é o esforço e não a vitória que fortalece a vontade. Parecerá mais agradável deixar o veleiro ao sabor do vento e das ondas. Melhor será ver o barco, sob a mão experiente da vontade, sulcar o mar com um rumo glorioso e feliz.

O treinamento da vontade através da educação está submetido a determinadas condições. Vamos refletir sobre algumas.

❖ A importância das coisas pequenas. Tijolo a tijolo vai-se levantando o edifício da vida. As pequenas ocasiões são importantes, as grandes talvez nunca se apresentem.

❖ O esforço não deve ser deixado para amanhã; deve-se começar agora mesmo, querendo vencer de verdade e com firmeza. Na primeira ocasião que se apresentar, sem dar à preguiça uma única concessão.

❖ As pequenas vitórias irão criando hábitos e costumes que tornarão mais fáceis as vitórias seguintes, reforçadas a cada ato de vontade. Todas as artes e ofícios são aprendidos pela repetição constante dos esforços adequados. *O domínio do momento significa o domínio de toda a vida.*

❖ Os hábitos referem-se sempre à atividade. Um estudante que não pratica não será capaz de hábitos propriamente ditos. O hábito é uma qualidade permanente e estável, que ajuda como um apoio atuante a mais do que normalmente é necessário para agir. O hábito do estudo torna mais fácil o que é possível, ou seja, fazer de modo mais agradável e mais proveitoso. O hábito hoje vem a ser uma tendência adquirida ou a modificação de uma tendência inata.

❖ O amor ao dever. Não basta cumprir; é preciso amar o dever, a obra bem feita. A maior parte dos seus companheiros contenta-se em cumprir sem vontade, sonhando com outra coisa. Por isso, o dever é odioso: por realizá-lo com a alma dividida, por agir sem convicção, só sentimos a pressão e não a alegria de fazer. Desejar o que devemos fazer. Pense no dever para que se transforme em seu fermento, em seu motor e em seu ornamento interior.

❖ A organização do tempo também tem grande importância. Um lugar para cada coisa e cada coisa em seu lugar. Uma ação em cada tempo e tempo para cada ação. Isso é ordem e organização do tempo. Distribuir em pequenas partes as atividades do dia é a base da organização do tempo. Sucedem-se de forma suave e normal as ocupações e os deveres; e a vontade, quase sem esforço, vai se desembaraçando de todo o trabalho, aos poucos e com ordem. Como cada dia tem sua agitação, cada momento tem sua ocupação. Qualquer que seja a atividade, atenha-se a ela. Vivamos o momento presente e sua respectiva tarefa com alegria e vontade plena.

❖ Trabalhar com gosto. Para fazer da necessidade uma virtude, não basta apenas cumprir a obrigação de cada momento. É preciso que a vontade seja exercitada de forma a converter o trabalho em prazer. Tudo depende de nossa disposição mental. Muitas tarefas parecem desagradáveis porque são feitas com o espírito contrariado e acabam cansando. Deve-se fazer com gosto, alegria e entusiasmo. *Faço sempre o que quero... porque quero sempre o que faço.*

Vale lembrar aqui que para afastar o fantasma aterrorizador do difícil, basta fazer o quanto antes. O passo difícil é o que deve ser dado em primeiro lugar e com maior decisão. Se quisermos, não será tão difícil nem tão aborrecido. Tudo se enquadra em um método simples: unidade interior; unidade de ideal e de propósito. A vontade iluminada pelo ideal percorre a ordem do trabalho como uma máquina sobre seus trilhos e torna tudo suave e fácil.

Vale lembrar, também, que a disposição dos primeiros momentos da conquista da vontade exerce uma influência marcante no jovem, pelo resto de sua jornada e, também, que o cultivo da vontade não é coisa de um momento, de alguns dias animados e eufóricos. O educador precisa saber aplicar as normas para a educação da vontade,

• com constância alegremente repetitiva,

• sem permitir-nos uma única exceção ao esforço organizado,

• com animada disposição espiritual,

• sob o controle de uma ordem racional e libertadora.

O compromisso pessoal do educador

Nível de exigência pessoal

Quando se quer fazer algo, é preciso empenhar-se ao máximo para consegui-lo. Porque falar de vontade é falar de nível de exigência pessoal, que envolve pontos básicos do próprio crescimento, assim como a nobreza das metas propostas.

O ser humano que tem vontade dispõe de si mesmo. É capaz de fazer aquilo a que se propõe porque aprendeu a superar-se, a lutar, a sacrificar o imediato, a esperar pelos frutos que semeou. Toda educação da vontade tem um fundo ascético, porque a vontade é cultivada e afiançada pelo exercício repetido de esforços sem gratificação.

A vontade é educada por meio de uma "ginástica da força de vontade":

- começo fazendo algo sem vontade porque é meu dever;
- depois, dedico-me a uma outra tarefa, embora não me agrade, porque sei que é necessária para mim;
- depois, volto-me para o plano concreto que tenho em mente, mesmo que esteja cansado.

Ou seja, para educar a vontade, o jovem deve fazer o que deve e o que é conveniente, ignorando tudo o que de uma maneira ou outra o afasta da rota estabelecida. Não é fácil, mas que grandeza atinge a pessoa quando, após violentar a si própria, consegue cumprir os seus propósitos!

Além disso, no nível da exigência pessoal as flexões, os movimentos musculares, os alongamentos... são representados por uma série de pequenas vitórias sobre o "não tenho vontade", "não me agrada", "estou aborrecido", ou "deixo para depois" e um longo etcétera nessa linha.

Transformar desejos em realidade

Quem tem vontade conduz a vida e não é conduzido, sabe contrariar suas tendências imediatas, dominando gostos e inclinações. Esse treinamento lembra o guarda de trânsito controlando o tráfego: manda frear, dá passagem ou faz esperar. Se o ser humano der passagem a tudo o que for pedido por sua atenção exterior, será o caos.

A pessoa com vontade pode conseguir que seus sonhos e ideais tornem-se realidade, subordinando o prazer imediato ao bem pessoal que alcançará a médio prazo.

Autocontrole

Difícil e árdua tarefa. É preciso ter em mente que o governo mais difícil é o de si mesmo, é dominar as rédeas do próprio comportamento, não se deixar levar pelos impulsos mais primários, mas canalizá-los de forma adequada por meio da inteligência e da vontade. Por esse caminho, a personalidade vai se tornando cada vez mais independente, autônoma e livre.

No entanto, manter o autocontrole é cada dia mais difícil numa sociedade tão permissiva e ao mesmo tempo tão contraditória como a de hoje em dia. Como é difícil não se deixar levar por essa maré que tem como fim da trajetória a massificação! Autocontrole significa também não perder as rédeas de si próprio por questões pequenas, de pouca envergadura.

Do ponto de vista da psicologia, poderíamos dizer que uma pessoa que consegue dominar-se adequadamente é a que apresenta uma estreita relação estímulo-resposta. Sabe valorizar a referência de estímulo e interesse que vem de fora e responde proporcionalmente, com coerência. Afinal, uma pessoa só se descontrola quando algo muito grave acontece. Caso contrário, sempre procura timonear o rumo de sua embarcação.

Temporalidade sadia

Possuir uma temporalidade sadia é outro aspecto importante tanto para o educador como para o educando. A vida é uma operação algébrica entre passado, presente e futuro. Passamos a vida pensando e falando no dia de amanhã. Pois bem, poderíamos desenhar o perfil de uma personalidade sadia a partir da vivência do seu tempo próprio histórico, dizendo que é aquela que vive instalada no presente, assimilou o passado e está projetada para o futuro.

Uma pessoa de temporalidade sadia procura aceitar o passado, superar os traumas, frustrações e dissabores próprios da vida; evita prender-se nas sutis redes pretéritas, para não adquirir comportamentos neuróticos; reside no presente como ponte que dá passagem a tudo o que está por chegar. Olha para o futuro, porque a vida é programada para a frente, é uma travessia cravejada de pequenos projetos que articulam a biografia de cada um.

A responsabilidade pessoal

A palavra "responsabilidade" deriva do latim *responsum*, que por sua vez procede de *respondere*, que significa replicar, corresponder com a própria atuação ao que foi dito.

Uma pessoa é responsável quando responde com atos a certas obrigações assumidas. Platão dizia que cada um é a causa da sua própria escolha. E Cervantes, pela boca de dom Quixote, afirma que cada um é filho de suas obras. Mas foi só a partir do século XVIII que esse conceito adquiriu certa força, sendo empregado sobretudo no campo político.

A noção de responsabilidade está ligada à escolha e à liberdade. Liberdade e responsabilidade formam um binômio inseparável. Responder aos próprios atos: aí se enlaçam vontade e liberdade. Quando a vontade está temperada por uma luta constante, pode-se esperar o melhor. Mas, se está adormecida, torna-se frágil, a conduta desliza para baixo, embaciando os propósitos.

Um exercício esforçado da responsabilidade pessoal traduz-se principalmente em três vertentes:

- diferentes graus de responsabilidade, adquiridos com o desenvolvimento harmonioso da mesma, numa complexa inter-relação de fatores psicológicos;

- a consecução de critérios firmes de atuação que ajudam a oferecer uma resposta adequada aos estímulos do meio ambiente;

- fidelidade para com os compromissos assumidos: embora a vida seja longa e complexa e as possíveis situações difíceis sejam imprevisíveis, esse ponto tem grande transcendência, que se manifesta em diferentes facetas, desde o terreno dos grandes ideais até às pequenas lealdades cotidianas no cumprimento do nosso dever.

DECÁLOGO PARA EDUCAR A VONTADE

1. A vontade necessita de um aprendizado gradual conseguido pela repetição de atos nos quais a pessoa se vence, luta e cai e recomeça. Em psicologia, isso é chamado de "hábito". Em outras palavras: é preciso adquirir hábitos positivos, repetindo atitudes, de maneira esportiva e alegre, o que fará inclinar a balança para comportamentos melhores e mais maduros. A longo prazo, agradeceremos os resultados, mas no começo dão muito trabalho, pois a vontade ainda é virgem, não dominada.

2. Para ter vontade é preciso começar negando-se ou vencendo gostos, estímulos e inclinações momentâneos. E isso é de fato bastante difícil. É mais fácil explicar os mecanismos por onde se deve levar a vontade do que colocar-se em ação aplicando teorias e argumentos. Isto pode ser expresso em outros termos: A educação da vontade tem um pano de fundo austero, sobretudo no começo. A tarefa dos pais é decisiva: Saber tornar atraente a responsabilidade, o dever e as exigências concretas. A vontade liberta e inicia o vôo para a realização do projeto pessoal e da felicidade. Liberdade não é fazer só o que se quer ou seguir os ditames imediatos do corpo, mas superar-se em pequenas lutas titânicas para alcançar os mais altos cumes do próprio desenvolvimento. Liberdade na fé é a supressão de obrigações e de obrigações exteriores, o abandono dos grandes ideais e desafios, o deixar-se levar pelos estímulos do momento. A libertação decorrente da vontade consiste em afastar obstáculos, aplainar o caminho para fazer aquilo que se programou, para conseguir aos poucos que os sonhos se tornem realidade.

3. Qualquer aprendizado se adquire mais facilmente à medida que a motivação é maior. Estar motivado é ter o arco esticado para atirar no melhor alvo. O exercício do tiro ao alvo em nossos objetivos faz com que o arco se estique mais graças à força dos conteúdos que o movem. Em outras palavras: aquele que não sabe o que quer, que não tem esperança de conseguir uma coisa, dificilmente terá a vontade preparada e disposta para a luta.

4, É fundamental ter objetivos claros, precisos, bem definidos e estáveis. Quando isso acontece e se colocam todas as forças em seguir em frente, os resultados estão logo aí, bem à mão. A cabeça não suporta a dispersão de objetivos. Nem tampouco o querer abraçar mais do que se consegue. Por isso, empenhar-se nos propósitos deixando de lado tudo o que possa afastar das metas traz muita paz. Querer é pretender algo concreto e renunciar a tudo o que distrai e desvia dos planos traçados.

5. A educação da vontade tem um fundo ascético, especialmente no começo. É preciso saber conduzir os rios transbordantes de garra juvenil para uma meta que valha a pena. Aí entra a tarefa do educador e dos pais. Neste ponto, gostaríamos de fazer uma observação complementar: as grandes ambições, as melhores aventuras, brotam de um pequeno riacho que cresce e se torna caudaloso à medida que a luta pessoal não cede, não baixa a guarda, insiste uma e outra vez. No montanhismo, tarefa muito parecida com o fortalecimento da vontade, o importante é dar pequenos passos para cima: vai-se subindo a montanha não com grandes

escaladas, mas com pequenos avanços. No começo difíceis, depois já mais fáceis, pois já começa a vislumbrar a paisagem do alto.

6. Quanto maior a vontade, melhor a pessoa se governa, não se deixando levar pelo estímulo imediato. O domínio de si mesmo é um desses desafios extraordinários que nos elevam acima das circunstâncias. Consegue-se assim uma segunda natureza. A pessoa não faz o que lhe apetece ou o mais fácil, nem escolhe o caminho mais suave, mas dirige-se para o que é melhor. Quando a vontade é mais sólida, a pessoa não pensa mais no cansaço ou no que lhe agrada, mas sim no que sabe ser positivo para si mesma dentro dos planos traçados.

7. Uma pessoa com vontade atinge suas metas quando é constante. Já comentei que é indispensável colocar em jogo as peças instrumentais: a ordem, a tenacidade, a disciplina, a alegria que não esmorece e o olhar fixo no alto do caminho. Existe hoje uma tendência à exaltação do modelo do vencedor que põe a nocaute muitos perdedores no ringue social. Por isso, comparar-se com os outros, olhar demasiado para as vidas alheias pode trazer esse aspecto negativo de não desfrutar com o que se tem, desejando o que não se tem.

8. É importante chegar a um bom ajuste entre objetivos e instrumentos. Procurar a harmonia entre fins e meios. Tentar uma equação adequada entre aptidões e limitações. Pretender tirar o melhor de si mesmo, colocando em jogo a motivação entremeada de esperanças com ordem, constância, alegria, autoridade sobre si mesmo para não ceder nem um milímetro naquilo a que se propôs.

9. Uma boa e suficiente educação da vontade é um indicador do amadurecimento da personalidade. Não podemos esquecer que qualquer progresso da vontade melhora com o uso e torna-se mais eficaz à medida que se incorpora com firmeza no patrimônio psicológico. Uma pessoa madura e com um certo equilíbrio psicológico representa um mosaico de elementos harmoniosamente integrados no qual a vontade brilha com luz própria.

10. A educação da vontade não termina nunca. Isso equivale a dizer que o ser humano é uma sinfonia inacabada. Além disso, ter alcançado um bom nível não garante que se vá permanecer nele, já que as situações da vida podem levar a posições insólitas, inesperadas, difíceis, que obriguem a reorganizar o traçado do projeto pessoal. Também é preciso citar a desorientação da sociedade atual, permissiva, com poucos valores de referência, o que nos impede de enxergar exemplos positivos à sua volta e usá-los como modelos de identidade. Não se fazem perdedores e vencedores da noite para o dia, mas depois de anos de preguiça e abandono, ou de arrancadas e obstinações reiteradas. O ser humano deve conscientizar-se de que a pessoa que possui uma vontade educada consegue o que quer. Demora-se a chegar ao que é simples. Compreender que educar a vontade é patrocinar a alegria.

Material pedagógico

Auto-avaliação da vontade

- Responda às questões a seguir.
- Depois, avalie suas respostas, utilizando a seguinte pontuação:

  0: mau;
  1: regular;
  2: bom;
  3: muito bom.

- Partilhe o resultado de seu teste com os(as) companheiros(as) de grupo e troquem idéias a respeito.
- Considere com o seu grupo as sugestões para desenvolver a vontade, que se encontram após as questões do teste.

☐ Você vive e age com ordem e domínio ou deixa-se levar pelos caprichos?

☐ Você leva os outros em consideração na sua vida, interessando-se por eles ou é egoísta?

☐ Tem iniciativa para iniciar uma conversa interessante? Consegue mantê-la?

☐ Quando alguém pede sua opinião, você fica indeciso, responde imediatamente ou espera para ouvir a opinião dos demais?

☐ Tem dificuldades de se adaptar a situações novas ou prefere fugir do esforço?

☐ Quando começa alguma coisa, realiza-a até o fim, custe o que custar?

☐ Antes de agir, mede as possíveis conseqüências de sua ação ou é inconseqüente?

☐ Muda com facilidade de estado de espírito, o que o torna inconstante, deixando-se dominar por ele?

☐ Tem dificuldade de mostrar-se aos demais como é, sincera e humildemente?

☐ Você é pessimista, repara muito nos defeitos dos outros e é mais exigente com eles do que com você?

Diálogo em grupo dirigido

PARA DESENVOLVER A VONTADE

◇ Faça do domínio de si mesmo um ideal. Comece realizando cinco atos de vontade todos os dias.

◇ Faça planos, programas de vida, escreva um diário, testemunha de suas ambições.

◇ Evite os meios de fuga: os sonhos, as leituras estúpidas que o impedem de pensar. Os programas de televisão que dão sono. A Internet, que às vezes anestesia e converte-se em droga. Não procure distrações e companhias impróprias para sua idade. Aquele que quer ser adulto antes do tempo jamais chegará a sê-lo.

◇ Incentive os sentimentos favoráveis. Não acredite demais em seu cansaço e em sua debilidade.

◇ Resolva os problemas com decisão. A moral é sempre a primeira a falhar: um atleta hipnotizado pelo sucesso tem mais resistência.

◇ Crie costumes que capitalizem o resultado dos seus esforços e lhe permitam gozar de seus resultados. Tenha convicções profundas e firmes.

◇ Selecione os amigos. O ambiente deve encarnar o seu ideal. O segredo da formação moral está acima de qualquer receita. Baseia-se na confiança em Deus, na confiança razoável em si mesmo. Para poder melhorar, é preciso antes aceitar-se e conhecer-se.

PARTE III

Ambientes educacionais

1. EDUCAÇÃO EM VALORES NA FAMÍLIA
2. EDUCAÇÃO EM VALORES NA ESCOLA
3. EDUCAÇÃO EM VALORES NOS MEIOS DE COMUNICAÇÃO DE MASSA

1 EDUCAÇÃO EM VALORES NA FAMÍLIA

A consideração pedagógica dos valores deve estar presente no processo educativo como um todo. A pedagogia da intervenção requer um padrão de valores que oriente as atividades participativas dos indivíduos para a *otimização humana*, o que exige um melhor planejamento no campo familiar e no escolar. O valor como tal é um dos traços mais importantes aprendidos no seio da educação familiar. O processo da educação refere-se sempre a algum modelo axiológico, ao tentar reproduzir valores, atitudes, hábitos, técnicas e conhecimentos que predominam em determinada sociedade. As condições sociais e tecnológicas de nosso tempo exigem uma redefinição e provavelmente uma profunda revisão das funções tradicionalmente atribuídas à educação.

As instituições sociais tais como a família, a escola e os meios de comunicação social proporcionam normas de conduta harmonizadas com as exigências institucionais. As instituições, por sua vez, correspondem a um sistema de valores para cuja manutenção e reprodução contribuem as práticas comunicativas e as formas de relação interior das mesmas.

No entanto, além das instituições sociais, existem outras esferas de manutenção de valores entre as quais destaca-se a prática da religião. Esta mantém aberto o universo das crenças e das relações comunicativas com Deus, que constituem a chave de abóbada[1] do universo valorativo religioso-social. Não se pode imaginar uma crise de valores desligada de uma crise religiosa.

O grande dinamismo dos meios de comunicação e de informação aflige-nos com uma infinidade de sistemas de valores que invadem os lares e nos obriga a escolher alguns deles. Com freqüência apresentam-se como contrários ou mesmo contraditórios, dependendo da formação inicial da pessoa e de sua capacidade de crítica e de inovação.

Uma comunidade de vida e amor

Dada a transcendência dos valores no lar, a família não pode esquecer que é nele que o filho recebe os primeiros carinhos, os primeiros ensinamentos e percebe os comportamentos iniciais. É onde, praticamente, se estabelecem os fundamentos éticos que devem governar a pessoa. No seio da comunidade familiar transcorre a primeira e fundamental parte do processo de socialização. Os testemunhos de sociólogos, pedagogos e psicólogos coincidem nessa afirmação. A criança passa os primeiros anos de vida imersa na co-

---

[1] No original espanhol, *la clave de bóveda* (arq.): a última pedra com que se fecha um arco ou uma abóboda. (N. T.)

munidade familiar e nesta são fincados os alicerces de sua personalidade, antes que venha a sofrer outras influências. A família pode educar por assimilação ou até pela rejeição, mas, de qualquer maneira, sua influência é profunda e duradoura.

A melhor educação nasce e se desenvolve no lar. É nele que se aprende a ter interesse pela vida, a confiar em si mesmo, a acreditar que se pode seguir em frente pelos caminhos do sucesso. Os pais têm a possibilidade de mostrar, com sua presença e atenção constante, os caminhos da verdade e do amor, o espírito de trabalho, a ajuda aos demais. Podem estimular os filhos a serem eles mesmos, a desenvolverem suas qualidades, a potencializarem sua auto-estima, sem precisar imitar ninguém ou "procurar pelos desertos da vida aquilo que são e o que possuem dentro de sua pessoa"[2].

Em seu sentido mais profundo, a família é comunidade, comunicação. É o primeiro núcleo de vida e de amor, mas ao mesmo tempo é a primeira escola de saber, de civismo e de cidadania. É a primeira sociedade criada para educar as próximas gerações. E todo filho precisa receber dessa sua primeira comunidade os impulsos necessários para:

> *conhecer a finalidade da própria vida*: uma meta, um objetivo, um fim; algo que dê coesão às forças latentes que tendem a manifestar-se de maneira anárquica, conforme vão se desenvolvendo as possibilidades de ser;

> *orientar os próprios interesses*: quanto à valoração e canalização, e não só dos interesses profissionais, mas também dos interesses de vida, em torno dos quais o indivíduo irá estruturando sua filosofia vital, organizando seu quadro de valores e decantando tudo o que possa representar um obstáculo para a consecução desses valores;

> *obter a possibilidade de atingir as próprias metas de maneira livre e responsável*: este objetivo humano está cheio de arestas, a ponto de a liberdade constituir uma antinomia clássica em pedagogia: liberdade–autoridade; o temor dos pais nesse sentido deve transformar-se em ousadia para promover uma educação voltada à essência da verdadeira decisão humana;

> *adquirir consciência dos direitos humanos e dos deveres correlatos*: qualquer dever meu é um direito do outro e vice-versa; a relação humana flutua sobre o binômio direito–dever, passível de ser desfeito somente à custa da integridade da pessoa;

> *manter orientação para seu desenvolvimento integral*: o ser humano está destinado ao amadurecimento, que é obra da comunidade, da pró-

---

[2] Mateu, G. *Adolescentes; en camino havia la felicidad*. Madrid, Atenas, 1995.

pria pessoa e do seu tempo; esse amadurecimento não ocorrerá caso o indivíduo se descuide de sua dimensão humana, social, intelectual e física;

> *conscientizar-se de que é colaborador do progresso*: uma conscientização que envolve saber que todo progresso que não for abertura a Deus e aos demais limita a pessoa;

> *aprender o que é liberdade*: é a realidade familiar que torna possível o aprendizado da liberdade, o eterno problema do ser humano; uma liberdade que faz crescer em responsabilidade; e o senso de responsabilidade não será possível se o filho não estiver crescendo em um ambiente de liberdade — um equilíbrio difícil de conseguir em educação, mas os pais têm de correr o risco;

> *reconhecer o sentido do bem comum*: ou seja, dar opções ao filho de viver e trabalhar na sociedade, de se inserir na construção da comunidade política com sentido do bem comum, interessando-se por todo e qualquer acontecimento da vida social;

> *obter orientação social da vida*: o que significa saber que seu trabalho sempre tem uma dupla dimensão, uma pessoal e outra social;

> *aspirar a uma sociedade melhor*: uma postura dos pais em relação ao filho na qual está em jogo a contribuição (e não a inibição) de todos os valores necessários para se construir uma sociedade na qual a verdade, a justiça, a paz e o amor sejam realidade e não utopia.

Escola viva de virtudes e valores

A família é a melhor escola da vida, porque transmite, na intimidade do lar, por contágio, por osmose, ensinamentos, virtudes e valores. Quando falta no lar amor, espírito de compreensão e de convivência, essa carência manifesta-se também na sociedade: certamente faltará solidariedade e desejo de servir os demais. Há famílias que são túmulos do amor, embora delas possam sair pessoas brilhantes e vencedoras. Em compensação, existem famílias que cuidam do encontro, dos detalhes e da comunicação entre todos. Desses lares com calor de ninho saem pessoas felizes, solidárias, autônomas, capazes de gostar da vida, estejam sós ou acompanhadas.

A família é construída por todos os seus integrantes e com pequenos detalhes. Tão necessária é a solicitude do pai quanto a pergunta interessada do filho. Pode ser a grande escola de solidariedade, na qual adquire-se o interesse pelos de fora, partilham-se os amigos, cada um vibra com o compromisso do outro e todos vivem comprometidos, e na qual pratica-se a tolerância pelos diferentes ritmos, pelas diferenças de idade e de interesses.

A paternidade e a maternidade são muito mais que um evento biológico; são uma missão de amor, pois o compromisso dos progenitores vai muito além das necessidades físicas do filho. O ser humano requer a presença de pais biológicos ou adotivos para acompanhá-lo em seu longo e lento processo de crescimento até a verdadeira e completa autonomia. Precisa de carinho, respeito, estímulo. Nos pais, a criança precisa encontrar o primeiro exemplo vivo dos grandes traços de caráter que devem inspirar sua conduta individual e comunitária; a família é sua escola viva de virtudes.

A família é um agente transmissor de valores sociais. Os valores vividos pela família são transmitidos também de maneira informal e aprendidos de maneira intuitiva pelos filhos. A tríade pai–mãe–filhos cria por si mesma uma situação de aula, na qual o espontâneo substitui o formal, e o intuitivo substitui o sistemático, sem que com isso se percam os níveis de interiorização mais profundos, apesar de menos sistemáticos.

O cultivo dos valores espirituais também é uma das funções primordiais da família. Ninguém mais do que os pais está chamado a transmitir a vida superior e a proclamar a dimensão sobrenatural dos filhos. A família é a única plataforma educativa que pode garantir a formação integral da pessoa humana. São os pais que, com seu testemunho, com sua palavra e com seu conselho oportuno e desinteressado, influenciam os filhos. Essa formação espiritual supera o marco do tradicionalismo rotineiro e leva a sentimentos de maior compromisso, a relações de profunda solidariedade social e a uma melhor disposição diante das normas éticas ou diante dos serviços sociais — é um dos mais eficientes caminhos para superar a violência social.

A missão dos pais

No ambiente familiar, em especial, a educação em valores não significa ensinar normas éticas, mas viver em plenitude os valores. Não significa dar conselhos no âmbito do lar, mas em ser um testemunho vivo do que se diz, ser coerente na própria vida. Trata-se de um processo que acompanha e permeia o conjunto de realidades que vão configurando o "tornar-se pessoa" de cada filho. É uma missão que exige que os pais vivenciem os valores eles próprios, em seus ambientes, com liberdade e compromisso, e se disciplinem para mantê-los.

Por natureza, os pais não são meros procriadores; também são os primeiros educadores dos filhos, aqueles que constroem os alicerces do futuro crescimento deles enquanto pessoas. A tarefa educativa tem suas raízes na vocação primordial do casal de participar da obra criadora de Deus: o pai e a mãe geram no amor, e por amor, uma nova pessoa, que tem em si vocação para o crescimento e para o desenvolvimento. Então, está em suas naturezas, além da procriação, a tarefa de ajudar os filhos a viver uma vida plenamente humana.

A missão dos pais é uma sublime vocação, tendo presente que "dar vida" não é apenas conceber os filhos; significa acompanhá-los em seu crescimento integral e nisso residem os títulos de pai e de mãe: companheiros de viagem de seus filhos — na infância, na adolescência e na juventude. E ser pai ou mãe não é imiscuir-se nas brincadeiras e na vida dos filhos; é respeitar sua intimidade, animar sua liberdade, potencializar seus interesses, estar perto deles, dar-lhes a oportunidade de serem eles mesmos, de conhecerem a fundo a vida cotidiana de seus pais, seu trabalho, o modo como tratam as pessoas, como realizam seus projetos, como se comportam nos momentos de crise, as dificuldades que encontram para sustentar a família, as alegrias e as satisfações que a vida lhes proporciona.

Na adolescência dos filhos, a missão dos pais recobra nova força; é um momento em que o novo ser necessita, profundamente, do apoio e da ajuda dos pais. A adolescência é um período complexo e crítico, uma fase de crescimento e desenvolvimento acelerados, de explosão de vida, um segundo nascimento. É a etapa mais complexa do desenvolvimento; representa uma crise original, que é preciso solucionar de maneira correta, pois dessa solução vai depender a harmonia e a integridade evolutiva da pessoa como unidade total. E nessa etapa é que os pais são testados: precisam, mais que tudo, compreender e ajudar; e não impor e exigir, pois o objetivo é fazer com que o filho se desenvolva de acordo com as próprias possibilidades e de acordo com a própria personalidade. É um momento em que os pais precisam evitar cuidadosamente estabelecer metas muito altas, ou esperar de seus filhos o que eles não podem dar.

O papel de pai e de mãe é uma experiência cheia de satisfação e sentido que dura a vida toda. Mesmo que os filhos cometam erros, sempre haverá razões para reconhecer os pontos positivos, as decisões acertadas e os bons momentos que passam juntos. Trata-se de promover uma família viva e feliz, uma família que forma pessoas, que prepara para a vida e que pretende desenvolver-se em plenitude.

Principais deveres dos pais

- *Criar um clima de amor*: o ambiente familiar é o ponto chave para o desenvolvimento da personalidade e sem amor não existe educação. Educar em valores torna-se possível quando o amor é verdadeiro, pois o verdadeiro amor sempre cresce, desenvolve-se, aprofunda-se. *Educar é, acima de tudo, amar.*

- *Incentivar o diálogo*: é a principal exigência da cultura moderna no plano familiar. Dialogar em família não é simplesmente falar; é dar uma resposta adequada às atitudes críticas dos filhos; é despertar confiança suficiente para resolver problemas e conflitos. Também é saber pedir a opinião dos filhos e valorizar suas capacidades e comportamentos, sempre demonstrando alegria por ser a família que são — e nesse sentido, os pais devem ter consciência da mudança de vida que hoje experimentamos.

- *Desenvolver virtudes essenciais para a vida*: a honradez, que é ter consciência do dever, aflora nas palavras, nos desejos, nas atitudes, na própria maneira de viver no lar; a justiça estimula a dar a cada um aquilo que lhe corresponde, ser justo é cumprir o dever com equilíbrio, delicadeza, sentido de proporção e flexibilidade humana (viver a vida em família é preparar para a vida honrada e abrir importantes canais para a felicidade dos filhos); a sinceridade, que é uma das melhores formas de relacionamento entre os membros do lar, desenvolve nos filhos o hábito de respeitar a verdade, de não mentir, não dissimular, de respeitar a intimidade alheia e de evitar situações de intransigência — os pais ensinam os filhos a serem sinceros com o testemunho das próprias vidas, se forem claras, abertas, transparentes.

- *Serem coerentes e sinceros com eles mesmos*: não só no plano individual, mas também no de casal. Os pais devem aprender a se aceitar e a aceitar os filhos tais como são; precisam se esforçar para compreender os próprios sentimentos e confiar neles; assim, estimulam os filhos a percorrerem caminhos para escolher aquele que os leve à plena realização pessoal.

- *Conhecer a pessoa do filho*: seja observando, dialogando ou preocupando-se com seu mundo; é a forma de poder sempre valorizar as suas virtudes e proporcionar-lhe a descoberta de valores nos outros.

- *Procurar colocar-se na pele do filho*: considerar sempre a idade dele, sua sensibilidade e sua intimidade — não imaginar que os conselhos são a melhor maneira de educar uma pessoa, em vez da visão da vida que se reflete no próprio comportamento.

- *Medir qualitativamente os próprios sucessos e fracassos*: medir não pelos frutos que colhem, mas pela qualidade daquilo que semearam; afinal, estão formando o filho para ser autor da própria vida.

Como ajustar a família às mudanças do mundo moderno

A família sempre foi o crisol no qual se fundem as experiências mais originais, primeiras e decisivas da configuração da pessoa. No lar forma-se e se amolda o primeiro substrato da personalidade. Existe no ser humano um segundo nascimento: quando o ser biológico chega à sua plenitude, assume seu próprio papel em relação às outras pessoas e interioriza os comportamentos sociais e culturais. A família desempenha um papel primordial nesse segundo nascimento, pois as relações familiares são um componente essencial no processo de tornar-se pessoa.

As funções educativas da família encontram-se profundamente alteradas na sociedade contemporânea, na qual as leis de produção e de consumo exercem um domínio despótico sobre os processos de convivência e de relações humanas. Hoje, o processo educativo no ambiente familiar encontra-se comprometido; no entanto, a família ainda aparece, mesmo que um pouco dividida, como a tábua de salvação dos mais importantes valores humanos.

O descompasso das mudanças sociais e culturais do mundo moderno produziu na família diversos tipos de reações, que podem ser assim agrupadas:

1ª) *Atitude de enfrentamento.* Condena a modernidade e tenta se instalar em um mundo à parte. É uma postura defensiva e até condenatória, que mostra o desejo de impermeabilizar-se ao meio ambiente, criando guetos fechados à contaminação. Essa atitude é especialmente freqüente nas famílias de classe alta. Seus filhos pertencerão a grupos juvenis elitistas nos quais se cultiva, inclusive, um cristianismo pré-conciliar de preservação.

2ª) *Atitude de submissão.* Trata-se de uma atitude de ombros caídos. Desiste-se de resistir à invasão do meio ambiente, adotam-se atitudes de saudade dos velhos tempos, recriminando os filhos pela nova maneira de viver, de se comportar e pelo abandono, em muitos casos, até da fé. O rompimento entre os pais e seus filhos é o clima habitual. Não poucas vezes os pais criticam os educadores pela falta de habilidade ou de interesse pela educação cristã, mas não oferecem a seus filhos, no ambiente familiar, nenhuma alternativa.

3ª) *Atitude de aceitação parcial e crítica.* Esta é uma posição intermediária; não se aceita nem se rejeita em bloco a sociedade moderna. Trata-se de averiguar de que maneira ainda é possível ser cristão no nosso tempo, vivendo em um mundo do qual desapareceram as certezas. Esse tipo de atitude demonstra uma capacidade de adaptação e de crítica, bem como um esforço criativo para reconduzir o processo da educação por canais de maior personalização das crenças e convicções cristãs. Exige dos pais um trabalho de formação permanente e uma renúncia à tentativa de adaptar velhas receitas para problemas novos.

A família que quiser educar os filhos no mundo moderno tem de estar consciente de que hoje não se pode mais educar à moda antiga, tendo como base o princípio de autoridade e como se nada houvesse mudado em um mundo agitado por transformações sociais rápidas e profundas, que afetam até a vida religiosa[3].

Os modelos atuais de família cristã, se quiserem oferecer uma figura identificadora, devem caminhar para a constituição de comunidades cristãs nas quais os filhos possam, num ambiente propício, adquirir fé. Assim a família aprenderá a traçar o próprio projeto de vida com clareza, no qual seja possível que o núcleo familiar se abra à relação e à atividade com significado social.

---

[3] Cf. SASTRE, V. La familia como urgencia educativa. In: *XII Jornada de Pastoral Educativa.* Madrid, San Pio X, 1981.

Ao passar de núcleo de relações fechadas para uma abertura relacional com projeto de convivência e de ação cristãs, a família pode encontrar, nessa abertura, a revitalização de sua própria estrutura e de suas coordenadas de valores. Nesse sentido, entendemos por família cristã aquela que quer ser cristã e que aspira viver a realidade familiar de acordo com as exigências da fé. Isso envolve quatro elementos fundamentais: ter fé; viver a comunhão familiar de vida e de bens à luz da fé; expressar e celebrar a fé e, por fim, educar os filhos na fé. Esses traços essenciais podem ocorrer com diferentes graus e intensidades, mas todos são necessários se quisermos enfrentar as dificuldades e os desafios apresentados pelo mundo moderno. É evidente que os dois últimos traços são escassos em nossa sociedade, mas será preciso descobrir um pouco deles para que possamos falar, com um mínimo de consistência, das zonas de conflito experimentadas pela família cristã diante do desafio dos novos tempos.

O comportamento na moral sexual merece um capítulo à parte. A polarização moral das gerações mais velhas quanto a este tema não desperta maior interesse na juventude. A falta de diálogo e as contradições observadas em muitos comportamentos entre a hipocrisia e o convencional distanciam os filhos de uma conversa séria sobre o assunto com os pais. Esse distanciamento deixa os jovens vulneráveis ao aparecimento de mestres anônimos que despersonalizam o tratamento desses assuntos, com sua conseqüente banalização.

O pluralismo de valores presente em nossa sociedade exige, com urgência, um trabalho educacional familiar sem clichês e num clima de máxima responsabilidade. Não poucas vezes os pais percebem, com amargura, que os filhos não os escutam; mas também ocorre a situação recíproca de filhos que não são escutados pelos pais.

Material pedagógico

Questões para reflexão pessoal e discussão em grupo

1. Você acredita que a família é o ambiente mais adequado para a educação em valores?
2. Na sua opinião, como se educa hoje em dia no ambiente familiar?
3. Você considera que os pais de hoje estão despreparados para educar? Por quê?
4. Você acredita que são maioria os pais que, hoje, estão cumprindo a sua missão de educar em valores? Por quê?
5. O que é necessário para que uma educação familiar seja presidida pela firmeza, pelo amor e pelos valores morais?
6. O que pode fazer uma família para promover a educação religiosa de seus filhos?
7. Existem famílias que não cumprem seu papel de educar os filhos; isso acontece por que não sabem, por que não podem ou por que não querem? Qual é a sua opinião a respeito?
8. Qual é a melhor forma de preparar os filhos para o futuro, dentro do ambiente familiar? Dê alguns exemplos.
9. Você tem uma opinião formada sobre o significado do dinheiro, da educação, da diversão e da família? Qual é?
10. Você considera satisfatórios os valores e as crenças dos seus pais?

2 EDUCAÇÃO EM VALORES NA ESCOLA

A escola é o espaço social que vem após a experiência familiar. Pode-se dizer que é o primeiro cenário em que a criança aprende a ser sujeito da vida social. No fundo, educar em valores é educar nos fundamentos éticos que devem governar a pessoa nessa tripla relação que temos destacado nesta obra: o *eu*, os *outros* e *Deus*.

O ambiente escolar deve oferecer programas adaptados às situações concretas dos jovens; tem de fazer algo por eles — uma educação mais individualizada, que atenda aos problemas particulares, com a ajuda de assistentes sociais, é um dos meios de se educar as crianças para a não-violência.

A mensagem educativa, hoje, não mais se realiza apenas em uma única direção (professor–aluno); é multidimensional. A criança encontra-se num mundo em transformação, no qual outros elementos, como a família, a turma do bairro, os amigos e os meios de comunicação social desempenham um papel importantíssimo e proporcionam uma infinidade de informação.

O aluno é, antes de tudo, um projeto de vida; nunca um mero receptor. E a escola precisa lhe oferecer uma metodologia educativa eficaz, que atenda cuidadosamente à atividade pessoal do aluno, deixando que ele chegue sozinho até onde puder ou, ao menos, dando-lhe os dados necessários para que ele estabeleça relações e deduza novos conhecimentos.

Ao mesmo tempo, a escola deve oferecer aos alunos propostas éticas, não porque os educadores se consideram capazes de transformar a sociedade, mas porque só assim estarão educando para a paz e para a liberdade responsável e, portanto, preparando para a vida, forjando um projeto nobre e digno, que parta de uma verdadeira educação em valores morais e éticos. No entanto, ainda existem pedagogias escravizantes, que transformam os alunos em seres passivos, resignados, sem criatividade e sem participação. Enchem-nos de conhecimentos, mas não os ensinam a pensar de maneira crítica, a raciocinar e a crescer enquanto pessoas.

Hoje, precisamos potencializar uma pedagogia da esperança. Educar para a paz, para a tolerância, para a saúde. Mas isso é difícil porque não se aprende paz, saúde e tolerância para dar aulas; são valores legados pela vivência, e para vivê-los devem significar valores sociais, visivelmente acima de todas as coisas. Não se pode educar para a paz dando gritos, ou para a saúde com um cigarro na boca, ou para a tolerância com atitudes intransigentes. A educação através da percepção é o melhor caminho; os alunos devem perceber no seu ambiente — primeiro no professor — que esses valores são do próprio sistema de vida e que formam a base da sociedade.

A escola tem um desafio fundamental nessa nova etapa de transformação; deve incrementar a vinculação da ética com a educação, precisa criar um novo estilo no qual a pessoa possa aprender a conviver consigo mesma, a sentir amor, a desenvolver interesse e gosto pela cultura e pela vida. Como a escola é o espaço capaz de contribuir ativamente para esse aprendizado, deve implementar uma reforma educativa que vise à melhora da qualidade de ensino e que impulsione com clareza os fins essenciais da educação:

 ⋄ pleno desenvolvimento da personalidade;

 ⋄ educação integral em conhecimentos, aptidões e valores morais em todas as áreas da vida pessoal, familiar, social e profissional[1].

Os objetivos e o sistema

O que aconteceria se todos os educadores tivessem como objetivo fundamental que seus alunos lembrassem da escola como algo inesquecível em sua vida? O que aconteceria se fossem criativos e críticos, e sentissem a necessidade e o prazer de comunicar algo de si aos demais? O que aconteceria se fossem expressivos e conseguissem para cada aluno a sensação de segurança?

Há escolas em que se realizam rituais que não têm nada a ver com a realidade social. Isso indica que essas escolas são pensadas de uma forma que não serve para a vida. O ambiente educacional escolar precisa abrir-se para a sociedade sem perder sua vocação específica; ao mesmo tempo a cultura social precisa impregnar a cultura escolar sem asfixiá-la ou suplantá-la. A escola tradicional não soube procurar esse equilíbrio. Hoje, precisa-se de uma escola sem muros, de portas abertas; um ambiente que não amplie e perpetue a discriminação social. Isso exige uma qualidade no ensino. É preciso levar o aluno ao máximo rendimento e perfeição. Nesse momento, faz-se necessária uma pedagogia dinâmica, que exija regras para conciliar as exigências pessoais com as necessidades sociais.

Temos, hoje, de construir uma escola diferente, que procure atender às necessidades do mundo atual, que ensine o aluno a ser criativo, a construir seus conhecimentos, a participar ativamente do que está sendo ensinado e raciocinar sobre ele; deve-se ensinar a pensar, a raciocinar e a absorver os conhecimentos que vão sendo aprendidos. Aprender a dar sentido à aula, ao estudo, ao aprendizado. E esse aprendizado requer revisão, modificação e enriquecimento.

O ambiente educacional escolar que promove um pensamento livre e crítico, que contribui para o desenvolvimento intelectual e social do aluno,

---

[1] Como consta no art. 2 da LOGSE — Ley Obligatoria General de Educación Secundaria en España.

converte-o em cidadão livre numa sociedade livre. O aluno precisa de uma formação mental que lhe permita interpretar a realidade com critérios éticos e morais. Nesse sentido, a psicologia do desenvolvimento e a sociologia da educação deveriam ter efeitos mais profundos sobre a escola atual.

O mundo atual está exigindo uma escola sob medida, uma escola de vanguarda, que saiba conduzir cada pessoa humana para a sua mais perfeita realização pelo melhor caminho que convenha à sua natureza e com meios adaptados ao aluno. Para isso, é necessário criar uma escola que concilie as necessidades sociais e as exigências pessoais.

O mundo da educação, enquanto elemento importante da sociedade, tem um desafio permanente em sua atividade cotidiana na luta contra a violência. Deve formar seus alunos em princípios e valores para viver com caráter na sociedade atual e não se deixarem enredar pela mediocridade, pela rotina e, sobretudo, pelas atitudes agressivas ou violentas como solução para qualquer problema de atrito com os colegas. É preciso reforçar a esperança de superação da onda de agressividade e violência que pode ocorrer no mundo estudantil. Não é raro o professor ouvir uma pergunta, algumas vezes surda, outras vezes explícita: "O que o sistema educativo faz para evitar uma situação como essa?" Outras vezes, a questão é colocada como recriminação: "Alguma coisa deveria ter sido feita para que isso não acontecesse". Ao fim e ao cabo, em nossa sociedade, todos os protagonistas de ações violentas estiveram integrados em centros de educação por uma quantidade considerável de anos.

O sistema educacional

Em primeiro lugar, temos de pensar sobre as limitações do sistema educativo para realizar uma ação eficaz nesse sentido. Mas também é verdade que o sistema tem a oportunidade de dirigir a atividade de uma boa parte do tempo de crianças, adolescentes, jovens e de todos aqueles nos quais a educação se opõe aos valores que eles encontram em seu entorno social — o efeito de uma ação educativa produz-se a longo prazo.

O sistema educativo precisa assumir sua parcela de responsabilidade, pois tem entre seus objetivos a formação no respeito aos direitos e às liberdades fundamentais e o exercício da tolerância e da liberdade dentro dos princípios democráticos de convivência, bem como a formação para a paz, a cooperação e a solidariedade entre os povos. Portanto, deve agir para que a situação melhore, primeiro fazendo com que os próprios estudantes se comportem de maneira menos violenta e, depois, preparando-os para construir uma sociedade mais pacífica.

A única maneira de influir no desenvolvimento de atitudes e hábitos que correspondam ao mundo da ética e aos grandes problemas sociais está na ação conjunta de todos os que participam da educação de crianças e jovens. Todos os professores, e cada um deles, têm um papel importante nesse sentido, independentemente da área ou da disciplina que lecionem. Também o conjunto da comunidade educativa tem seu papel nesse campo, pois toma decisões a respeito da linha educativa das escolas e pode influir para o estabelecimento de um clima adequado de convivência.

A educação em valores deve conter elementos que permitam aos jovens formar seu próprio critério e agir ante a informação que recebem, discernir entre o razoável e o inaceitável, escolher, dentre as várias ofertas, aquela que pode enriquecer e ao mesmo tempo ser agradável. A importância que a imagem e a informação adquiriram nos últimos tempos torna imprescindível formar para a utilização crítica dos meios de comunicação com um caráter transversal de características semelhantes às mencionadas anteriormente.

O sistema educativo vem assumindo a necessidade de contribuir para modificar as condições da sociedade e constitui, nesse sentido, um fator importante de mudança social. Falta viabilizar uma educação integral, um ensino de qualidade, o desenvolvimento de valores morais e colocar, como objetivos educacionais prioritários, os seguintes:

1. Despertar nos alunos entusiasmo para viver um programa de vida positivo, criador, com o sentido dinâmico da esperança e da utopia, e lutar por ele.
2. Formar atitudes favoráveis à melhoria da pessoa, para que aprenda a viver em paz e em harmonia consigo mesma e com as demais.
3. Conseguir um possível, necessário e urgente renascimento da sociedade, reconstruída a partir de relações sociais muito mais humanas, mais livres e mais solidárias. Uma sociedade mais fraterna, capaz de perceber e sentir o futuro do planeta como um futuro com o qual todos nós devemos estar comprometidos.

Objetivos como esses proporcionam o desenvolvimento integral do aluno porque leva em consideração todos os fatores que o compõem: intelectual, corporal, social-afetivo, ético e moral. Educa em um clima relacional de igualdade, de tolerância, de justiça, de solidariedade e de verdade. Educa para a paz, pois exige uma profunda mudança de atitudes na escola e na sala de aula e desenvolve um sistema de valores que ajuda a pessoa a conviver consigo mesma e com as demais.

A perspectiva moral e a pedagogia

Ninguém pode ficar indiferente diante do desafio de lutar contra a violência a partir da família e do ambiente escolar. A sociedade em seu conjunto também se vê sacudida pela violência e cabe a ela, através da ação coordenada dos poderes, das instituições e dos grupos sociais, combater e submeter a violência aos ditames da convivência pacífica.

Parece que a educação não está sendo entendida a partir do ponto de vista moral e sim da conservação de formas externas ou cívicas, não chegando à retidão interior. Pouco se fala de educação moral; nem pedagogos, nem professores parecem estar preocupados com o que durante séculos foi considerado um dos fins principais e até essenciais da educação. O adjetivo "moral" desapareceu dos programas escolares, que se mostram obsequiosos com o subjetivismo ético e o relativismo, hoje bastante difundidos. A realidade, contudo, pede uma educação que faça frente aos problemas pessoais e sociais provenientes das drogas, da poluição e da falta de solidariedade social.

Motivos como esses nos levam a examinar os muitos e complexos problemas que se estabelecem na intervenção educativa familiar e escolar, na perspectiva moral. O tema tem alto sentido pedagógico. Como pode se situar a escola diante dos valores éticos? Pode ser neutra? Para quais valores morais caminham as gerações jovens? O papel dos educandos deve ser passivo ou de protagonismo ativo na busca dos valores? Como conciliar o pluralismo cultural ético e religioso com as exigências de uma intervenção precisa com relação aos valores claramente compartilhados e verdadeiramente humanos? Por conseguinte, será que os valores emergentes no campo ético — espontaneidade, auto-realização, liberdade — põem de lado, definitivamente, a moral que se fundamenta na verdade e no bem objetivo?

A certeza pedagógica do papel educativo da escola e a convicção de que a moralidade deve atuar como interiorização livre e responsável de valores objetivos expressam a plenitude do viver humano. Então, o enfoque pedagógico deve levar em conta outros aspectos até chegar ao terreno do testemunho prático, da coerência entre o princípio axiológico e o evolutivo-pessoal. Não é suficiente proclamar valores, é preciso demonstrar que são compatíveis com as verdadeiras linguagens da educação da pessoa enquanto sujeito.

Parece que chegou o momento de chamar a atenção de todos sobre o vasto e precioso patrimônio de conhecimentos e experiências, e ao mesmo tempo reconhecer que as linguagens válidas para a educação em valores, na família e na escola, podem ser bastante variadas: da sensibilidade ao compromisso, da crítica à proposta construtiva, da avaliação à reflexão, da compreensão à operatividade. E todas devem receber sua autenticidade em nome das características perenes do sujeito, da inteligência, da consciência e da liberdade. Para educar em valores não é indispensável impô-los; acreditar nisso significaria esquecer uma vasta experiência pedagógica e sobretudo dar as costas a uma perspectiva válida. Essas considerações devem estar presentes na tarefa educativa de preparar a criança e o adolescente para viverem em sociedade; para forjar no educando uma personalidade sólida e forte, ornada com os melhores valores morais, de modo que possa integrar-se facilmente às exigências da vida social.

É evidente que o sistema escolar exerce uma influência decisiva na formação de uma sociedade solidária, superior às políticas de distribuição. Pede-se à escola, mais uma vez, que enfrente a nova situação e procure a regeneração moral de nossa sociedade, axiologicamente desintegrada devido aos contravalores insistentemente defendidos por programas de rádio e de televisão, por jornais e revistas de larga tiragem.

Hoje, é possível distinguir com facilidade dois tipos de educação: a formal, adquirida na escola convencional e em casa, e a paralela, recebida fora dessas instituições. Essa distinção é mais evidente no campo do comportamento do que no campo do saber, no qual a escola detém o papel principal como transmissora de conhecimentos. De fato, historicamente, a escola tem a função de transmitir o saber e os conhecimentos de uma sociedade de geração para geração.

Os grandes meios de comunicação social estão convertendo-se em verdadeiros rivais da escola tradicional e pondo fim à situação de monopólio da educação que até hoje ela detinha. Essa nova situação, por outro lado, nada mais é que a manifestação de uma mudança profunda que está ocorrendo com a própria natureza da cultura. A cultura tradicional, a cultura da palavra, a cultura auditiva estão sendo substituídas pela cultura da imagem. A escola, que sempre foi capaz de assimilar os diferentes avanços tecnológicos produzidos ao longo da história, que por sua vez possibilitaram-lhe uma melhora significativa na sua função tradicional, encontra-se, pela primeira vez, numa atitude claramente defensiva, com a sensação declarada de impotência diante dos contínuos e inéditos desafios propostos pela nova sociedade.

John Taylor, eleito professor do ano de 1990, no estado de Nova York, em seu discurso ao receber o galardão, afirmou que a primeira lição que os alunos recebem da escola é a confusão, uma vez que há professores demais que ensinam superficialmente muitas coisas sem relação entre si. O ensino torna-se rotineiro. A escola de hoje deve potencializar uma *pedagogia do estímulo*, atribuir grande importância à satisfação dos alunos, mais até que ao seu rendimento ou sucesso. O sucesso está em formar pessoas equilibradas, mentalmente saudáveis, que possam enfrentar com habilidade, coragem, estilo e entusiasmo os problemas trazidos pela vida. Deve incentivar a alegria no estudo, a felicidade na escola e o entusiasmo pelo esforço. Resumindo, a escola deve ser uma fonte de valores.

Os métodos pedagógicos modernos não se restringem somente ao rendimento; seu objetivo é mais amplo, pois contemplam por igual o desenvolvimento e a integridade do indivíduo no campo educativo. O aluno é o protagonista do processo educativo, por isso é que atribui-se tanta importância à satisfação do sujeito. Essa satisfação é a fonte da curiosidade de saber e do anseio de superação pessoal, uma chama não pode apagar-se em nenhum aluno. Esse é o principal desafio para o verdadeiro profissional da educação.

Ao mesmo tempo, porém, é de capital importância desenvolver, hoje, uma *pedagogia da esperança*. Deve-se orientar e preparar os adolescentes e jovens com relação à manipulação da sociedade consumista e escravizadora. É urgente oferecer a nossos alunos propostas éticas alternativas, não porque com isso nos julguemos capazes de transformar a sociedade, mas porque só assim estaremos educando para a liberdade responsável. A escola continua a ter uma função essencial, que ninguém pode arrebatar: *educar para a liberdade*. Liberdade que é exercício da autonomia, da capacidade de opção, da capacidade de cada ser humano poder traçar sua própria trajetória vital e seu próprio horizonte de felicidade.

O papel do educador na formação de valores

O ingresso na escola representa para a criança uma abertura para a convivência e para a sociedade. O período que vai dos três anos à primeira juventude é um tempo fundamental na vida do ser humano. Cada sociedade, cada cultura, cada estrutura social, política ou econômica, gera um tipo de escola e mantém um determinado conceito de educação. A escola pode significar abertura à curiosidade pelo mundo exterior, abertura à imaginação e à criatividade, mas também pode limitar-se a um espaço físico onde se aprisiona o aluno obrigando-o a acumular conhecimentos — pode ser fonte de alegria ou caminho para pesadelos, pode ser um paraíso de felicidade ou um inferno de sofrimentos.

O professor, definitivamente, tem de ensinar a viver; tem de preparar para a vida. Para realizar a tarefa educativa transmissora de valores vivenciados no processo educativo, precisa estar em uma escola de vanguarda, que lhe possibilite ampliar a capacidade dos alunos, descobrir as suas potencialidades, ajudá-los a aceitar suas limitações e a superar dificuldades. Pode obter resultados eficazes com as seguintes estratégias de trabalho:

- favorecer o desenvolvimento pessoal dos alunos;
- estimular hábitos de trabalho;
- cultivar a originalidade e a criatividade;
- preparar para a vida;
- corresponder às exigências de demanda da sociedade;
- incentivar o espírito crítico;
- impulsionar a solidariedade e o trabalho em equipe;
- ensinar a tolerância;
- educar para a paz e a saúde;
- consolidar as capacidades de base para o trabalho;
- possibilitar o crescimento interior do aluno como pessoa;
- possibilitar o amadurecimento;
- conscientizar o aluno de seus direitos e obrigações.

O professor que educa em valores tem uma grande implicação no ambiente escolar, já que os valores relacionam-se sobretudo às atitudes que se formam por meio de uma lenta infiltração nas consciências devido a mecanismos inconscientes que ocorrem na relação professor–aluno. Um valor não é comunicável em si mesmo; só pode ser transmitido com base na vivência. O professor surge diante dos alunos em sua realidade pessoal, é a pessoa dele que vai influenciar os demais. Suas atitudes e critérios de valor estão quase que o tempo todo em evidência, pois partilha suas experiências e os significados delas e tem como ponto de referência a própria vida.

A via de transmissão dos valores é a relação professor–aluno, mas quando a escola tende a profissionalizar-se, a deixar-se absorver pela estrutura, perde a referência aos valores pessoais. Então, as exigências do currículo escolar obrigam os professores a procurar a segurança no rendimento, na parte financeira.

Por outro lado, não podemos nos esquecer de que tudo o que está relacionado com a escola tem a grande qualidade de poder ser sistematizado. Os valores, sem esquecer seu aspecto transferencial, podem ser dotados desse privilégio, de forma que:

◇ possam ser racionalmente transmitidos por meio do ensino sistemático;

◇ possam ser conhecidos pelo aprendizado de sua filosofia e de seu conteúdo;

◇ possam converter-se em realizações concretas pela aquisição de atitudes e comportamentos aos quais a escola pode oferecer um acompanhamento de grande valor.

Portanto, educar os jovens para que sejam uma força moral na sociedade não significa impor-lhes um programa de doutrinação que sufoque seu espírito e anule o indivíduo. Significa oferecer-lhes a oportunidade de desenvolver um sentido de responsabilidade, de colocar em suas mãos a chave que os ajude a reconhecer os verdadeiros valores da vida e a organizá-los numa hierarquia. Esse aspecto da educação é, hoje, mais essencial do que nunca, dada a tendência tão difundida de considerar a educação em termos genéricos demais, reduzindo-a a um adestramento profissional, com ênfase exagerada em garantir um bom retorno econômico.

Os professores e mestres de hoje muitas vezes têm receio de impor valores. No entanto, os valores morais não são opiniões pessoais — essa é a lição que os educadores podem ministrar aos alunos, junto com a consciência da importância das decisões pessoais no campo da vida pública ou privada. Os valores, entendidos como realidade significativa, ou como aquilo que permite dar significado à existência humana, têm influência na educação porque dão a possibilidade de que a humanidade cresça em plenitude.

Os valores têm, também, uma dimensão intersubjetiva, ou seja, comunitária. Decididamente, não são como os gostos ou os sentimentos pessoais, que variam de pessoa para pessoa, mas possuem uma capacidade de coesão, de unir inteligências e vontades; de serem, portanto, fonte e alma da cultura.

> O padre Garrigou-Lagrange, que se referia ao "valor da verdade" como fundamental e indispensável para a inteligência humana e, conseqüentemente, para a educação e para a escola, usava uma comparação tirada da vida cotidiana para explicar o valor transcendental da verdade. Raciocinava da seguinte maneira: se eu tenho 100 pesetas, esse dinheiro é meu e não pode ser ao mesmo tempo propriedade de outra pessoa; se eu o dou para alguém, deixa de ser meu e com isso eu empobreço. Entretanto, a verdade não é propriedade minha, pessoal e exclusiva: a verdade é minha, é sua, é nossa; é comum e é universal. Se comunico a verdade a alguém, não a perco, não fico privado dela; ao contrário, faço com que outra pessoa participe dela, enriquecendo-a e enriquecendo-me pela alegria de ter dado a alguém a possibilidade de crescer intelectual e espiritualmente. O mesmo que se afirma da verdade é aplicável à educação em valores. Os valores não são patrimônio pessoal e exclusivo, são patrimônio comum que enriquece a todos e a cada um dos que se esforçam para consegui-lo.

Para educar em valores no ambiente escolar

Os educadores não podem se esquecer de que o ponto central da proposta educativa é constituído pela pessoa. Tornam-se protagonistas do próprio crescimento pessoal e do comunitário, aberto a Deus. À medida que se relacionam com os demais, fazem uma leitura da realidade e se comprometem com sua transformação.

Uma educação centrada na pessoa significa:

- ter uma visão positiva do jovem e de suas capacidades;
- acolher cada pessoa tal como é, com seus problemas, esperanças e expectativas;
- cuidar do crescimento de cada um, com suas qualidades e dons e favorecer o amadurecimento de seu projeto de vida;
- partilhar com os demais a própria realidade, seu esforço para encontrar canais de protagonismo na sociedade e na Igreja e sua busca pelo sentido da vida.

O ideário, o projeto educativo e os regimentos internos dos centros educativos devem passar por um tratamento sistemático de valores. Isso contribuirá para enriquecer a personalidade dos alunos e também para que os educadores vejam-se diante da necessidade de se conscientizarem dos valores nos quais desejam educar e de que modo os integram em suas próprias pessoas. Essa consciência é de co-responsabilidade das equipes docentes para detalhar os valores que podem ser vivenciados a partir do currículo escolar e sem prejuízo para o mesmo. Devem ser estudadas ações concretas e eficientes, e é fundamental que haja coerência entre as diferentes propostas de valores e a vivência coletiva dos mesmos. A confiança plena no aluno e em sua capacidade de síntese responsável dos valores é um requisito imprescindível para sua educação e amadurecimento.

O grande desafio que enfrentam, atualmente, as pessoas comprometidas com a tarefa educativa, é o de colocar em marcha um processo dinâmico de humanização pessoal que tenha capacidade para responder significativamente à crise real de valores e à desmoralização que atinge a sociedade contemporânea e também promover a resolução positiva dos problemas e conflitos com que o nosso planeta se depara. Para resolver com sucesso os problemas globais, têm de criar novos métodos de pensamento, elaborar uma nova escala de valores e novas normas de comportamento. Precisam redefinir os conceitos morais, sociais, científicos e ecológicos que vão determinar as condições de vida do ser humano atual e futuro.

Os educadores também têm de resgatar o pensamento humanista e humanizador, integrar um sistema de valores partilhados no processo de formação e de desenvolvimento da personalidade, descobrir o vínculo que hoje, mais do que nunca, deve existir entre educação e ética, entendendo a ética como a arte de saber viver consigo mesmo e com os demais, de aprender a sentir amor e gosto pela vida. E a escola pode transformar-se no ambiente desse aprendizado, já que o fim essencial do ensino é o desenvolvimento da personalidade, uma educação integral em conhecimentos, habilidades e valores morais em todas as esferas da vida, moral, social, familiar, pessoal e profissional.

Para que um professor possa desempenhar seu papel de educar em valores no ambiente escolar, é preciso haver consenso em relação a três objetivos:

- despertar a esperança de viver e lutar por meio de um programa de vida positivo e criador nos alunos;
- formar atitudes favoráveis ao melhoramento da pessoa;
- promover relações sociais mais humanas, livres e solidárias.

Esses três objetivos, sendo comuns à instituição e ao educador são o marco de referência essencial no qual os temas educativos dos valores devem ser contextualizados e desenvolvidos. Afinal, a educação ética no ambiente escolar é um dos princípios pedagógicos mais fundamentais, necessários e inovadores para o futuro da escola e para a participação dos professores nela.

O método dos temas transversais

Só se pode conceber a educação ética como uma educação em valores e em atitudes ocupando determinado espaço e tempo da vida escolar, mas principalmente integrando e permeando todas as áreas e todos os processos de aprendizagem. Dessa forma, a educação pode ser consolidada como uma atividade intrinsecamente moral, voltada para a promoção de julgamentos críticos, atitudes e formas de comportamento de caráter moral, envolvendo, portanto, conceitos, procedimentos e atitudes.

A estratégia de utilizar temas transversais para educar em valores possibilita concretizar realidades de especial relevância para a vida das pessoas, e para a positiva e harmoniosa construção da sociedade contemporânea. No fundo, a utilização dos temas tranversais é uma resposta ao desafio do plano de ação educativa que a sociedade exige hoje de nós, devem ser ministrados em todas as áreas, criando um ambiente educativo profundo, e concretizados numa proposta curricular para todo o centro educativo e para todos e cada um dos alunos.

Os temas educativos transversais são conteúdos educativos valiosos para um projeto eficaz de educação e de sociedade. São temas que têm relação com uma base ética social e pessoal. No fundo, trata-se de uma autêntica educação ética em valores e por isso esses temas devem fazer parte do projeto e da programação, relacionados ao sistema valorativo que tenha sido consensuado. Devem ser estudados simultaneamente com as disciplinas e não de maneira isolada, e aqui temos um desafio: encontrar a identificação, a relação dinâmica que pode existir entre o tema transversal e os objetivos gerais do curso e sua concretização nos objetivos de diferentes áreas do currículo.

Os temas transversais devem ser tratados em três níveis:

- *no nível teórico,* que permite aos alunos descobrir a realidade e a profundidade contida no desenvolvimento de cada tema;

- *no nível pessoal,* que permite aos alunos descobrir e analisar criticamente os comportamentos e as atitudes que devem adotar diante da realidade descortinada no estudo e interiorização dos temas;

- *no nível social,* que permite aos alunos considerar os comportamentos e as posturas que serão adotados pelos grupos ou coletivos humanos.

A utilização dos temas transversais constitui um excelente programa de humanização que fundamenta e dimensiona o trabalho educativo como um todo. Mas educar em valores exige um método novo, capaz de formar em humanidades e ensinar a pensar com rigor, para descobrir as diferentes possibilidades criativas de se forjar um projeto de vida, de engrandecer a própria existência, de saber expressar-se de maneira persuasiva e de prever as conseqüências de se adotar uma atitude ou outra diante de certas questões-chave da vida.

Pois o método dos temas transversais apresenta características bastante fecundas: a primeira delas é que é um método interativo, como deve ser toda boa didática. Apresenta-se um tema, dá-se exemplo, realiza-se um exercício para concretizá-lo e, na seqüência, indica-se um outro, similar, que os alunos devem realizar com os professores. Depois, os trabalhos são comparados, de modo que esse intercâmbio vai exercitando nosso poder de discernimento, bem como nossa capacidade de diálogo. A segunda característica é que as questões e temas propostos são analisados a partir da ótica interna, a partir de dentro, como se estivéssemos pesquisando e recriando o assunto por iniciativa própria. Não nos esqueçamos de que os valores são vitais e vivenciais.

O método da transversalidade é um procedimento educativo que envolve:

1. *fundamentação*, ou seja: o conhecimento mais preciso possível do que é a realidade humana e a sua relação com o meio ambiente e com as pessoas; implica em uma análise do que são os objetos e os ambientes, os processos e os acontecimentos ou fatos significativos, e na descoberta do seu conteúdo;
2. *articulação*, que consiste em descobrir de que maneira, a partir do conhecimento fundamental, podem ser conhecidas outras facetas da vida humana, como as experiências do encontro humano, de seu veículo expressivo (linguagem, silêncio) e de suas exigências, como a verdade, a confiança, a abertura, a disponibilidade, a simpatia e a imaginação criadora.

O estudo aprofundado do tema permite penetrar no núcleo da criatividade e dos valores, pois ser criativo significa assumir possibilidades (valores) para agir com sentido e assim dar sentido à vida.

Assim, a educação em valores no ambiente escolar introduz o jovem na área da irradiação dos grandes valores. Quando ele passa a compreender todas as possibilidades que a realidade oferece, estabelece uma forte unidade com ela. E essa base é o ideal humano, do qual depende tudo na vida e é, portanto, fruto do encontro com os valores. Afinal, quem se deixa impregnar pelo ideal humano e escolhe em função dele torna-se um ser interiormente livre, capaz de orientar-se na vida afetiva, com suas energias instintivas e espirituais, na vida estética, na vida religiosa e na vida social.

Material pedagógico

Questões para debate em plenário

1. Que desafios se apresentam hoje à escola, no campo educativo? Dêem exemplos.
2. A escola instrui, ensina, forma ou educa? Expliquem a resposta escolhida pela maioria dos participantes.
3. Qual a hierarquia de valores que deve ter a escola para formar os jovens estudantes?
4. De que maneira a escola pode educar, hoje, diante de uma sociedade consumista e manipuladora? Formulem três possibilidades que representem o consenso do grupo.
5. Na opinião do grupo, como deve ser a escola hoje, no campo educativo?
6. Deve a escola contrapor-se à influência nociva dos meios de comunicação social? Por quê?
7. Na opinião do grupo, como a escola pode educar as crianças que vivem em ambientes familiares nocivos à formação de valores?
8. Imaginem quatro possibilidades de transformar a escola num centro de encontro, formação e futuro.
9. A escola onde vocês estudam provoca reflexão, espírito crítico e criatividade? Como?
10. Vocês sentem que estão se formando enquanto pessoas? Por quê? Como?

3 EDUCAÇÃO EM VALORES NOS MEIOS DE COMUNICAÇÃO DE MASSA

Qualquer criança do nosso tempo passa horas e horas, todos os dias, sob a influência dos meios de comunicação de massa. Para essa criança, a tecnologia audiovisual é uma fonte inesgotável de entretenimento e de informação. A escola, ao contrário, ainda é um lugar afastado dessa sua realidade habitual — crianças e jovens preferem, sem dúvida, o fascínio do televisor doméstico às normas de aprendizado da escola. É evidente que a educação não evoluiu no compasso dos tempos, e hoje, mais do que nunca, necessita de uma mudança radical para assimilar e incorporar as tecnologias de ponta e as novas formas de apreender a realidade. Se a escola é uma preparação para a vida, seus conteúdos devem estar de acordo com os conteúdos da vida. Por isso, a imprensa escrita, o rádio e a televisão devem entrar na sala de aula, convertendo-se em um canal por onde possa fluir, como corrente contínua, a pulsação do cotidiano, a realidade e a vida.

Uma poderosa escola paralela

As técnicas de comunicação de massa colocam em ação zonas profundas da mente da criança, do adolescente e dos adultos em geral. E as imagens que transmitem à população, cada vez mais numerosas e mais densas, na maioria das vezes não são extraídas do ambiente cotidiano e tampouco têm, à primeira vista, algo que se relacione com ele.

O que acontece quando uma criança telespectadora senta-se no banco de uma sala de aula? Quantos problemas traz consigo, gerados pelas longas horas passadas diante do vídeo? Perguntas desse tipo hoje em dia se fazem mais imperiosas do que nunca para um pai e uma mãe dedicados ou para um professor cônscio de seus deveres.

É impossível, tanto para os professores quanto para os pais, evitar algum tipo de desajuste na psique infantil, se não tiverem conhecimento, pelo menos sumário, do que acontece no pequeno universo das crianças expostas à mídia. As repercussões são evidentes na conduta moral, no relacionamento com os adultos, com a família, com a sociedade. E os desajustes manifestam-se na maneira de as crianças se comportarem diante das regras da vida civil e na concepção que fazem do ser humano, do mundo e da vida.

A televisão, por exemplo, converteu-se no principal meio de entretenimento da infância, com o agravante de que a maioria das crianças não tem consciência da intoxicação publicitária a que está sendo submetida. Esse veículo exerce influência negativa sobre o rendimento escolar de muitos estudantes. Nesse sentido, a telinha representa um inimigo importante para a formação integral de crianças e adolescentes, uma vez que eles não possuem mecanismos de defesa para compensar o dano que sofrem. Mas a solução não está em uma guerra entre a televisão, a família e a escola. Os conteúdos da escola e da família devem estar de acordo com a realidade da vida. E a telinha é uma escola paralela que pode transmitir uma mensagem formativa para crianças e adolescentes.

Tornou-se o principal objetivo dos tempos modernos educar para a vida cidadãos capazes de receber, de maneira crítica, as mensagens dos meios de comunicação de massa. A escola precisou incorporar ao ensino uma correta e eficaz pedagogia dos meios de comunicação. Revistas, jornais, vídeos e computadores passaram a ser considerados instrumentos pedagógicos tão importantes quanto o livro didático, as práticas de laboratório e os textos literários.

Uma sociedade bem informada será sempre uma sociedade mais livre, mais justa e mais democrática. A escola não pode dar as costas a nenhum dos novos sistemas utilizados hoje em dia para veicular informações entre os cidadãos. A pedagogia deve estar baseada na incorporação total da mída impressa, eletrônica e digital como novas matérias do currículo escolar, para evitar que sejam tratadas apenas como lazer ou complementares de outras áreas.

Só com uma postura aberta aos meios de comunicação de massa os educadores conseguirão que os alunos aprendam a ser seletivos com os conteúdos que são veiculados. O melhor seria que se estabelecesse uma colaboração entre os meios de comunicação de massa, a família e a escola, cada um deles com seus próprios fins.

A questão chave é que o conteúdo veiculado pelos meios de comunicação de massa chegam antes, e talvez com mais eficácia, à mente infantil do que os ministrados na escola. Hoje, a maior parte do ensino ocorre fora da escola, nas turmas de bairro, com os amigos e pelos meios de comunicação. Diante dessa verdadeira escola paralela, o professor não pode permanecer indiferente. Precisa ensinar a cultura e a leitura dos novos meios, porque eles são uma janela aberta para a realidade, um vínculo entre os estudos e a vida cotidiana.

Vamos destacar cinco formas básicas de desenvolver o senso crítico dos jovens a respeito dos conteúdos veiculados pelos meios de comunicação de massa:

- facilitam a informação e costumam interpretá-la;
- ajudam a organizar a informação e as idéias;
- ajudam a criar valores e atitudes, como, por exemplo, diante do racismo e de conflitos bélicos.
- ajudam a criar expectativas;
- propõem modelos para a ação.

Cada uma dessas formas pode ser usada de maneira adequada ou não. Conscientizar isso requer uma atitude comprometida por parte dos docentes.

Um professor pode conhecer os meios de comunicação e a relação deles com a sua disciplina. E os alunos podem aprender a utilizar os meios de comunicação e a não se deixarem manipular por eles.

Assim, vislumbramos o poder da cultura dos meios de comunicação que está influenciando a coletividade humana de maneira impressionante. A chamada "terceira cultura", surgida da imprensa escrita, do cinema, do rádio e da televisão surge, desenvolve-se e expande-se junto às culturas clássicas. É uma cultura de massas, produzida de acordo com os princípios da fabricação industrial e divulgada por meio de técnicas de difusão coletiva.

A escola deve ser o principal instrumento para desenvolver atitudes, espírito crítico, técnicas de crítica social, política e cultural para que os alunos sejam especialistas em detectar o engano. Se é certo que 80% do conhecimento das crianças e dos adultos são adquiridos pelos meios de comunicação e que, em contrapartida, o nível médio do ensino não está melhorando significativamente, vê-se com toda clareza que, apesar dos esforços de inovação, diminuiu o poder da escola para educar em valores.

No entanto, a modernidade dos meios de comunicação é enganosa e não podemos esquecer que o mercado selvagem da televisão está obscurecendo nossa cultura. Potencializou os programas sensacionalistas e pôs de lado a produção educativa e cultural. E o fez em função da rentabilidade publicitária de seus espaços. É esse tipo de desenvolvimento que impede a existência de uma aliança estratégica entre os meios de comunicação e as instâncias educativas da sociedade.

Necessitamos não só de uma mudança de atitude, mas de uma mudança nos próprios meios de comunicação. O mercado selvagem tem de ser dominado pelos valores da educação e da cultura. Os educadores, por sua vez, precisam mudar sua maneira tradicional de se posicionarem diante da mídia, se quiserem domar o tigre e beneficiar-se do seu controle.

Os efeitos da televisão no processo educativo

O tempo dedicado à televisão é retirado da comunicação com pais, irmãos e outros familiares. E as crianças não vêem só, nem principalmente, os programas infantis, mas também outros programas, que não foram criados para elas e sequer estão de acordo com os interesses próprios de sua idade. Por isso, ao questionar o consumo de televisão, é preciso destacar alguns pontos.

A televisão incentiva o consumismo

As crianças e os jovens são um extraordinário mercado para a publicidade no meio televisivo. Em primeiro lugar, porque são facilmente induzidos a hábitos de consumo (roupas de marca, brinquedos, discos, video games, alimentos infantis e guloseimas).

A pressão publicitária sobre as crianças, mais indefesas diante dela por sua própria natureza, parece inevitável. É o primeiro elemento na criação de hábitos de consumo não só pela existência de anúncios, mas pelas mensagens de fantasia povoadas de heróis atraentes vendidas pelos produtos infantis. Essa pressão e esses hábitos provocam nas crianças uma perspectiva de consumo — é possível comprar tudo, é preciso possuir tudo — e hedonista, pois o prazer é obtido mediante a compra e o consumo, o que, a longo prazo, nega qualquer forma de autodisciplina, esforço, moderação e austeridade nos hábitos de alimentação e no uso dos bens na vida cotidiana. A publicidade também incide sobre o conteúdo dos programas destinados às crianças, impedindo o aparecimento de novos espaços.

Emissões violentas

Embora as pesquisas de campo tenham apresentado resultados díspares, pois em alguns casos a televisão induziu a comportamentos violentos (tese da mimese ou imitação), enquanto em outros serviu para conjurá-los (tese da catarse),[1] todos concordam em considerar que a grande quantidade de assassinatos, agressões, chantagens, brigas, tiroteios, violações, maus-tratos familiares etc. exibidos diariamente nas programações têm como resultado a insensibilização e a brutalização, ou seja, resulta em uma maior familiarização relativa à violência na vida real. E, sem dúvida, difunde entre os espectadores a idéia de que recorrer à violência é a solução para muitos problemas da vida real. Nesse sentido, já há estudos que sublinham estar entre as mensagens mais perigosas as de culto ao machismo, de culto ao degenerado, de recurso à força, à competitividade, ao desprezo pelos diferentes (como os imigrantes e os negros), as de vítimas e verdugos nos esportes ou no trabalho, ou seja, as mensagens de difusão de estereótipos discriminatórios, os mais perigosos, uma violência amoral.

Segundo Vidal Beneyto, há 50 anos, no universo simbólico das crianças, o guerreiro convivia com o santo, a bondade e a ternura coexistiam com a força e a crueldade, enquanto hoje, na tipologia heróica, só existem modelos violentos[2]. Os programas considerados familiares alimentam-se de pessoas famosas e idolatradas, de humor de gosto discutível, de concursos que fomentam duvidosas habilidades e de espetáculos aos quais falta dignidade. O conceito dos programadores quanto ao familiar é, na prática, uma soma de interesses comerciais, de conteúdos que renunciam a qualquer capacidade de reflexão e entretenimento, desprovidos de qualquer dimensão enriquecedora para os espectadores.

---

[1] Cf. Sánchez Noriega, J. L. *Crítica de la sedución mediática*. Madrid, Tecnos, 1997. pp. 420-8.

[2] Cf. Beneyto, V. *Informe Unesco*. Madrid, Comunicación Social / Tendencias, 1994. p. 192.

Monopólio do tempo livre

Enquanto assiste à televisão, a criança deixa de ter outras atividades muito mais ricas para o seu desenvolvimento, como brincar, ler, relacionar-se com seu meio natural e social. Os espaços infantis na televisão não estimulam a atividade nem os jogos e praticam uma estratégia de permanente sedução, inclusive nos programas apresentados como educativos, que até mostram às crianças atividades de tempo livre e brincadeiras comunitárias... mas que têm duração de horas, impedindo as crianças de praticar o que viram.

Passividade física e mental

A criança absorvida pela televisão não queima as calorias necessárias e tampouco tem atividade suficiente para seu desenvolvimento físico, habitua-se a ser espectadora passiva em lugar de se esforçar para adquirir suas próprias experiências e ser a protagonista de seu tempo e de suas atividades.

Preferência pela experiência fabricada

A televisão proporciona ingentes quantidades de experiências sobre quase todas as questões, mas são sempre experiências mediadas — de forma que o espectador não é protagonista de nada, só consegue identificar-se com os personagens que as vivenciam de maneira simbólica — e pré-fabricadas — preparadas para a filmagem e, portanto, sem as peculiaridades e dificuldades das experiências reais. E também o ritmo da tevê contrapõe-se ao da vida real; é possível que a criança acostumada aos ritmos televisivos não desenvolva a capacidade de contemplação nem a paciência necessárias para a vida cotidiana.

É impossível quantificar o efeito de tudo isso a longo prazo, mas é preciso considerar que as crianças crescem tendo um conhecimento televisivo e antecipado de experiências que, quando forem vivenciá-las ou suportá-las, fatalmente terão uma resposta condicionada, uma vez que fica eliminado, pelo menos parcialmente, o elemento criativo de surpresa e incerteza.

Perda de iniciativa e dificuldade de se emocionar

Como conseqüência da passividade e da preferência pelas experiências alheias, as crianças acostumam-se a não tomar a iniciativa ou dependem em excesso de estímulos externos para os períodos de ócio. Desde pequenas foram educadas a rir, aplaudir e aclamar na pobre condição de espectadoras, sendo raramente protagonistas ativas. A capacidade da televisão de expor todo tipo de personagens, situações e experiências humanas resulta no telespectador em uma falta de sensibilidade para as emoções verdadeiras: tudo é conhecido através da tevê, inclusive as possíveis reações. É um fato comprovado que crianças que desenvolveram a habilidade de praticar jogos imaginativos demonstram menos interesse pela televisão.

Dificuldades na comunicação familiar

Certamente o tempo dedicado à televisão é subtraído da comunicação com os pais, irmãos e familiares, sobretudo quando o consumo é realizado de maneira solitária, como no hábito de ter receptores de tevê nos quartos. Entretanto, se o televisor for colocado em um espaço familiar comum, pode provocar o diálogo e o debate que, em condições normais, nas quais os pais são autoridade, têm conteúdo educativo. Mesmo assim, a comunicação fica restrita aos temas que as emissoras decidem abordar e dificilmente serão objeto de diálogo, por exemplo, as relações pessoais, a comunicação de estados de espírito e de aspectos mais pessoais.

Danos à saúde

Distúrbios de visão, sono, fadiga e tensão nervosa podem acontecer quando ocorre o que se poderia chamar de uma "*overdose* de tevê" e as crianças não têm o descanso necessário. Pode-se dizer que o consumo alto e prematuro de televisão, sobretudo de programas com muita ação, ritmo muito rápido ou com conteúdos agressivos, vincula-se de forma consistente a sinais de agressividade, sensação de raiva e desassossego motor nas crianças. Além disso, o ambiente televisivo em casa e a freqüência de consumo de programas de ação ou de aventura estão entre os fatores que melhor explicam os medos infantis.

Incidência negativa no rendimento escolar

Embora tudo o que já dissemos influencie o rendimento escolar, o alto consumo de televisão presente nos estratos sociais mais baixos, representa, unido a outros fatores, a base do fracasso escolar e dos decorrentes problemas de socialização. Não estamos afirmando que a televisão é responsável pelas más notas ou pelo abandono dos estudos antes da aquisição de uma qualificação profissional, mas sim que aqueles que·têm menos estímulos para o estudo encontram nela um passatempo alternativo, sem falar na sedução prazerosa que rivaliza, com sucesso, com os deveres escolares. Na escola, o comportamento das crianças que assistem à tevê demasiadamente caracteriza-se pela falta de atenção aos detalhes das explicações, pouca utilização de conhecimentos anteriores e ausência de análise sistemática do conteúdo do ensino[3].

A convergência entre os ambientes educacionais

Os valores da educação e da cultura devem permear as mensagens dos meios de comunicação, porque o educativo é ineficaz quando não entretém e o recreativo é vazio quando não educa. Aí reside o maior desafio dos profissionais dos meios de comunicação e dos responsáveis pela educação.

---

[3] Cf. VALLEJO-NÁGERA, A. *Mi hija ya no juega, ve la televisión.* Madrid, Temas de hoy. pp. 87-88.

É verdade que para uma criança é muito mais difícil enfrentar um livro do que jogar *video game* ou assistir a um programa de televisão. É verdade, também, que muitos estudantes têm pouca compreensão da leitura porque abandonaram o exercício de ler. Mas por que não despertar o prazer pela leitura através de, por exemplo, um programa televisivo? Para realizar uma tarefa como essa é fundamental desenvolver, antes de mais nada, uma postura de conciliação entre os ambientes da família, da escola e o dos meios de comunicação de massa.

Nesta era das plataformas digitais e da abundância televisiva impõe-se educar o espectador para que possa desenvolver hábitos de seleção diante de uma oferta sem limites. Mas a dinâmica comercial dos meios de comunicação não deve impedir de reconhecer as capacidades informativas e cultural-educativas desse ambiente informativo.

Pais e professores podem incentivar as empresas de comunicação a implementarem programas educativos de qualidade e, sobretudo, têm o direito de exigir que contenham os abusos relativos à invasão da privacidade e à falta de respeito, e que se comprometam com a proteção da infância e da juventude. Por outro lado, as empresas de comunicação podem conscientizar seus produtores da responsabilidade que têm sobre a preparação dos jovens das futuras gerações.

A ética dos meios de comunicação deve ter presente os seguintes valores:

- valor e dignidade da pessoa humana;
- humanização do homem;
- competência e responsabilidade na emissão e na recepção;
- sinceridade, honradez e verdade;
- equilíbrio entre informação, formação e diversão;
- desenvolvimento do sentido crítico do usuário;
- liberdade de comunicação.

Esses valores constituem, inclusive, uma das maneiras de se lutar contra a violência e a agressividade presentes na sociedade atual. Além disso, o caráter educativo dado pelo exemplo dos pais é fundamental para equilibrar as influências dos três ambientes: o familiar, o educativo e o dos meios de comunicação de massa.

A responsabilidade das emissoras de televisão

No que diz respeito a exigir conteúdos educativo-culturais de empresas emissoras de televisão, particularmente das financiadas pelo governo, tanto os pais como os professores não podem permanecer impassíveis diante do progresso do "telelixo" ou da tendência à "espetacularização" de algumas emissoras. Seria desejável que os canais estatais funcionassem efetivamente como um serviço público dirigido aos cidadãos que os financiam, mesmo à custa de perderem audiência; caso contrário, parece difícil defender sua legitimidade.

Diante das novas tecnologias da televisão digital, que permitem uma pluralidade praticamente ilimitada de programas, é ainda mais importante exigir conteúdos educativos e culturais. É preciso romper, definitivamente, a equiparação entre entretenimento e futilidade, e enfatizar que o conhecimento, a informação, a cultura e o aprendizado não têm de ser aborrecidos, muito menos em um meio audiovisual tão ágil quanto a televisão. Programas infantis como o antigo Vila Sésamo, os desenhos animados de divulgação científica e histórica e os documentários para adultos demonstram categoricamente essa afirmação.

Nesse momento, convém refletir sobre algumas funções que pode desempenhar uma televisão educativo-cultural:

1. Atender às necessidades educativas cotidianas da população adulta (saúde, consumo, direitos de cidadania e trabalhistas) e as necessidades de educação permanente de adultos.
2. Colaborar com o sistema formal de educação, provendo os centros de ensino, associações e movimentos cidadãos de meios e recursos audiovisuais.
3. Criar canais de informação e comunicação entre educadores e pais, colaborando com as famílias na educação dos jovens.
4. Oferecer condições para a educação a distância.
5. Colaborar com a formação profissional de pessoas empregadas e desempregadas, mediante a atualização e a formação ocupacional, no sentido de potencializar a informação e a formação para a inserção profissional.
6. Promover a participação dos cidadãos nas atividades educativo-culturais, no sentido do entendimento e da comunicação entre comunidades de culturas diferentes.
7. Colaborar com a indústria teatral, cinematográfica e audiovisual em geral.
8. Contribuir para a difusão da ciência e a consolidação de uma cultura científica para além dos círculos acadêmicos.
9. Estimular e acolher a participação cívica nas questões políticas.
10. Contribuir, em uma sociedade que cada vez gera mais tempo livre para seus cidadãos, para aumentar a oferta de ócio criativo, potencializando a participação em atividades e consumos culturais.
11. Favorecer a convivência pacífica e democrática numa sociedade plural e intercultural.[4]

---

[4] Fonte: Pérez Tornero, J. M. *El desafio educativo de la televisión*. Barcelona, Paidós, 1994.

Tarefas dos pais para educar em casa o consumo televisivo

Dado que assistir à televisão é um ato que se realiza, fundamentalmente, no ambiente doméstico, os pais devem ser os primeiros a se conscientizar da importância do "fator tevê" nas relações familiares e da transcendência das emissões para a educação de seus filhos.

Relacionamos a seguir alguns conselhos dados por especialistas, psicólogos, médicos e educadores para educar o consumo televisivo das crianças.

- Nunca usar a televisão como calmante ou como babá para manter os pequenos quietos.

- Explicar para a criança, no caso de programas violentos, o motivo da violência, os danos que ela causa e as alternativas ou de que maneira ela poderia ser evitada.

- Exigir advertência sobre o conteúdo da programação em revistas e jornais especializados, bem como no início e nos intervalos dos programas, sobretudo quando houver cenas concretas capazes de afetar a sensibilidade infantil.

- Estimular a criança a realizar atividades (brincar, desenhar, aprender um instrumento musical, visitar lugares, praticar um esporte etc.) e a desenvolver comportamentos de austeridade de consumo, de solidariedade e de conservação do meio ambiente, a partir de algum programa de tevê.

- Não deixar a criança assistir à televisão de maneira solitária, por períodos prolongados de tempo; os pais devem ter conhecimento dos programas que os filhos assistem.

- Não implantar horários fixos para a criança assistir à tevê e incentivá-la a ver programas apresentados por pessoas positivas, pacíficas, solidárias e preocupadas com os outros; e cujos conteúdos estejam de acordo com os valores democráticos de respeito à pessoa e aos direitos humanos, à paz e à tolerância.

- Não servir as refeições na frente da tevê nem substituir a brincadeira ou a relação familiar por um programa. Criar alternativas para a televisão.

- Como medida radical, se for o caso, instalar uma senha eletrônica que permita bloquear o acesso a programas inadequados ou limitar o tempo diário e semanal no qual a criança pode ficar diante da tevê.

O papel da escola diante dos meios de comunicação social

A escola continua a ter, hoje, uma função essencial, que ninguém jamais poderá arrebatar: educar para a liberdade e preparar os alunos para a vida; por isso, na sala de aula deve-se ensinar a ler jornais e revistas, a ouvir rádio e a assistir à televisão. Esse desafio entre a instituição acadêmica e o ambiente sociocultural faz com que a escola convencional e a escola paralela sejam obrigadas a se entenderem. Entre os meios de comunicação e a escola deve existir uma realidade mais fluida, para se conseguir maior aproximação e colaboração nas tarefas comuns a serviço de um projeto de educação compartilhado. Assim torna-se possível construir uma aliança com os meios de comunicação de massa.

A educação escolar tem de fortalecer a autonomia dos alunos diante das mensagens do meio social: ensiná-los a interpretar a informação com critério pessoal e espírito reflexivo e conseguir que aprendam a utilizar os meios de comunicação sem se deixarem manipular, seduzir ou serem utilizados por eles. Essa postura consiste no estabelecimento de um diálogo com os meios de comunicação com base na educação em valores.

O programa educativo da escola deve aproveitar as motivações dos alunos para criar estratégias de desenvolvimento do espírito crítico, de modo a evitar a invasão de agressividade e violência dos conteúdos da mídia e a influência de atitudes negativas. Dessa forma, os educadores podem abandonar as hostilidades e pré-julgamentos, e parar de propor, como única solução, ter de compensar as influências negativas dos meios de comunicação. Por isso, é melhor emitir menos julgamentos negativos e começar a pensar que os conteúdos veiculados pela mídia podem ser tão bons ou ruins quanto os de um livro de literatura.

Os educadores, partindo da escola, podem realizar um trabalho bastante positivo ao procurar estabelecer uma nova relação entre crianças e jovens com os meios de comunicação de massa, pois, ao fim e ao cabo, a missão dos educadores é preparar os alunos para a vida e para a sociedade.

A partir do momento em que a escola atual assumir seu legítimo papel de mediadora entre a influência que a cultura da comunicação exerce sobre os alunos e os preceitos da cultura acadêmica refletidos em seus programas educativos, os meios de comunicação se tornarão fontes de indubitável riqueza, passíveis de serem integrados aos conhecimentos dos alunos e de serem utilizados nas aulas com sentido inovador e criativo.

Material pedagógico

Questões para auto-avaliação

1. A influência da televisão sobre você é: nenhuma, pouca, razoável, muita ou excessiva?
2. Os programas televisão a que você assiste ajudam no seu aproveitamento escolar? Por quê?
3. Marque só as alternativas que correspondem aos hábitos de sua família:
   a) A televisão está instalada em um aposento da casa diferente daquela que a família utiliza habitualmente para se reunir e conversar?
   b) Durante as refeições a tevê fica ligada ou desligada?
   c) Seus pais permitem aos filhos assistir apenas a determinados programas?
   d) Quando assistem à televisão juntos, seus familiares conversam a respeito das propagandas?
4. Você considera a televisão uma arte? Acredita que poderia estudar televisão para ser um profissional da telinha?
5. O que exerce mais influência em sua vida: a televisão ou o cinema? Por quê?
6. Você consulta a recomendação "Aconselhável para..." antes de escolher o filme a que vai assistir?
7. Quantas vezes por mês, em média, você costuma ir ao cinema?
8. Qual é o tipo de filme de sua preferência: romântico, de aventuras, de luta, policial ou comédia? Explique a razão de sua preferência.
9. Responder a todas as questões anteriores provocou a descoberta de alguma nova faceta sua?
10. Volte à questão número 1 e avalie a resposta que você deu. Ajuste ou refaça a sua resposta, se necessário.

Montagem em grupo

- Construir um painel dos meios de comunicação de massa com recortes de jornais e revistas, fotos, desenhos ou modelagens.
- Cada uma das imagens do painel deve representar um meio de comunicação que esteja veiculando mensagens positivas para a formação de valores.
- Promover uma exposição dos painéis com a presença dos familiares e amigos da comunidade.

Bibliografia

ABRAHAM, Ada. *El mundo interior del docente*. Barcelona, Promoción Cultural, 1974.

ALCANTARA, J. *Cómo educar las actitudes*. Barcelona, Ceac, 1988.

ALLPORT, G. W. *Personalidade: padrões e desenvolvimento*. São Paulo, Herder, 1967.

ANDRES, M. *El hombre en busca de paz*. Madrid, Atenas, 1993.

APARISI, A. *Rev. Corintios XIII*, 10, 1981.

ARISTÓTELES. *Ética a Nicomacos*. Brasília, EUnB, 1985.

BECK et al. *Terapia cognitiva da depressão*. Rio de Janeiro, Zahar, 1982.

BESTARD, J. *Creo en el hombre*. Madrid, Espasa Calpe, 1996.

_____. *Hacer el bien humaniza*. Madrid, Espasa Calpe, 1998.

BLOOM, B. S. et al. *Taxionomia dos objetivos educacionais*. 8. ed. Porto Alegre, Globo, 1983.

BOLIVAR BOTÍA, A. *Los contenidos actitudinales en el curriculo de la Reforma*; problemas y propostas. Madrid, Escuela Española, 1992.

BONET, V. *Autoestima y educación*. Valencia, 1989.

BOSELLO, A. *Escuela y valores*. Madrid, CCS, 1993.

BRANDEN, N. *Auto-estima: como aprender a gostar de si mesmo*. 35. ed. São Paulo, Saraiva, 2000.

BREZINKA, W. *La educación en una sociedad en crisis*. Madrid, Narcea, 1990.

BUNES, M. *Los valores en la Logse*. Bilbao, Deusto, 1993.

CAMPS, V. *Los valores de la educación*. Madrid, Alauda, 1993.

CARRERAS, LL. *Cómo educar en valores*. Madrid, Narcea, 1995.

CEMBRANOS, C. & GALLEGO, M. J. *Estudios y experiencias sobre educación en valores*. Madrid, Narcea, 1981.

CIDE. *Educación y valores en España*. Madrid, MEC, 1992.

COLL, C. *Os conteúdos na reforma;* ensino e aprendizagem de conceitos, procedimentos e atitudes. Porto Alegre, Artmed, 1998.

COMTE-SPONVILLE, A. *Pequeno tratado das grandes virtudes*. São Paulo, Martins Fontes, 1998.

CRIADO, E. *100 impulsos positivos*. Barcelona, Folio, 1993.

CUADRARO, R. *Alternativas para el joven de hoy*. Madrid, PS, 1996.

_____. *Vitaminas para forjar adolescentes "nuevos"*. Madrid, PS, 1994.

CURWIN, J. *La enseñanza de actitudes y valores*. Barcelona, Ceac, 1984.

DE GREGORIO et al. *La educación en los valores*. Madrid, PPC, 1997.

DIAZ MUELA, L. Especial ejes transversales; la escuela en acción. In: *Revista de Pedagogía*, Madrid, may. 1994.

EISER, J. *Actitudes, cognición y conduta*. Pirámide, 1989.

ESCAMEZ, J. *La enseñanza de actitudes y valores*. Valencia, Nau Llibres, 1986.

FRANKL, V. *Ante el vacío existencial*. Barcelona, Herder, 1980.

_____. *La idea psicológica del hombre*. Madrid, Rialp, 1979.

_____. *La presencia ignorada de Dios*. Barcelona, Herder, 1979.

GONZALEZ LUCINI, F. *Temas transversales y educación en valores*. Madrid, Alauda, 1990.

GORDILLO, M. V. *La orientación en el proceso educativo*. Pamplona, Eunsa, 1973.

HABERMAS, J. *Conocimiento e interés*. Madrid, Taurus, 1982.

HALL, B. & OUTROS. *Reading in value development*. New Jersey, Paerlist Press, 1982.

HAMACHEK, D. E. *Encounteres with the Sel*. New York, Hoit Rinehart & Winson, 1971.

HILDEBRAND, V. *Ética*. Madrid, Encuentro, 1983.

HOWE L. W. & HOWE, M. M. *Cómo personalizar la educación. Perspectiva de la clarificación de valores*. Madrid, Santillana, 1979.

IEPS. *Educación en valores*. Madrid, Narcea, 1995. 4 v.

IZQUIERDO MORENO, C. *Amor y juventud*. Madrid, San Pio X, 1989.

_____. *El mundo de valores*. Venezuela, Paulinas, 1998.

_____. *Escuela de padres*; curso de orientación familiar. 3. ed. Madrid, Editorial PS, 1994.

_____. *La paz que todos esperamos*. México, San Pablo, 1995.

KÖNIG, R. *La familia en nuestro tiempo*. Madrid, Siglo XXI, 1981.

KRATHWOHL & OUTROS. *Taxonomy of educational objetives*. Handbook II: Affective domain. New York, D. McKay Co., 1956.

LANDSHEERE, G. *La formation des enseignants demain*. Paris, Casterman, 1976.

LAVELLE, L. *Traité des Valeurs*. Paris, PUF, 1955.

LERSCH, Ph. *La estructura de la personali-dad*. Barcelona, Scientia, 1968.

LUBAC, H. de. *Le drame de l'humanisme athée*. 3 ed. Paris, Spes, 1945.

MARIN IBAÑEZ, R. *Valores, objetivos y actitudes en educación*. Valladolid, Miñón, 1976.

_____. *Los valores: un desafio permanente*. Madrid, Cincel, 1993.

MASLOW, A. *El hombre autorrealizado. Hacia una psicología del ser*. Barcelona, Kairós, 1979.

Mateu, G. *Adolescentes; en camino hacia la felicidad*. Madrid, Atenas, 1995.

Maurus, J. *Como fazer amigos*. 2. ed. São Paulo, Paulus, 1989.

Moritz, B. *La familia y sus valores formativos*. Barcelona, Herder, 1969.

Moronta Rodriguez, M. *Comprometerse es servir*. Caracas, Tripode, 1976.

Ortega Gaisan, A. *Valores humanos*. Vitoria, Eros, 1967. 4 v.

Ortega y Gasset, J. *Introducción a una estimativa*. Obras Completas, Tomo VI, Madrid, Alianza, 1983.

Ovidio Pérez, R. *La Iglesia en el mundo actual*. Caracas, Tripode, 1989.

Raths, L. *El sentido de los valores y la enseñanza*. Barcelona, Uthea, 1967.

Reale, G. & Antiseri, G. *Historia del pensamiento filosófico y científico*; desde el Romanticismo hasta hoy. Barcelona, Herder, 1988. v. III.

Rodriguez, A. *Creencia, actitudes y valores*. Madrid, Alhambra, 1989.

Rogers, C. *Tornar-se pessoa*. 4. ed. São Paulo, Martins Fontes, 1991.

Rosenberg, M. *La autoimagen del adolescente y la sociedad*. Buenos Aires, Paidós, 1973.

Ruiz de la Peña et al. *Para ser libres nos libertó Cristo*. Valencia, Edicep, 1990.

Sastre, V. *Valores sociales y pobreza*. Valencia, Incis, 1992.

_____. *La familia, institución en crisis*. Santander, Sal Terrae, 1979.

Scheler, M. Ética. In: *Revista de Occidente*, Madrid, 1941. t. I.

Simon, S. B. et al. *La clarificación de valores*. México, Avante, 1977.

Tierno, B. *Valores humanos*. Madrid, Taller de editores, 1993. 4 v.

Tilla, J. *El profesor y los valores controvertidos*. Barcelona, Paidós, 1992.

Torralva, F. y R. *Los buenos modales*. Madrid, Ediciones del Drac, 1991.

Valero, L. *Aproximación a una educación en valores*. Madrid, PPU, 1992.

VV.AA. *Clarificación de valores: definición, fuentes, pedagogia, evolución.*. Coruña, Padres y maestros, 1995.

Vidal, M. *Moral de opção fundamental e atitudes*. São Paulo, Paulus, 1999.

Villapalos, G. & Lopez Quintás, A. *El libro de los valores*. 4. ed. Barcelona, Planeta, 1997.

Wayne, W. D. *La fuerza de creer*; cómo cambiar su vida. Caracas, Grijalbo, 1992.

ÍNDICE SISTEMÁTICO

Prefácio 5
Introdução 9
   Pressupostos 9
   Objetivos 12

I. A EDUCAÇÃO DOS JOVENS
   1. Como educar hoje? 17
      O professor e a missão
      de professar 20
      Pessoa, fé, ensino 28
      Educação e liberdade 31
      Vocação educativa e identidade
      cristã 36
      Material pedagógico: questões
      para reflexão pessoal 39

   2. Educação para a vida 41
      Ensinar a ser pessoa 42
      Os pilares da vida social 47
      O valor da vida 50
      O jovem enquanto projeto 55
      Material pedagógico: questões para
      reflexão pessoal; texto para reflexão
      em grupo 59

   3. A educação para o amor 61
      A origem de tudo 61
      O amor e suas exigências 63
      A postura espiritual 65
      Valores do amor 66
      Componentes do fenômeno
      amoroso 70
      Material pedagógico: questões
      para reflexão pessoal; propostas
      para discussão em grupo 73

   4. A educação para a paz 76
      Fundamentos para uma paz
      possível 77
      Educar para a paz na escola 84
      Um valioso tema transversal:
      programa, valores e objetivos 87
      A missão de quem educa
      para a paz 90
      Material pedagógico: textos poéticos
      para interpretar e dramatizar 95

   5. A importância da educação
      para o tempo livre 97
      O que é tempo livre? 97
      O valor das atividades esportivas,
      culturais e de entretenimento 101
      Objetivos e estratégias para
      educadores 105
      Orientações aos pais 108
      Material pedagógico: questões para
      autoconhecimento 109

   6. Sobre a educação em valores 111
      Em que valores educar 111
      Como educar em valores 114
      Princípios e fundamentos 117
      Objetivos principais 120
      Material pedagógico: poema para
      interpretação dirigida 124

II. OS VALORES NA EDUCAÇÃO
   1. Convivência 131
      A importância de existir em relação
      aos outros 131
      Os jovens e os valores 136
      Fundamentos da convivência 139
      Como educar para conviver? 144
      Material pedagógico: texto para
      jogral; questões para reflexão
      pessoal 147

   2. Solidariedade 149
      Um princípio moral e um espaço
      para o amor 149
      Fundamentos da solidariedade ... 151
      As tarefas existenciais 156
      Como educar para
      a solidariedade? 158
      Material pedagógico: textos para
      análise em grupo 160

   3. Tolerância 164
      O sentido da tolerância 164
      A tolerância como direito 167
      Fundamentos da tolerância 169
      Como educar para a tolerância? ... 174

Material pedagógico: decálogo
para reflexão em grupo; poema
para declamar 176

4. Diálogo 177
O significado da comunicação 177
Fundamentos do diálogo 183
O poder da palavra na educação 188
Material pedagógico: parâmetros
para diálogo em grupo; questões
para autoconhecimento 192

5. Consciência moral 194
Fundamentos 194
Como formar a consciência? 200
Normas pedagógicas
necessárias 202
Material pedagógico: interpretação
de texto dirigida 204

6. Boas maneiras 206
Fundamentos 206
Para desenvolver boas maneiras
em casa e no meio social 210
Material pedagógico: decálogo
para reflexão pessoal; pauta para
seminário em grupo 218

7. Bondade 219
Fundamentos do valor
bondade 219
A força do amor humano 222
Bondade, benevolência
e acolhimento 225
Como crescer em bondade? 227
Material pedagógico: parábola
para interpretar 229

8. Vontade 232
Fundamentos morais e psicológicos
da vontade como valor 232

Método de educar a vontade 240
O compromisso pessoal
do educador 242
Material pedagógico:
auto-avaliação da vontade;
diálogo em grupo dirigido 247

III. AMBIENTES EDUCACIONAIS
1. Educação em valores na família 251
Uma comunidade de vida e amor ... 251
A missão dos pais 254
Como ajustar a família às
mudanças do mundo moderno ... 256
Material pedagógico: questões
para reflexão pessoal e discussão
em grupo 259

2. Educação em valores na escola 260
Os objetivos e o sistema 261
A perspectiva moral
e a pedagogia 263
O papel do educador
na formação de valores 266
O método dos temas
transversais 269
Material pedagógico: questões
para debate em plenário 272

3. Educação em valores nos meios
de comunicação de massa 273
Uma poderosa escola paralela 273
Os efeitos da televisão
no processo educativo 275
A convergência entre os ambientes
educacionais 278
Material pedagógico: questões
para auto-avaliação; montagem
em grupo 283

Bibliografia 284

Impresso na gráfica da
Pia Sociedade Filhas de São Paulo
Via Raposo Tavares, km 19,145
05577-300 - São Paulo, SP - Brasil - 2015